ART Marketing
アート・マーケティング

辻幸恵・梅村修
TSUJI Yukie and UMEMURA Osamu

東京 白桃書房 神田

目　次

はじめに─────────────────────────1
1　生活空間に溢れ出るアート ……………………………… 1
2　複製技術の飛躍的な進歩 ………………………………… 4
3　アーティストの存在意義の変化 ………………………… 5
4　本書の構成 ………………………………………………… 5

第Ⅰ部　アート・マーケティングの実際〔梅村　修〕

第1章　日本のソフト・パワー────────────9
1-1　ソフト・パワーとは何か ……………………………… 9
1-2　現代日本のソフト・パワー …………………………… 10
1-3　新しいjaponisme、日本のソフト・パワー ………… 13
1-4　日本のソフト・パワーと若手アーティスト ………… 15
1-5　サブ・カルチャーのアート的読みかえ ……………… 17

第2章　欧米におけるアートの移り変わり───────19
2-1　本章の目的 ……………………………………………… 19
2-2　西欧アートの意味の変遷 ……………………………… 20
　2-2-1　アートに対する"先入観"という常識　21
　2-2-2　テクノロジーの進化とアート　22
　　2-2-2-1　ジョットと"芸術家"の登場　22

2－2－2－2　油絵具の開発とタブローの成立　23
2－2－2－3　17世紀オランダ市民社会とアートの商品化　24
2－2－2－4　写真技術の発明と近代芸術のテーゼ　26
2－2－2－5　チューブ入り絵具の開発と外光の表現　27
2－2－2－6　マルセル・デュシャンと工業規格製品　28
2－2－2－7　大量生産技術の発展とポップ・アート　30
　　2－2－2－7－1　アンディー・ウォーホルとマーケティング　33
2－2－2－8　高度複製社会と現代アート　35
　　2－2－2－8－1　ジェフ・クーンズとマーケティング　38

第3章　日本におけるアートの移り変わり ——— 43

3－1　本章の目的　43
3－2　"美術"という言葉　45
3－3　"美術"という概念の取り込み　46
3－4　日本のアートの装飾性と遊楽性　49
　3－4－1　日本のアートの装飾性　49
　3－4－2　日本のアートの遊楽性　52
　　3－4－2－1　浮世絵とマーケティング　54
　　　3－4－2－1－1　企画、制作、販売　54
　　　3－4－2－1－2　大量生産　55
　　　3－4－2－1－3　商品管理　56
　　　3－4－2－1－4　類似商品との差別化　57
　　　3－4－2－1－5　付加価値　58
　　　3－4－2－1－6　時流に乗じた販売促進の仕掛け　59
　　　3－4－2－1－7　扇情的な主題　62
　　3－4－2－2　竹久夢二とマーケティング　63
　　　3－4－2－2－1　竹久夢二のデビュー　64
　　　3－4－2－2－2　竹久夢二と港屋絵草紙店　65
　　　3－4－2－2－3　竹久夢二と複製技術　67

　　　　3-4-2-2-4　商業美術家としての竹久夢二　68
　3-5　アートを創る者と観る者 …………………………………… 70
　　3-5-1　アートの趣向　70
　　3-5-2　玄人と素人の狭間　71
　　3-5-3　アートと芸能　72
　　3-5-4　アートと世間　73
　3-6　日本の現代アートの潮流 ………………………………………… 74

第4章　消費社会の中のアート ─────────77

　4-1　戦後日本の消費現象の推移 ………………………………… 77
　　4-1-1　敗戦から高度成長期の消費現象　77
　　4-1-2　70年代の消費現象　78
　　4-1-3　80年代の消費現象　79
　　4-1-4　90年代の消費現象　80
　　4-1-5　現在、そしてこれからの消費現象　82

第5章　アート・マネジメントとアート・マーケティング──87

　5-1　本章の目的 …………………………………………………… 87
　5-2　アート・マネジメントとは何か ……………………………… 87
　5-3　画廊運営はアート・マネジメントか？ ……………………… 89
　5-4　アート・マネジメントの限界──美術館の場合 … 89
　　5-4-1　日本の美術館の現状　90
　　　5-4-1-1　経済的危機　91
　　　5-4-1-2　行政的危機　92
　　　5-4-1-3　制度的危機　93
　　　5-4-1-4　ミュージアム・ショップ　95
　　5-4-2　日本の美術館に欠如する戦略的発想　97
　　5-4-3　美術館以前の日本のアート　98

　　　　　5-4-3-1　見世物としてのアート　99
　　　　　5-4-3-2　高橋由一の仕事　100
　　5-5　まとめ ………………………………………………… 102

第6章　アート・マーケティングの実際 ——————105

　　6-1　アートとマーケットの出会い ……………………… 105
　　　　6-1-1　現代アートのマーケットへの歩み寄り　105
　　　　6-1-2　マーケットの現代アートへの歩み寄り　107
　　6-2　アートで売る ………………………………………… 108
　　　　6-2-1　デザインによる商品差別化　109
　　　　6-2-2　アートによる差別化　110
　　　　　6-2-2-1　百貨店の特設美術館　111
　　　　　6-2-2-2　プロダクト・デザイン　113
　　　　　　6-2-2-2-1　深澤直人のプロダクト・デザイン　113
　　　　　　6-2-2-2-2　アップル社のiPod　116
　　　　　6-2-2-3　企業の文化施設――六本木ヒルズの場合　117
　　　　　6-2-2-4　サブ・カルチャーを取り込む美術館　120
　　　　　6-2-2-5　アートとテレビ番組　122
　　6-3　アートを売る ………………………………………… 124
　　　　6-3-1　画廊経営　128
　　　　6-3-2　ミュージアム・ショップ　130
　　　　6-3-3　海洋堂の食玩　133
　　　　6-3-4　明和電機のナンセンス・マシーンズ　135
　　　　6-3-5　異種取り合わせコラボレーション　137
　　　　　6-3-5-1　ユニクロのコラボTシャツ　139
　　　　　6-3-5-2　コムサ・ストアと菓子キャラクター　141
　　　　6-3-6　Post Pet　142
　　　　6-3-7　新感覚の骨董　143

第7章　村上隆のアート・マーケティング―――147

- 7-1　企業家としての村上隆 …………………………………… 148
  - 7-1-1　パブリシティー戦略　150
  - 7-1-2　コラボレーション　150
  - 7-1-3　キャラクター・ビジネス　151
  - 7-1-4　工房　152
  - 7-1-5　販売・流通　153
  - 7-1-6　興行　154
  - 7-1-7　人材育成　155

第II部　アート商品に対する若者の感性〔辻　幸恵〕

第8章　現代の若者が感じるアートの状況―――159

- 8-1　アートのイメージ ……………………………………… 159
- 8-2　従来のアートのイメージ ……………………………… 165
- 8-3　生活空間とアートとの関係 …………………………… 167
  - 8-3-1　具体的な事例　167
  - 8-3-2　複製に対する学生の感覚　170

第9章　若者のソフト・パワーへの理解と実態―――175

- 9-1　ソフト・パワーの市場について ……………………… 175
- 9-2　ソフト・パワーの分析 ………………………………… 175
- 9-3　ソフト・パワーを受け入れる条件 …………………… 182
- 9-4　アニメ・漫画・キャラクターについての好感度と視聴度 …………………………………………………… 187
- 9-5　アニメ・漫画・キャラクターについての好感度と視聴度からの考察　190

第10章　現代アートに対する若者の売買と使用状況 — 193

- 10-1　本章の目的 …………………………………………… 193
- 10-2　アートに対する学問的取り組み ………………………… 194
- 10-3　アートを売るという行為 ………………………………… 196
- 10-4　アートを買うという行為 ………………………………… 199
- 10-5　リサイクル商品とアート商品との相違 ………………… 201
- 10-6　アート商品の使い道 ……………………………………… 202
- 10-7　レトロブームの分析から得る現代アート要因 … 204
- 10-8　昭和レトロブームに対する分析 ………………………… 206

第11章　消費者のニーズとアート — 211

- 11-1　ニーズをみつける必要性と調査対象について … 211
- 11-2　日常生活の中でのアート商品の選択 …………… 212
  - 11-2-1　予備調査の概要（女子大学生）　212
  - 11-2-2　予備調査の結果（フェイスシート）　214
  - 11-2-3　予備調査の結果（質問項目）　214
- 11-3　本調査の概要と意義(4つのカテゴリーについて)… 216
  - 11-3-1　本調査の目的と意義　216
  - 11-3-2　本調査の方法　217
  - 11-3-3　本調査のフェイスシート単純集計結果 ……… 218
  - 11-3-4　本調査の結果・考察　219
  - 11-3-5　単純集計結果のまとめ　223
- 11-4　本調査の結果（ロイヤリティについて）………… 224
- 11-5　今後の課題 ………………………………………………… 225

おわりに — 227

はじめに

1. 生活空間に溢れ出るアート

　私たちの身の周りにはアートが溢れている。
　家電や雑貨や文房具のような小さいものから、自家用車のような大きなものまで、色や形や線に卓抜な冴えを見せる商品が増えてきている。店頭で、街頭で、「これってアートだよね」と感心して手に取ることもしばしばだ。電車の吊り広告やテレビコマーシャルにも、ハッと息を呑むような色使いや洒落たタイポグラフィーがいっぱいだ。コンビニに並ぶ雑貨や食料品のパッケージにも、アイドルのビデオ・クリップやプロモーション・ビデオにも、まばゆいばかりの映像と音の効果が満ち満ちている。現代日本には、フォルム（形態）、イメージ（形象）、記号（サイン）、図像（イコン）、文字（カリグラフィー）、活版（タイポグラフィー）、目に見えるあらゆる領域にアートが息づいている。
　いまや、マルセル・デュシャンの前世紀のアイロニーは通用しない。
　デュシャンは、日常的に使われている男性用小便器を美術館の展示室に滑り込ませて、特権的なアートに痛烈な皮肉を浴びせかけたといわれるが、今ではアートがギャラリーでの鑑賞という枠から離れて、個人の居住空間や商店の陳列棚にあふれ出し、日用生活品との境を曖昧にしている。
　また、1960年代、ポップ・アートの作家たちは町に溢れる商標や広告をアートに利用した。アンディー・ウォーホルやロイ・リキテンシュタインは、キャンベルスープ缶のラベルやアメコミ[1]をシルクスクリーンで複製

---

(1)　アメコミ：American Comics の略。スーパーマンやバットマンに代表される安手で薄っぺらなアメリカ製漫画本。日本の漫画と違い、キャラクターの版権は基本的に出版社が所有し、同一タイトルを必ずしも同じ作家が書き続ける訳ではない、単行本はよほど人気が出ない限り出版されない、また全作品がフルカラーで描かれることが多い、などといった面がある。

してアートの概念を覆した。ところが今では、ポップ・アーティストのお株を奪うように、マーケティングが商圏の拡大のためにアートを利用しているのである。ファッション雑誌やテレビを見ていると、マス・メディアが用いるスタイルは、現代美術のスタイルとそれほど差がないように思える。メディアはかつてのように保守的ではないし、アートは60年代のようなカウンター・カルチャーではなくなってきているのである。

このように、今日は、生活空間のいたるところにアートが氾濫する時代である。身近な生活用品やマス・メディアの中にアートが取り込まれて、アートはパーソナルなもの、ユビキタスなものになってきている。

ところで、従来、日本ではアートというものがどのようなものと受け取られてきただろうか。

まず、アートが売買される場所というのは、きわめて限られていて、一般庶民からは縁遠いものであった。一部の裕福な社会層——好事家や趣味人——が、画廊や古美術店で、またはオークションや交換会で、決して安くない値段で購入するものであった。長らく日本ではアートが一般家庭に浸透していない。一般家庭に入り込んでいるのは、アートまがいなキッチュばかりで、複製の絵画や土産物の置物、せいぜいマスプリントされた版画の類でしかなかった。

ところが、今やアートは、特殊なものでも、高尚なものでも、高価なものでもなくなってきている。また、専門的な知識をもったインテリだけが理解するものでも、一部の富裕層だけが購うものでもなくなってきている。

また、アートといえば、美術館で決して安くない入場料を払って鑑賞するもの、という固定観念が根強い。しかし、現代では、アートに触れようと思ったら、わざわざ美術館や画廊に足を運ばずとも、コンビニの棚で、自室のパソコンの液晶上で、どっぷり浸ることができる。それらは一つ一つが個性的で、変化に富んでおり、大量に生産され、大量に消費される。

また、従来アートといえば、高額で資産的価値を持つものだった。それに対して、現今のアートは、ポケットマネーで気軽に買え、資産的な価値などゼロに等しく、規格品でありながら、一つ一つはきわめて個性的で美しく、しかも飽きたら無造作に捨てられてしまうものである。

また、アートといえば、既存の価値観や調和に対する痛烈なアンチテーゼの役割を担っていた。ロシア・アバンギャルド[2]も未来派[3]もシュールレアリスムも、芸術の自立性を信じて、社会を変革しようと夢見て果たせなかった。彼らのパフォーマンスは挑発的・攻撃的で、社会と融和する姿勢はなかった。その傾向は戦後の新しい芸術活動であるアクション・ペインティンやハプニングなどにも受け継がれて、非常にラジカルで反体制的なムーブメントを惹き起こした。一見コマーシャリズムに迎合したかに見えるポップ・アートの運動でさえ、とめどない消費社会に対する批判という一面があったのである。ところが、今やアートの反体制性は、前衛とかアバンギャルドとかいうタームに辛うじて残り香を留めるにすぎない（これらの言葉さえ今や死語になりつつある）。現代のアートは、社会との対立構造を持たず、逆に社会と融和し、他者との繋がりを求めて、商品に依りついている。また、社会の側も、アートの革新性に対して、かつてほど保守的でも懐疑的でもない。

　このように、現在、アートの性格は完全に変質しつつある。アートのカバーする範囲が拡大し、日常生活の隅々まで完全に覆い尽くした観がある。今や鋭敏な若い世代は、アート性に彩られていない商品を生理的に受け付けない。この感性は、洋服に馴染んだ身体に和服が着こなせないのに似て、若い世代の身体感覚にまで深く及んでいる。

　では、なにがこのようにアートを変質させたのだろうか。この問いに一言で回答を出すのは不可能であるし、このことは筆者らに本書を書かせた根本的な疑問だから、次章からの分析に譲るが、ここでは顕著な理由を簡単に2つ書き留めておきたい。それは、複製技術の飛躍的な進歩とアーティストの存在意義の変化である。

---

(2)　ロシア・アバンギャルド：20世紀初頭、ロシアで巻き起こった芸術運動。美術の分野にとどまらず、演劇、映画、建築など、多岐にわたる。中でも特筆すべきは、従来の絵画形式を否定して、広告デザインの場で実用性を重視した表現が展開したことである。
(3)　未来派：1909年、詩人F・T・マリネッティの「未来派設立宣言」に端を発する芸術の革新運動。伝統的な美の概念を否定し、運動造形論、同時性、速度など、機械とスピード感を積極的に造形の世界に導入しようとした。

2. 複製技術の飛躍的な進歩

　現代では、テクノロジーの長足な進歩が、これまでアーティストにだけ特権的に賦与されていた職人的な技量を凌いでしまっている。
　特に、デジタルによる複製技術は、アナログの複製技術をはるかに超えて、精巧で高品質なコピーをほとんど無限に再生できるようになった。しかも、複製の過程で情報の質が全く劣化しない。インタラクティブ・アートやサイバー・アートのように、初めからデジタル情報のみで創造されたメディア・アートにいたっては、オリジナルとコピーの区分は全くない。また、従来"一点もの"の価値を維持してきたアーティストの作品も、一旦、画像をデジタル処理してネットにのせてしまえば、複製も合成も加工も修整も思うがままである。オフセット印刷では再現が難しかった質感や風合いに至るまで、忠実に再現できるようになったのである。
　また、アナログによる複製技術もすばらしく進歩している。日常生活を例にとれば、プロダクト・デザインがそうである。現今の複製技術をもってすれば、プロダクト・デザイナーの細かなコンセプトを製品に反映させることはさほど困難ではない。同様に、類まれな天才の作品を、姿かたちから重さや質感に至るまで、本物と寸分違わず複数生産することは、すこしも難しくない。現に、最近のミュージアム・ショップに並んでいる商品は、本物と同じように、時には本物以上に魅力的なものが多い。中でも、アーティストやアートのバイヤー達が、芸術作品を１点ものと考えず限定数制作し、時にはサインを記した上で廉価に販売する"マルチプル作品"は、オリジナルに準ずる価値を持つ。
　こうして、日用品を買うように、だれもがアートに準じた価値を小遣い銭で手に入れることができる時代になっている。いまやアートは、美術館やホールを荘厳するものでも、金満家の投資の対象でもなくなりつつあるのは当然だろう。色、形、大きさはもちろんのこと、質感や手触りまでオリジナルと寸分違わないレプリカが、安い値札をつけてミュージアム・ショップに並べられているのであるから。

3. アーティストの存在意義の変化

　先に述べたように、現在、アーティストと呼ばれる人たちは、社会との対立構造ではなく、他者との繋がりを求めて創作活動をしている。結果的に、作品が商品の付加価値を高めたり、また作品が商品そのものとして流通したりすることを当然なこととしている。いわばアーティストにとって、商品とは、自分と社会の接点であり、重要な"インターフェイス"なのである。

　しかし、アーティストが、創造行為を「世間とのコミュニケーションの手段」と捉えて、肯定的にコマーシャリズムを利用するようになったのは、つい最近の動向である。

　周知のように、中世までの西欧美術は、キリストの生涯や神々の物語を説明するイラストレーションだった。やがて絵画そのものが聖書や神話や歴史上の事跡を離れて、表現として自立するようになった。ルネッサンス期以降は、芸術家が自己の内面のイメージを表現することに力点が移っていった。そして、色彩のハーモニーや画面のコンポジションといった絵画世界の構築に情熱を燃やす、絵画の自立を目指す活動に発展していく。西欧文明の洗礼を受けた明治時代の日本の芸術家たちも、アートを日常卑近なものから遠ざけ、物の真実を写す高尚な技術として、学んでいこうとした。

　しかし、現代のアートでは、後章で詳しく述べるように、個人の表現という考え方も有効性を消失して、作家の内面もさほど重視されなくなってきている。今日では個性や内面の表現よりも、日々刻々と変貌していく現実世界に、物を作り出していく人間としてどう関わり、どのようなプレゼンテーションをするかということのほうが、アーティストにとって、はるかにリアリティーがある行為なのである。アトリエに閉じこもり、社会との交わりを絶って、孤独な営為に努めるという近代の芸術家像は急速に過去のものになりつつある。

4. 本書の構成

　第Ⅰ部（第1章から第7章まで）では、現代日本の消費社会の中で、

アートとマーケティングという、もともと相互に交渉を持ち得なかった領域が、複製技術の飛躍的な進歩とアーティストの存在意義の変化にともなって、手を携えて変容している様相を、実例を挙げて紹介する。

同時に、次のような問題提起もしている。

近年、日本社会では、高尚なイメージの"美術"が、平俗な"アート"に衣替えし、マーケティングの素材、あるいは対象となる現象がみられる。その理由をサブカルチャーとハイカルチャーの接近・融合から捉える見方がある一方、そもそも日本の美術には純粋芸術と応用芸術の厳密な区別が存在せず、つねに人々の日常生活の中の"飾り"として、あるいは"遊び"として、美術が享受されてきた歴史に理由を求めることもできる。つまり、もともと日本のアートとは、購買行動を誘発する"美しい仕掛け"として機能してきたのではないか、という問題提起である。

本書は経営やマーケティングを学ぶ大学学部生、および大学院生を読者に想定して書かれている。当然、読者の中には、アートとか芸術とかといったムーブメントに疎い方もおられよう。そのような読者のために、アートに関する事項や人名にはできるだけ振り仮名や脚注を施した。また、アートの世界では常識と思われる思潮や事件にも紙面を費やし、平易かつ簡略に記述することに努めた。したがって「アート・マーケティング」という書名の"アート"にひかれて本書を手にとられた読者の中には、あるいは"冗漫"とも"言葉足らず"ともとられる箇所があるだろうが、その点はどうかご容赦ねがいたい。

第Ⅱ部（第8章から第11章まで）では、もっぱら実証分析ということを念頭に、主に大学生たちの意見をデータ化した。彼らが思い描くアート商品は何であるのか、どのように日常生活の中で使用しているのかを調査をした。その調査結果から、共通要因を導きだしたり、あるいは生データとして表示したり、集計をしたりして、アート商品について、従来とは異なる手法で実験もした。おそらく、アート商品そのもののイメージがまだ曖昧模糊としており、各人が認めるアート商品も多岐にわたっているのだろう。従って、解明するといっても、まだまだ入り口にさしかかった段階である。

第 I 部

アート・マーケティングの実際

第1章

日本のソフト・パワー

1-1　ソフト・パワーとは何か

「はじめに」では、現代の日本でアートの意味が変質し、パソコン・携帯電話のようなパーソナル・メディアや、日用生活品にアートが応用され、マーケティングの素材や対象になっている様相を概観し、その要因を複製技術の目覚しい進歩とアーティストの存在意義の変化にみた。しかし、もちろん、要因はそれだけではない。先述の2つの要因が先進国のアート事情におおかた共通しているのに対して、本章で述べる「ソフト・パワー」とアートとの相互影響は、戦後長らく、主にアメリカで、そして現在は日本で顕著に見られ、世界に発信されているものである。

「ソフト・パワー」とは、一つの国家や民族が歴史的に蓄積し、ほかの国家や民族に影響力を与える"文化的勢力"の意味である。物理的な強制力や経済的なインセンティブを操作して、相手の意思に反した行動をとらせることを「ハード・パワー」というのに対して、「相手の意思そのものに働きかけ自分の意思を受け入れさせる力」（田所昌幸 , 2003, p.122）が「ソフト・パワー」である。

たとえば、現在のイギリスは、すでに軍事的・経済的な覇権（ハード・パワー）を失ってしまった老大国だが、イギリス国民が築き上げてきた民主的伝統、正義感、コモンセンスなどの「ソフト・パワー」は、国際社会で普遍的な評価を維持している。そのおかげで、イギリスは、経済的・軍事的な影響力をアメリカや中国に譲りながらも、今でも国際社会での地位や権威を保ち、尊敬を勝ち得ている。結果的にそうした「ソフト・パワー」が英国の経済を下支えし、国際舞台での発言権を高めているのである。いまやリンガ・

フランカに定着した英語も、広い意味での英国の「ソフト・パワー」といえる。

また、改革開放政策よりこのかた、「ハード・パワー」を取り戻しつつある隣国・中国も、かつては、強力な軍事力や貿易力だけでなく、東アジア文明の中心として、圧倒的な文化的影響力を周辺国家に及ぼしていた。現在では経済的に日本や韓国の後塵を拝しているものの、今でも中国人が中華の矜持を保っていられるのは、いわゆる"四千年の歴史"という「ソフト・パワー」の記憶があるからである。

ほかにも、戦後、日本人にとってのアメリカのイメージが「奥様は魔女」、「人気家族パートリッジ」、「かわいい魔女ジニー」といった安直なアメリカ製テレビ番組によって形成された部分が多いことも、「ソフト・パワー」の顕著な例である。日本人の多くが共有する「大らかで底意のない善良なアメリカ人」というステレオタイプは、アメリカの豊富な物財だけがもたらしたものではないのである。

1-2　現代日本のソフト・パワー

現代日本は、国際政治での影の薄さに加えて、経済的にも凋落傾向は否めない。他国の面を札束で叩いて意のままにする、かつての「ハード・パワー」は、高度経済成長期やバブル絶頂期の威力を半ば失っているのである。

しかし、経済的に"失われた90年代"から、21世紀の現在までに、日本はかつてないほど「ソフト・パワー」を行使できる国家に成長している。それは、映画やアニメやマンガやゲーム、それに音楽といった分野での世界的な影響力のことである。今やアニメーションの省略形"アニメ"は日本製アニメーションを指す世界共通語だし、"KAWAII（かわいい）"は現代アートシーンを語るに欠かせない公用語である。来日した欧米文化人が会いたがる

---

(1)　押井　守（おしい　まもる）：1951年生まれ。1977年、タツノコプロダクションに入社し、1980年、「うる星やつら」のチーフディレクターを担当。1995年の「GHOST IN THE SHELL／攻殻機動隊」は、アメリカやイギリスでも公開され、翌96年には米ビルボード誌でセルビデオチャートNo.1を獲得する世界的話題作となった。

日本人は、政治家や財界人ではなく、宮崎駿や押井守[1]や大友克洋であり、フランスで最も著名な日本人は、三島由紀夫でも小泉純一郎でもなく鳥山明であるといわれる。文化的な矜持の高いフランスのある政治家は、フランスの子供たちを虜にしている日本のTVアニメを"文化侵略"と位置づけ、法律を改正して番組枠の制限までしているほどだという。

　ところが、このように日本の「ソフト・パワー」が、海外で圧倒的な人気を博していることに、当の日本人自身が、あまり気づいていない。というのも、中国大陸や欧米のハイ・カルチャー[2]に比べて、アニメやマンガやゲームは、程度の劣るサブ・カルチャー[3]だと日本人自身が決め付けているからである。ところが、こうしたねじくれた先入主を払拭するような出来事がここ数年、立て続けに起きている。顕著なものだけでも、

　1994年　アニメーション『ライオンキング』（ロジャー・アラーズ、ロブ・ミンコフ監督）が手塚治虫の『ジャングル大帝』との類似点を指摘され、社会問題化する。

　1997年　映画『うなぎ』（今村昌平監督）が、カンヌ国際映画祭パルムドールを受賞。

　1998年　映画『HANA‐BI』（北野武監督）が、ベネチア映画祭金獅子賞（グランプリ）受賞。

　2003年　アニメーション『千と千尋の神隠し』（宮崎駿監督）が米アカデミー賞長編アニメーション部門でオスカー受賞、ベルリン国際映画祭で金熊賞（グランプリ）受賞。

　2003年　映画『キル・ビル』（クエンティン・タランティーノ監督）や映画『ラストサムライ』（エドワード・ズウィック監督）が徹底した日本

---

(2)　ハイ・カルチャー：文学、美術、クラシック音楽など、人類が生んだ文化のうち、高い達成度を示していると考えられたもの。「上位文化」などと訳されることもある。大衆文化、サブ・カルチャーなどに対比される言葉。メイン・カルチャーと同義に使われることもある。

(3)　サブ・カルチャー：「下位文化」という訳語が充てられるのが普通だが、本来は「階層文化」と呼ぶのが妥当であろうと思われる。「階層文化」の呼び名には、細分化されたある社会階層集団に共有されるものの見方や価値観・世界観の意味合いがある。サブ・カルチャーは価値の序列を表す言葉ではそもそもない。

映画の引用と模倣で話題になる。

2003年　映画『ロスト・イン・トランスレーション』（ソフィア・コッポラ監督）が東京を舞台にしたロマンスを描き、アカデミー賞ゴールデングローブ賞、オリジナル脚本賞を受賞。

2004年　ニューヨーク・タイムズ誌が1月4日の"Hollywood's Land of the Rising Cliché"という記事で、ハリウッド映画における日本のイメージの蔓延を指摘する。

2004年　ベネチア国際建築展日本館の"オタク趣味"が横溢した展示が話題になる。

2005年　1996年公開の周防正行監督の映画『Shall we ダンス？』がハリウッドでリメイクされて、日本に逆輸入される。

こうした日本のソフト・パワーの世界的影響力を知ってか、時の小泉首相が国会で、宮崎駿のオスカー受賞を引き合いに出しながら、「日本人は文化的誇りを取り戻さなければならない」という趣旨の演説を行ったことは記憶に新しい。

また、2002年6月号の米国の外交専門誌『フォーリン・ポリシー』誌上に掲載された、ダグラス・マッグレイ記者の"Japan's Gross National Cool"という論評は、2003年6月号の「中央公論」誌上に訳出（邦題『世界を闊歩する日本のカッコよさ』）されて広く読まれたものである。その記事には、

……政治、経済上の落ち込みに打ちのめされることなく、日本のグローバルな文化的な勢力は衰えを知らない。実際、ポピュラー・ミュージックから一般用電子機器、建築からファッション、食べ物から芸術にいたるまで、今日の日本は、経済大国だった1980年代よりも、はるかに大きい文化的勢力を持っている。（ダグラス・マッグレイ, 2003, p. 134）

と述べられている。つまり、日本発のメッセージの中で、国際的な影響力を伸張させているのは、人権や国際貢献といった政治的な綱領ではなく、「コンパクトでキュートなキャラクターや、他者に対する配慮や柔らかい自己主張といった曖昧な感性の世界に属するもの（田所昌幸, 2003, p.126)」である。

かつて、かの堺屋太一は、日本経済新聞「メディアあんぐる」（1996年2月25日）に、『誇りうる文化で画一化に風穴を』と題した文章を寄せて、

　　偏差値教育によって、個性的で独創力のある生徒は大企業に入れなくなった。そうした人材は今、流行歌、劇画、ゲームソフトの三つに流れており、カラオケ、マンガ、ゲームのブームを生んでいる。この分野には高度な知的水準の若者が集まっている。機会さえあれば、どの分野でも成功しうる才能の持ち主だ。（中略）日本人は、日本発のものは世界に評価されるはずはないと思っている。桂離宮から浮世絵まで、外国人が評価したものだけを日本文化と称してきたが、それは違うのではないか。漫画こそ、日本が世界に誇りうる独自の文化で、これからもっと世界に浸透していくだろう。マルチメディア時代になれば、コンピューターソフトと結びついておもしろい社会をつくると思う。世界に広がる漫画が、管理教育、官僚文化に風穴を開けて欲しいものだ。

と、10年後の現代の状況を的確に予告している。こうした日本のソフト・パワーは、とりわけ台湾や中国の若い世代に、硬質な欧米文化にはない親近感と居心地の良さを与えているらしく、日本の漫画やトレンディー・ドラマをこよなく愛好する"哈日族（はーりーず）"と呼ばれる若者も生んでいる。いい年の大人がキャラクターグッズを携帯する光景も日本と全く変わらない。アジアにおける日本の政治的・経済的影響力が相対的に低下している中、日本のサブ・カルチャーの影響力は、逆に高まっているのである。

1-3　新しい japonisme、日本のソフト・パワー

　このように日本のソフト・パワーは、漫画やアニメやゲームの形態をとって、欧米や東アジアの若い世代に深い影響を与えている。アニメ、ゲーム、ケータイ、ファッション、どれをとっても、世界の若者が日本の文化の影響を大きく受けて育っている。それに伴い、外国の人々が日本という国家に抱く文化的イメージも、劇的に変化していることは容易に想像できる。富士山や芸者や桜吹雪のステレオタイプは急速に過去のものとなり、そのかわりに、ポケモンや宮崎アニメのキャラクターが、日本文化の代表選手として前

面に押し出されてきている。

　しかし、事態は単に、日本発の漫画やアニメのキャラクターが人気者になる、といった現象にとどまらない。日本人が生み出したポップ・カルチャー全体が醸し出す緻密さ、精巧さ、キュートさ、叙情性、移ろいやすさ、ユーモア等々が、日本発のあらゆる物財や情報、ハードとソフトの上に再確認されているのである。それは、先のダグラス・マッグレイの、次のような発言となって顕在化する。

　　（私が日本の文化の中で）衝撃を受けたのは、"日常におけるデザイン"です。日本は、その点において、アメリカの先を行っていると思います。日常におけるデザインは、数年前に、TIME誌やNEWSWEEK誌において巻頭特集を組まれるほど、アメリカでは注目されている考えです。それは、デザインの大衆化についての概念で、すばらしいグラフィックデザイン[4]や、インダストリアルデザイン[5]の重要性について説いています。もし、アメリカでホッチキスを買おうと思ったら、すべてのホッチキスは画一的で、つまらないものばかりです。しかし、日本には多種多様で美しいデザインのホッチキスが揃っています。それらを見ていると、とても興味深く、繊細だと思います。（山口裕美, 2004, p.47）

と発言している。日本人はデザインに対する審美眼が鋭く、購買行動にもそれが反映されていると驚いているのである。

　かつて、親日家として知られたアンドレ・マルローは、「日本の伝統の中には、他の国にはない庶民レベルの文化的洗練がある」と述べているが、彼のような直感を、普通の欧米人が日本発の物財や情報に感じるようになってきているのである。それは、明治初年にヨーロッパ人が根付や印籠の緻密な細工や、浮世絵や琳派の画風に発見したjaponisme（日本趣味）の再現を思わせる。

---

(4)　グラフィックデザイン：印刷によって大量に複製される情報伝達のデザイン。新聞・雑誌などの広告、パンフレットやカレンダーなどに応用される。
(5)　インダストリアルデザイン：工業製品で、使いやすさと美しさを目的とするデザイン。工業デザイン。

1-4　日本のソフト・パワーと若手アーティスト

　ところが、世界的なポップ・カルチャーに育ちつつある日本の漫画やアニメは、当の日本では相変わらず、能や狂言といった正統と目される伝統文化に比して、格下の地位しか与えられていない。少なくともこれから述べるアーティストの活動以前は、オタク的な隠微なサブ・カルチャーとして不当に貶められてきたといってよい。その背景には、明治以来の西欧移入の芸術観の影響が大きい。

　欧米では、一般に市場経済で成り立つ営利（profit）を目的としたソフトをエンターテイメント、それに対して市場経済で成り立ちにくい非営利（non-profit）のソフトをアートと呼び区別している。エンターテイメントという響きの中には、「わかりやすく、大衆に支持されるもの」という感じがあり、アートには、「高尚で理解しにくいもの」というイメージが強い。また、経済活動として成り立つエンターテイメントは、いずれも複製を作って売ることができ、オリジナル以外からの収入が見込めるのに対して、アートは一点限りであったり一回限りであったりするというちがいがある。

　このように人間の創造活動の所産を、ハイ・アートとロウ・アートに差別化する観方をもってすれば、アニメや漫画は、まさに典型的なエンターテイメント（ロウ・アート）であり、古典芸能や絵画・彫刻と同等には扱えない。

　また、日本発のアニメや漫画に席巻されている欧米の国々や、東アジア、特に中国でも、アニメや漫画は依然として"子供のもの"という固定観念が根強く、ハイ・カルチャーの範疇には入れられていない。よく言われるように、背広を着た成人男性が電車で少年漫画をひろげている姿は、日本以外の国では、あまり見られる光景ではない。その証拠に、ヨーロッパでは子供向けの漫画表現には厳しい規制が敷かれており、日本のような劇画調のテイストは作ろうにも作れないという。

　しかし、このエンターテイメントとアートの線引きは、アートのサブ・カルチャーへの近接に伴って、有効に働かなくなっている。欧米でも、アン

ディ・ウォーホルに代表されるポップ・アート以降、アートが高尚かつ難解で、芸術家の天分だけが生み出すものという先入観は過去のものになりつつある。日本でも事情は同じである。たとえば、東京・神宮前の著名なアート・ショップの店員は次のように述べる。

「……当店は場所柄もございまして、比較的若い方に多くご利用いただいております。書籍、作品の販売状況を見ておりますと、美術、サブ・カルチャーのジャンルの違いはほとんど見受けられませんで、（顧客は）自身の琴線に触れたものを、有名、無名に関わらず支持する、といった状況が続いております。日本のアーティスト達の活躍が、今や世界のアートシーンを引っ張っているような状況も関係していることと思います。」

この発言からわかるように、最近の若い感性は――作品を作る側も享受する側も――美術作品を身近なサブ・カルチャーの延長と捉えている。たとえば、村上隆の HIROPON や Miss ko² は、アニメ同人誌から出て来たようだし、中村ケンゴ[6]の「SPEECH BALLOON MAN」は手塚治虫や藤子不二雄の漫画の影絵のようである。奈良美智[7]の上目遣いのかわいい子どもたちは、ハローキティーやピングの世界と通底しているし、会田誠[8]の陰惨な女子高生の図は、"血しぶきモノ"のオカルト映画のワンシーンを思わせる。それだけではない。特撮モノの主人公や鉄腕アトムやガンダムが、大人の鑑賞に堪えるモノや映像になって、いつのまにかアートの相貌を帯びはじめている。たとえば、shin and company という雑貨メーカーが作り出すアトムグッズは、その出来栄えの見事さが、すでに子どものおもちゃの域を越えて

---

[6] 中村ケンゴ：多摩美術大学大学院（日本画専攻）卒。94年から作品発表を始め、現在までに、"Japanese Frogs"、"COMPOSITION TOKYO"、"SPEECH BALLOON" などのシリーズ作品がある。中でも、漫画の吹き出しを文様化した"SPEECH BALLOON"は、日本の漫画文化を現代美術に取り入れた作品として注目された。

[7] 奈良美智（なら よしとも）：1959年生まれ。現代美術アーティスト。芸術家。かわいらしいのに一筋縄ではいかない、独特の風貌を持った少女たちを描いた作品群が有名。吉本ばななとのコラボレーション作品などで多くの人に知られるようになった。

[8] 会田　誠（あいだ　まこと）：1965年生まれ。東京芸術大学大学院美術研究科修了後、「フォーチューンズ」で芸術家としてデビュー。以来、超大型セル画作品「巨大フジ隊員VSキングギドラ」、残虐で愛らしい名作シリーズ「犬」など、過激な表現方法で問題提起する作家として注目される。

いる。アートがサブ・カルチャーに接近し、両者の境目が見えなくなり、同時に、サブ・カルチャーがアートの眼で見直されるようになったのである。

1-5　サブ・カルチャーのアート的読みかえ

　村上隆については、第7章で具体例を挙げて詳述するが、村上は日本の若手アーティストの中でも、最も戦略的に日本のサブ・カルチャーをアートの文脈に乗せて、西欧アートシーンの評価を勝ち得た作家である。かれは、日本では当たり前に見られる漫画やアニメの表現を、日本の伝統的な二次元的表現のコンテクストの中に措定（そてい）して、西洋美術史の価値体系の中に自作を位置づけることに成功した。とりわけ"オタク"と呼ばれる日本特有の趣味の領域から、性的な誇張表現やメカニックな要素をサンプリングして再構成した作品は、欧米のコレクターや美術館関係者の際物（きわもの）的関心を集め、クリスティーズのオークションで高値で落札されるという"事件"を起こした。村上は、世界中で目に触れるようになった日本の新しいアイコン──アニメや漫画やゲーム──を、アートに仕立て直したのである。アートという視点で日本のソフト・パワーを読みかえたとき、日本という国はアートの咲き競う国になった。村上は次のように書いている。

　　マンガ／アニメのイメジャリーやキャラクターの借用は、リキテンスタインやウォーホルが広範に活用したポップ・アートの典型的な手法の一つである。だが、1960年代の古典的なポップ・アートにおいては、ハイ・アート／ロウ・カルチャーのカテゴリー的な分離は安泰であった。このため、「無垢」で「無知」なロウ・カルチャーは、ハイ・アートのアーティストたちにとって、一種の「猟場」として利用されたに過ぎなかった。だが、1990年代においては、このような安定した関係はもはや望めなくなっている。これは、ある意味でハイ・アート自体が今や消費経済の中に取り込まれてしまったがゆえであり、また逆の意味では、ハイ・アート自体が大衆文化や消費経済のシステムを模倣しているからでもある。（村上隆, 2001, p.60）

とはいうものの、漫画やアニメをアートと言い切る村上の戦略は、日本で

は、まだまだ道半ばといわざるをえない。確かに、村上の活動はマス・メディアの注目を集めているが、それは欧米で高い評価を得たり、作品が高額で競り落とされたりしたからで、日本人が正統に評価を下しているわけではないのである。その証拠に、村上の作品を購入するのは70%までが欧米人で日本人は微々たるものだという。

　しかし、時代を拓く独創性というものは、ときにその先鋭さや奇抜さゆえに、時代の本道をゆく正統派からは異端の烙印を押されかねない。過去の成功体験に胡坐をかいている人の目には、それがいつまでも変なもの、奇異なものとしか映らないのである。過去を振り返っても、宮廷のお抱え音楽家だったサリエリからみればモーツァルトは下劣で、ワーグナーから見ればヨハン・シュトラウスは異端だった。同様に、一昔前までは、漫画やアニメは小説や映画より程度が低く、ゲームソフトは自閉的な"オタク"の弄び物だった。それが今ではモーツァルトは楽聖であり、ヨハン・シュトラウスはワルツ王であり、漫画やアニメやゲームソフトは日本が世界に誇る数少ない現代文化に格上げされようとしている。いつの時代でも、時代に先駆けるものはメイン・カルチャーから見ればおかしなもの、常軌を逸したものである。しかし、そうした物狂いの徒がいなければ、新しい時代は拓けない。

◆参考文献
堺屋太一「誇りうる文化で画一化に風穴を」『日本経済新聞2／25』1996年。
堺屋太一・森永卓郎「「アート」な中小企業が日本復活の主役」『潮第546号』pp. 74-81, 2004年。
ダグラス・マッグレイ「世界を闊歩する日本のカッコよさ」『中央公論1428号』中央公論社, pp.130-140, 2002年。
田所昌幸「ソフトパワーという外交資源を見直せ」『中央公論1428号』中央公論社, pp.120-128, 2003年。
浜野保樹『模倣される日本―映画、アニメから料理、ファッションまで―』祥伝社, 2005年。
村上隆『村上隆作品集　召喚するかドアを開けるか回復するか全滅するか』カイカイキキ, 2001年。
山口裕美『Cool JAPAN 疾走する日本現代アート』ビー・エヌ・エヌ新社, 2004年。

第2章

欧米におけるアートの移り変わり

2-1 本章の目的

　本書では、ここまで、アートという言葉を、特に厳密に定義せずに使ってきた。アートの概念を明確に規定するのは思いのほかに難しい。欧米の論者の中には、「アートの世界には絶えず新しいアートが流入し、その世界の境界は流動的であるから、アートの概念は定義不可能である」とする者すら少なからずいる。確かに、現代アートの世界では、従来の考えからは到底アートと認められない作品が次々とアートを名乗り、アートの概念は膨れ上がり、拡張されてきている。それに伴って、生活芸術とかポピュラー芸術とか、次々に新しい言葉が造られ便利に使われる。ファッション、漫画、ロック、アニメなども、アートに組み込まれ、アーティストとかクリエイターとかいう肩書をもつ社会層も広がってきている。その結果、アートの意味が今日ほど複雑になった時代はない。日本では、もっぱらアートというと、絵画とか彫刻とかといった美術（視覚芸術）を指す場合が多いが、現代の美術館やギャラリーで展示される作品には、耳を澄ますアートも、肌に感じるアートもあって、アートを視覚芸術という狭い枠にはめるのは、いたずらに視野を狭めることになりかねない。

　先述したように、欧米では、創造行為、もしくはその所産を、市場経済での営利を目的としたエンターテイメントと、市場経済になじみにくい非営利のアートとに区別している。エンターテイメントという言葉の響きの中には、「わかりやすく、大衆に支持されやすいもの」という響きがあり、アートには、「高尚で理解しにくいもの」というイメージがあることもすでに述べた。

また、経済活動として成り立つエンターテイメントと呼ばれるものは、漫画も映画も、印刷や複写による量産が可能で、オリジナルの売買以外からの収益が見込める。反対にアートは、この世に一つしかなく、高価で、かりに複製されてもオリジナルの価値は容易に揺るがない。

ところで、日本語の場合、アートの高尚さや難解さは、もっぱら"芸術"という言葉が請け負っている。そして、今の日本人が気軽にアートと呼ぶものは、英語のエンターテイメントにかなり近いものであって、"アート"とカタカナ表記することで、"芸術"のもつ先鋭性や難解さを和らげている。「アートな街」「アートウォーク」「パフォーミング・アート」等々、新しい事象や商品コンセプトの形容に、最近、アートという言葉が便利に使われるようになった。本書で、マーケティングとの出会いの文脈から検討したいアートにも、この種のアートが多い。

本章では、西欧におけるアートの享受の歴史を概観し、アートの社会的な存在意義の変遷を駆け足でたどってみたいと思う。

2-2　西欧アートの意味の変遷

現代人は、絵や彫刻は、あらかじめ美術館や居間に飾られることを予定して創造されたと思っている。しかし、こうしたアート観は、人間の長い芸術享受の歴史の上では、かなり特殊だといわなければならない。絵や彫刻の享受のされ方は、時代や場所に応じてさまざまに変わってきているからである。

たとえば、太古の人類は、狩猟や採集の成功を祈って、洞窟の岩肌に人物や動物を描いたし、中世の絵画や彫刻は、もっぱら神仏を荘厳すること、信徒に聖典の教義を啓蒙することを目的に、教会や寺院の祭壇や壁面を飾った。また、貴族や王族のポートレートは、写真技術が未発達だったころには、今のカメラの役割を果たしていただろうし、宗教的なタブーが厳格だったころには、神話の女神の裸体は、現代のポルノグラフィーのように、好奇の目で眺められていたに違いない。また、絵画芸術が「色彩や物象をいかに二次平面に移し変えるか」の実験場のように扱われた時代もあった。今のよ

うにもっぱら目の保養のために、部屋の壁面やそのそば近くに、絵画や彫刻が設置されるようになったのは、オランダの17世紀絵画以来のことで、そんなに長い歴史を経てきているのではない。美術館という制度もたかだか200年の歴史しかないのである。

2-2-1　アートに対する"先入観"という常識

そうしてみると、アートを「美術館や画廊で鑑賞するもの」と考えるのは、実に狭い見方といわざるを得ない。

しかし、アートとはかくあるべきもの、という先入観のようなものは、現代人のみならず、いつの時代の人々にも、程度の差こそあれ、かならずまとわりついている。

曰く、アートは崇高なテーマを描くものである、アートは作家の個性の発露である、アートは天才の独創である、アートは熟練の手技を留めるものである、アートは完璧な世界を形成するものである、アートは希少価値を有するものである、したがって、アートは経済的な交換価値をもつものである、アートは私的愛玩物ではなく公共の財産として永続的に保存・管理されるべき価値をもつものである、さらには、アートは高尚かつ難解でインテリにしか分からないものである……等々、アートは実にさまざまな先入観に彩られている。そして、往々にしてそうした先入観は、その時代には"常識"とも呼ばれる。だから、現代人がアートを美術館や画廊と直結させてイメージするのも、まったく不思議ではないのである。

しかし、先に述べたように、現代はアートの内包する意味がとめどなく膨れ上がり、拡張されてきている。その過程で、古い先入観が変更され、新しい常識が形成されて、現代のアートシーンは、一種"何でもあり"の状況を呈している。その一つの流れがアート・マーケティングにつながる。ともあれ、アートの享受の歴史を辿っていくと、現代に至るまでに、社会の変動やテクノロジーの発展とシンクロして、実にたくさんの価値観の推移や存在意義の変化が起きていることが分かる。次節では、社会変動やテクノロジーの進化とともに、アートがどのようにその価値や存在意義を変えていったのかを見ていきたい。

2-2-2 テクノロジーの進化とアート

日本人の生活を変えたものはたくさんある。たとえば、高速道路や新幹線の普及は、人と物の流れを根本から変えてしまったし、携帯電話やインターネットの普及は、情報の速さと広がりを革命的に変えた。しかし、こうしたテクノロジーの進化は、同時に多くのものを過去の遺物にしてきた。自家用車の普及は大八車やリヤカーを時代遅れにしたし、テレビはラジオを茶の間から追いやってしまった。

同様に西欧でも、テクノロジーの進化がアートの意味を大きく変えて、人々のアート観を覆してしまったり、アートに新しい価値を見出したりしたことが、美術史の上では過去何回も起こっている。

2-2-2-1 ジョットと"芸術家"の登場

今日、西洋の絵画史をひもとくと、最初に語られるのは、多くの場合、ジョット・ディ・ボンドーネ Giotto di Bondone（1267—1337）である。

ジョットが生きた中世末期（13世紀中葉から14世紀前半）は、テクノロジーの停滞した時代だった。絵画表現においては、明暗法も遠近法も未熟だったので、立体感のない素朴なものが多かった。すなわち、重要な登場人物が手近な建物より大きく描かれたり、正面ひたむきな人物像が多く描かれたりした。絵画の主題においても、類型的な宗教画一色の時代だった。当時の教会では、神々や聖者を人の似姿に造ることは冒涜だった。そのため極端に写実が軽んじられたのである。

そうした中で、"卓越した表現力"という生身のテクノロジーを引っさげて登場したのがジョットだった。現代人の目から見ると、ジョットの作品は、あるいは稚拙に映るかもしれない。しかし、中世末期、まだブルネレスキもレオナルド・ダ・ヴィンチもミケランジェロも知らなかった人々の目には、ジョットの技量は神業に近かった。ジョットの宗教画を観た当時の人々は、まるで救世主キリストや聖母マリアが現前したかのように錯覚したにちがいない。それほど真に迫った表現だったのである。

ジョットは、他の画家を凌駕する技量を持って、西洋美術史上初めて、芸術家の地位を、「手先の技」の職人から、より高級な「自由学芸」の創造者

の水準まで引き上げた。芸術家は、神に代わって世界の創造に携わる天才を身につけた尊い人格になった。こうした芸術家の価値付けは、アルベルティやヴァザーリなどのイタリアルネッサンスの理論家の著作によって、さらに確固としたものになったのである。

同時に、ジョットの技量は、「アートは神話や歴史といった崇高なテーマを法悦と共に描き出すもの」、「アートは熟練の手技(てわざ)から生み出されるもの」という、後々まで尾を引くアート観を人々に植え付けることになった。

2-2-2-2　油絵具の開発とタブローの成立

ネーデルランドのヤン・ファン・アイク Jan van Eyck（1390 頃—1441）は、油絵技法の完成者として名高い。油絵具というテクノロジーが絵画に与えた革新性は大変なものだった。

第一に、細密な描写が可能になった。それまでのフレスコ画では、漆喰壁が生乾きのうちに水で溶いた顔料を塗り上げなければならなかった。だから、細かい部分まで描いている時間がなかった。しかも修正（二度塗り）が不可能だったから、基礎塗りの上から微細なディーテイルを画き込むこともできなかった。それに対して、油絵具は乾きが遅いうえに、粘りがあるので細い筆で心行くまで描きこむことが可能になった。このことは画家の制作態度、生き様にも影響を与えたに違いない。すなわち、何度も絵具を塗り重ねる作業を通じて、画家は絵画と対話しながら作品を仕上げていくスタイルを身につけるようになったのである。絵画のための絵画、芸術のための芸術という思想の萌芽がここに見られる。

第二に、油彩画は、絵具が乾いてからも、変色したり退色したりすることが少ない。水彩なら紙自体が劣化するし、フレスコ画なら建物自体が壊されてしまえばおしまいだ。つまり、油絵具の発明は絵画を堅牢なものにし、財産としての価値を与えたのである

第三に、絵画が壁から離れて、持ち運びできるようになった。油絵具は粘着性があるので、木の板にも布にも描ける。それまでのフレスコ画は、教会建築の壁と一体化していたから、移動不可能だったのに対して、油絵は個人の居宅まで運びこまれて壁に架けられるようになった。つまり、西洋絵画は

油絵具の発明をまって初めて"タブロー"になったのである。このことは、実に革新的な意味を持っていた。まず、絵画の主題に影響を与えずにおかなかった。聖堂や教会の壁で、聖書や神話の世界を展開していた絵画が、個人の部屋を飾るようになると、身近な親しみやすい静物や肖像も、モチーフに選ばれるようになった。また、携帯が可能になり、絵画が売買やコレクションの対象になった。よい絵画は財産であり、それを所有することは、ステイタス・シンボルにもなった。さらに、それまでは教会の壁でしか仰ぎ見ることのできなかった公共財としての絵画を、個人で所有することが可能になり、絵画は礼拝の対象から美的鑑賞の対象になった。当然、そのことは「誰が描いたものか」という絵画の作家性を重視させることにも繋がった。

このようにヤン・ファン・アイクの、油彩技法の開発というテクノロジーの進化は、絵画そのものの質的変化に加えて、「アートは財産的価値を持つものである」とか、「アートは美麗な主題を描くものである」とか、「アートは鑑賞のための私的愛玩物である」とかいった、絵画の新しい意味を成立させた。さらに、のちに述べるように、絵画をマーケティングの素材にする端緒をも開いたのである。

2-2-2-3 17世紀オランダ市民社会とアートの商品化

17世紀のオランダでは、貿易などで富を得た裕福な商人階級の求めに応じて、彼らの社会的地位を示す生活の断片が、多くの寓意とともに絵画に描かれた。代表的な画家にはヨハネス・フェルメール Johannes Vermeer（1632—1675）、ピーテル・デ・ホーホ Pieter de Hooch（1629—1684）、ニコラス・マース Nicolas Maes（1634—1693）などが知られている。

彼らの作品は、一般的に小品が多く、宗教色が薄かった。それはオランダがこの時期、プロテスタントの市民国家としてカトリック教会の軛から離れたこと、海外貿易で栄えていたことに関係がある。

周知のように、新教は偶像崇拝を固く禁じた。だから、自ずと絵画のモチーフには日常の風景や肖像が多くなり、特に、静物画と風俗画に優れた作品が生まれた。静物画なら、珍しい果物やオマール海老などの海産物、花瓶に刺された草花や豪華な装飾のある蠟燭台やベネチアングラス、中国明代の

芙蓉手の皿やペルシア絨毯、スペイン製の食器など、主人の富と日常の平安を象徴するものが、精密な描写で描きこまれている。この時代の静物画はその館の主(あるじ)の富の象徴だったのだ。また、風俗画には、何気ない庶民の日常を、スナップ写真のように切り取った作品が多い。劇的な描写は慎重に避けられ、抑えた構図と色彩で静かに語りかけてくる作品が多い。

　また、オランダでは、それまで絵画の有力なパトロンであった教会や王侯貴族にかわって、裕福な商人たちが芸術を支えるようになった。ただ、いくら裕福とはいえ、一般市民であるから、大作を注文するほどの財力はないし、大作を飾れる王宮にも住んでいない。そこで自然と小品が好まれるようになったのである。

　17世紀のオランダ画家たちは、市民の求めに応じて、肖像画、風景画、静物画などの小品を数多く制作して売りさばくようなった。オランダ絵画の小品群は、発注を受けてから制作する肖像画以外は、売れることを当て込んであらかじめ制作された既製品(レディーメイド)で、一般受けする、類型的な表現が多く見て取れる。人気のある画家には、有能な"画商"がつき、商才を発揮した。かのフェルメール自身も、優れた画家であると同時に、画商と古物商を兼ねていたといわれる。

　17世紀オランダにおいて、初めてアートは"商品"になったといえる。それまでは、西洋絵画は教会の壁を飾り、聖書の物語を絵解きするものが大半だった。前節のヤン・ファン・アイクの油彩技法の開発によって、絵画がタブローとなり、財産的価値をもち始めたことは確かだが、そのころのタブローは一様に大画面で、個人の居宅の壁に飾られることはほとんどなかっただろう。また、裕福なパトロンの求めに応じて制作されるものがほとんどで、大多数の市民の好みを反映した、売れ筋の既製品(レディーメイド)を作るという発想が画家にはなかったと思われる。当然、アーティストと市民の間に立って、絵画の売買を仲立ちする"画商"というマネージャーは存在しなかった。17世紀オランダの市民社会の成立をまって、アートは小規模ながらマーケットを形成し、経済的な交換価値をもつものとなったのである。

2-2-2-4　写真技術の発明と近代芸術のテーゼ

　1839年、ルイ・J・M・ダゲールはダゲレオタイプ（銀板写真）を発明する。この写真術の登場をきっかけに、西洋絵画は大きくその役割、性格を変えざるを得なかった。

　まず、写真は絵画の記録性を著しく低下させた。それ以前は、ヤン・ファン・アイクの油彩画の開発や、ルネサンス期の立体的絵画技法の確立によって、絵画は神話や歴史の事跡を正確に留めおく有効な手段だった。また、王侯や貴族の似姿を後世に残す役割も担ってきた。しかし、人物や風景の正確な記録にかけては、絵画は写真の敵ではなかったのである。

　また、写真は被写体を瞬時に捉えて遍く知らしめる速報性にも優れていた。たとえば、絵画の場合、人物描写なら、モデルに長時間の忍耐を強いる。歴史上の一場面を描く場合も、画家に想像の余地を多分に残し、正確な史実の記録たりえなかった。絵画は著しく記録効率が悪かったのである。その点、写真は一瞬にして正確に事実を切り取ることができる。その上、写真は絵画と違って、何枚も同じコンテンツを複製することができる。絵画は仕上がりまで長大な時間がかかり、しかも1点しか出来上がらない。

　こうした写真技術というテクノロジーの開発は、西欧の画家たちに、絵画の自律性ということをあらためて考えさせずにおかなかった。記録性で抗いがたいのであれば、写真に写そうにも写せない聖書や神話の世界を描けばよいが、近代工業社会が到来し、科学的合理主義がもてはやされていた19世紀半ば、神話や聖書の世界は、すでに絵画の重要なモチーフではなくなっていた。やむなく、絵描きを廃業して、写真家に転身した者も多かったという。

　そこで、西欧の画家たちは、新しい絵画の可能性の探求に向かった。その結果、モネやスーラに代表される印象派の外光描写、ゴッホやゴーギャンら後期印象派による画家の内面描写、セザンヌに端を発したキュービズムの平面分割の実験等々、西欧近代には美術史上にかつて例を見ないほど、イズムが氾濫した。こうした近代絵画の革新的な試みはすべて、写真技術の発明が促した面があるのである。

　つまり、写真技術というテクノロジーの発明は、「アートは人間の内面を

描写するものである」とか、「アートは何を描くかではなく、どう描くかを追求するものである」とか、「アートは芸術家の個性の表れである」とか、「アートは芸術家の孤独な営為から生まれるものである」とかいった、近代芸術のもろもろのテーゼを生み出すきっかけとなった。

2-2-2-5　チューブ入り絵具の開発と外光の表現

　20世紀初頭には、写真技術のほかに、西欧アートにとって、見過ごすことのできないテクノロジーの進化があった。それは、チューブ入り絵具の開発である。

　チューブ入り絵具は、1840年代にイギリスのウインザー＆ニュートン社が初めて世に出した製品である。チューブ入り絵具が画期的だったのは、携帯性に優れていたことである。それまでは、画家にとって、風景画の戸外制作には非常な制約があった。せいぜいスケッチ帳にデッサンを描きつける程度しかできなかったのである。当然、彩色や仕上げをするのはアトリエの中だった。しかし、チューブ入り絵具が開発されたことによって、画家たちは絵具を携帯して、屋外の明るい日差しの下でキャンバスに色を置くことができるようになった。

　モネやスーラは、樹木や水面にきらめく色彩を捉えようとした。戸外での制作は、文字通り光との追いかけっこの様相を呈した。モネがルーアン大聖堂のファサードや睡蓮の池の面を何枚も繰り返し描いたのは、刻々と移ろいゆく光を捉えようとしたからである。だから、モネをはじめとする印象派の絵には、永遠に完成ということがない。言い換えれば、どの絵も仕上げの行程がなく、"素描"や"習作"の段階に留まっているということである。

　チューブ入り絵具の開発は、印象派の誕生を促し、ひいては「アートは完璧な世界を形成するものである」という常識を覆してしまった。未完成でもアートは成立する。アングル Jean-Auguste-Dominique Ingres（1780―1867）に代表される新古典派の"写真のような"絵画より、画家の筆跡を残した絵画のほうが価値がある。いや、それがなければ芸術とはいえないという考え方が成立した。ここから「アートは芸術家の個性の表現である」というもう一つのアートの常識が形成され、個性は唯一無二のものだから「アートは一

点物である」という常識も確認されることになる。

2-2-2-6 マルセル・デュシャンと工業規格製品

　20世紀は、近代的な機械工業生産が本格化し、人々の生活の中に規格化された加工製品が大量に流れ込んだ時代である。自家用車、ラジオ、文房具、陶磁器、洋服などの規格品が近代工場から無尽蔵に吐き出され、人々の生活に浸透していった。その反面、労働環境の非人間化や公害など、新たな苦悩も同時に抱え込んだ時代だった。

　こうした時代に、一躍、西欧のアートシーンで注目を浴びたのがマルセル・デュシャン Marcel Duchamp（1887—1968）である。デュシャンは、西洋美術史上、モダン・アートの扉を開いたアーティストとして、現在、高く評価されている。しかし、彼がやったことは、20世紀初頭の西欧アートシーンにおいては、およそ醜聞（スキャンダル）に等しいもので、"良識ある"美術関係者からあらゆる罵詈雑言が投げかけられた。

　中でも最も衝撃的だったのは、レディーメイドという観念である。1917年、ニューヨーク最初のアンデパンダン展で、デュシャンは荒物屋で買ってきた便器を「泉（Fountain）」と題して出品しようとした。デュシャンはこの便器に「R. Mutt 1917」と「サイン」を施した。デュシャンは、男性用小便器を"選択"して美術館に展覧することと、絵画を制作する過程で色や配置を"選択"して出品することとの差異は、理論的にはないと考えたのである。

　レディーメイドというイベントが西洋美術史上、革新的だったのは次のような点であろう。

　第一に、アーティストの手技（てわざ）の否定である。デュシャンは「（アートを）自分が作ったかどうかは問題ではない。それを選んだことが重要なのだ。」と述べている。デュシャンはアートを成立させる条件を、作者の技量ではなく、作者の選択と判断に帰着させた。芸術家は手ずから何も生み出さない。ただ"選択"した証（あかし）として、サインを施す。逆にいえば、有名な芸術家がサインをすれば、どんなものでも「芸術」になる。デュシャンは、芸術家の「サイン」が、ある物体を「芸術」として確定させる信用のシステムである

ことを逆手にとったのである。

　第二に、工業規格製品である男性用小便器に、サイン以外まったく手を入れないことで、デュシャンはアーティストのオリジナリティーや専門的なテクニックを否定してしまった。伝統的な美術の鑑賞とは、作家がどんな素材を使い、モチーフをどのように観察して表現するか、その手跡を手がかりにしたものであった。歴史や神話に取材した作品でも、印象派の外光描写でも、さらに第二次大戦後の抽象表現主義の絵画でも、画面に残された筆の跡や色彩の滴りといった物理的な絵画の言葉(コード)を手がかりに作品を鑑賞できる。ところが、デュシャンの「泉」には、何一つ鑑賞の手がかりがない。だれも陶器の質感や白い色、凹型のラインに頼って作品を鑑賞することはできない。それは紛れもなく男性用小便器であり、鑑賞以前にその本来の用途が思い出されてしまうものだ。

　第三に、デュシャンは、アートを「眼で見て楽しむもの」から「頭で考えて謎解きするもの」に変えてしまった。言い換えれば、美術を美的なものから観念的なものに変えてしまったのである。デュシャンは、「アートは難解なもの」、「インテリにしか理解不可能なもの」、「まずキュレーターの説明や図録解説を勉強してから観るもの」という、現代的なアートの常識を最初に人々に植え付けたアーティストだった。

　第四に、レディーメイドには稀少価値が存在しないということである。デュシャンは、「レディーメイドのもう一つの様相は、唯一性に欠けることである。レディーメイドの複製は同じ内容を伝える」と述べている。確かに便器のようなレディーメイドには、オリジナルという概念は成立しえない。デュシャンは工業規格生産という近代のテクノロジーをアートの世界に利用して、オリジナルな価値を崇拝する芸術観を崩壊させてしまった。

　こうして、デュシャンの革新的な試みは、アートの常識に大幅な変更を迫った。デュシャン以前のアートは、高貴なテーマを、芸術家の天分と熟練によって、個性豊かに描き出すものだった。そして、永続的に保管し恭しく鑑賞するものだった。デュシャンはこの常識を破壊し、アートを「創造するもの」ではなく「選択するもの」に、「鑑賞するもの」ではなく「解読するもの」にしてしまった。

とはいうものの、"選択"を第二の創造と考えることもできる。デュシャンは、レディーメイドの選択は「完全な無感覚の状態」でなされたというが、それは詭弁である。実はレディーメイドには、"外見"を判断するデュシャンならではの卓抜な選択眼が潜んでいるのである。そういう意味で、レディーメイドは、たとえ工業規格品であっても、アーティストの見立てによる稀少価値が維持されている。だから、今でもデュシャンのレディーメイド作品の数々は、西洋美術史上のマスターピースのひとつに数えられているのである。

2-2-2-7 大量生産技術の発展とポップ・アート

第二次世界大戦後、美術の中心は、フランスからアメリカへ移った。ジャクソン・ポウラック Jackson Pollock（1912—1956）やウィレム・デ・クーニング[1] Willem de Kooning（1904—1997）らの抽象表現主義や、ジャスパー・ジョーンズ[2] Jasper Johns（1930— ）やロバート・ラウシェンバーグ[3] Robert Rauschenberg（1925— ）のネオ・ダダ[4]の活動を経て、1950年代末から1960年代全般、アメリカのアートシーンを席巻したのは、後にポップ・アートと呼ばれるようになったムーブメントである。

ポップ・アートとは、Popular art の縮約形、あるいは Pop（発砲する、弾けさせる）、popping（気分が弾むような）Art という意味合いも込めた名称で、スターの写真、漫画や広告、商品ラベルなど、あえて芸術的でない大衆的な素材を用いて、既成の芸術観を破裂（pop）させるアートのことであ

---

(1) ウィレム・デ・クーニング：激しい筆触と強烈な色彩で描かれた 50 年代の「女」シリーズで一躍脚光を浴びる。アメリカの抽象表現主義を代表する一人であり、「抽象絵画に新たな肉体性を与えた」と評される。
(2) ジャスパー・ジョーンズ：20 世紀のアメリカの画家。ポップ・アートの先駆者として重要な役割を果たした。ダーツの標的、アメリカ 50 州の地図、数字や文字などを"描いた"作品がよく知られる。
(3) ロバート・ラウシェンバーグ：20 世紀のアメリカの美術家。ジャスパー・ジョーンズとともにアメリカにおけるポップ・アートの隆盛に重要な役割を果たした代表的な作家である。
(4) ネオ・ダダ：ダダイズムの芸術的主張に共鳴し、1950 年代末にアメリカで発展した運動。ポップ・アートの先駆的役割を果たしたジャスパー・ジョーンズ、ロバート・ラウシェンバーグらが代表。

る。

　ポップ・アートの淵源は、1956年にイギリスで発表されたリチャード・ハミルトン Richard Hamilton（1922―）の「いったい何が現代の家庭をかくも変え魅力的にしているのか」と題されたコラージュ作品である。この作品の中で、マッチョな男性が掲げ持つキャンディーに「POP」の文字が見られる。しかし、ポップ・アートは、イギリスではなく、消費社会が真っ盛りのアメリカで花開いた。60年代に、アンディー・ウォーホル Andy Warhol（1922―1987）をはじめ、ロイ・リキテンシュタイン Roy Lichtenstein（1923―1997）、トム・ウェッセルマン Tom Wesselmann（1931―）、クレス・オルデンバーグ Claes Oldenburg（1929―）らが登場し、大衆的人気を博したが、それ以前にも、ジャスパー・ジョーンズとロバート・ラウシェンバーグが日常的なイメージを抽象表現主義風に描き、先鞭をつけていたからだ。

　ポップ・アートは、アメリカを初めとする西側先進国の大量消費社会を背景に生まれたアートである。ポップ・アーティストは、大量消費社会を象徴する様々なアイコン――漫画、広告、ブロマイドなど――を作品に取り込んだ。たとえば、オルデンバーグは、日常生活の取るに足らない消費財（タイプライターや紙マッチやハンバーガーなど）をモチーフに選び、小さなものを大きく、固いものを柔らかい素材で制作して、人目を驚かし、ソフト・スカルプチャアの創始者になる。オルデンバーグの戦略は、日常見慣れた事物を、まったく異なったスケールに拡大し、その存在の意味をずらし、問いかけることであった。

　しかし、日常的に目に触れる景物をモチーフに絵を描いたのは、何もポップ・アーティストが最初ではない。印象派の画家も、盛んに題材を身辺からとっていた。たとえば、マネは「草上の食事」で当世風の人物を、モネは「サン・ラザール駅」の連作の中で鉄道を、スーラは「アニエールの水浴」のなかで工場の煙突を描いた。また、キュービズムの画家は、新聞や雑誌を切り抜いてコラージュしたし、未来派の画家は機関車や自動車の躍動感を賛美した絵を描いている。こうした日常的な題材を作品の中に取り込む傾向は、第二次世界大戦後の抽象表現美術の画家――デ・クーニングやジャクスン・ポウラック――によって、いったんは大きく揺れ戻されるが、ポップ・

アーティストの先駆けだった「ネオ・ダダ」の画家たち——ジャスパー・ジョーンズやロバート・ラウシェンバーグ——によって再び時代の主流となる。ジャスパー・ジョーンズはアメリカ国旗をそのままキャンバスに写し取り、ラウシェンバーグはコーラ瓶をそのまま額縁に入れ込んだりした。つまり、ポップ・アートはこうした具象の流れの中に位置づけられるのである。

したがって、ポップ・アートの真の革新性は、卑近な消費社会の日常を素材にしたことではない。より重要なことは、ポップ・アーティストたちが、現代の大量生産のシステムそのものを、創作の作業過程のなかに応用したことである。言い換えれば、印刷や商品加工で使われる複製技術というテクノロジーを、作品制作に転用したことが画期的だったのである。

ポップ・アーティストは、長足に進化した大量生産のシステムから、とくに印刷技術と工場生産のシステムを盗んだ。

たとえば、ウォーホルは、ブリオ洗剤、キャンベルのトマト・ジュース缶、デルモンテの桃の缶詰め、ハインツのトマト・ケチャップの瓶などのパッケージ・デザインを、広告写真から製版してシルクスクリーン[5]で量産した。しかも、自前のファクトリーに任せて、自分はほとんど何もしなかった。ウォーホルのアート工房(ファクトリー)という発想は、ミニマル・アート[6]の作家であるリチャード・セラ Richard Serra（1939—）やドナルド・ジャッド Donald Judd（1928—1994）らにも引き継がれた。彼らは、ある観念を作品に具現化することと、アーティスト自身がそれに手を染めることは何の関連性もないと主張して、建築技師のように自分の作品の設計図を、仕様書をつけて鉄工所に発注している。

また、リキテンシュタインは、安手のコミック誌の一こまをトリミングし、印刷のドットもそのままに拡大した作品を、やはりシルクスクリーンを

---

(5) シルクスクリーン：スクリーン印刷。孔版印刷の一種。枠に合成繊維、ステンレス線などでできた紗を張り、画線部以外はゼラチン・樹脂などで目をつぶし、露出している織目を通してインクを押し出し、印刷する。
(6) ミニマル・アート：絵画や彫刻の構成要素である素材を多く使わず、色彩や形態も最小限に抑え、個人感情や主観性など、制作者の痕跡を極力残さないで、要素そのものをきわだたせようとする 1960〜1970 年代にアメリカを中心として展開した芸術運動。

使って、複数の助手と共同で刷り上げた。ひと頃、東京都現代美術館がリキテンシュタインの「ヘアーリボンの女」を6億円で購入して物議を醸したが、それは、チープな"漫画"を"コピー"したにすぎない"工房作品"に、莫大な税金を投入することの是非が問われたのだった。

　このように、ポップ・アーティストは、先進的な複製技術というテクノロジーを逆手にとって、神聖な芸術作品を、こともあろうに大量生産してみせたのである。かれらの行為は、ジョット以来、幾多の芸術家が営々と築きあげてきた西洋美術史の価値の体系を、なし崩しにしてしまう"破廉恥"な行為だった。彼らによって、アートはこの世に1点しかないものではなくなり、熟練した手技を留めるものでもなくなってしまったのだ。

2-2-2-7-1　アンディー・ウォーホルとマーケティング
　ところで、ウォーホルがポップ・アートの神様といわれるのはなぜか。それは、彼が徹底的に"芸術の臭み"を作品から払拭しようとしたからである。

　リキテンシュタインにしても、オルデンバーグにしても、どこかに"芸術家の尻尾"を残している。卑近なモチーフを明瞭な輪郭線と平板な色面で、看板のように描いては見せたものの、彼らのアートはどこか絵画の正統から脱しきれていない。

　たとえば、リキテンシュタインの作品は、単に安手のコミックの一こまをそのまま拡大したものではない。図柄の位置関係や色彩のバランスをかなり変えている。つまり、リキテンシュタインは「コンポジション」に作家的関心を払っているのである。だいたい、無数にあるコミック雑誌の中からの巧みなトリミング自体、常人業ではない。

　また、布やビニールでソフトスカルプチャーを作ったオルデンバーグも、デフォルメや作品表面の皺に"芸術的な身振り"が感じられる。

　ウォーホルの先達であるネオ・ダダの作家にしても事情は同じで、ジャスパー・ジョーンズのビール缶の彫刻には、絵筆による硬質な質感が滲み出ているし、ラウシェンバーグのコーラ瓶にも、芸術家の手技がこびりついている。

一人、ウォーホルだけが、コカコーラを描いても、スープ缶を描いても、"芸術臭さ"から自由だった。ウォーホルは、社会の現実を肯定も否定もせず、一切の解釈なしにアートとして提示できた人である。ほかのポップ・アーティストが、身近なマンガやファーストフードを平板な色面で描きながら、制作過程で何らかの美的判断や解釈を作品に込めてしまっているのと好対照である。ウォーホルは「芸術家の個性や天分こそがもっとも価値あるものだ」という近代の芸術観をひっくりかえしてしまった。その彼の策略を助けたのが、シルクスクリーン技法による個性を消し去る仕掛けと、量産体制を支えた工房(ファクトリー)だった。篠田達美はいう。

> かつての画家にとり重要だったことは、まず何を描くかの問題、つまり神話や宗教、歴史など芸術にふさわしい高尚な主題を描くことでした。それが、セザンヌやゴッホのころからはいかに描くか、それもいかに"芸術的に"描くかが重要になる。ところが、ウォーホルは身近なつまらないものを主題に選び、徹底して個人性を排除してそれを表現し、コンポジションさえ否定してしまった。既成の「芸術の条件」を、ウォーホルはすべてひっくり返してしまったのです。(篠田達美, 1996, p.44)

芸術作品には、ふつう、画家の思いや彫刻家の個性が、筆跡や鑿跡として作品の上に現れているものである。個性的な表現やバイハンドが創りだしたオリジナリティこそが芸術の命だ、とずっと考えられてきたからだ。ところが、ウォーホルという人は、作品からにじみ出る個性的な線や色使いを極力抑えて、広告や商品そのもののような作品を作ったアーティストだった。それは、彼が常々「機械になりたい」と語っていたことにも端的に表れている。

このように、ウォーホルは、アートから一切の個性の表現を払拭しようとした。そのために、彼は消費社会の大量生産のシステムを作品制作に徹底的に流用した。晩年は、知人や金満家をポラロイド写真で撮影してシルクスクリーンで肖像画に仕立てていたが、その制作態度は受注に応じて機械のように制作しているだけで、個性の発露や芸術家の気概とは程遠いものであったという。現に、彼は、自分の作品をアートと呼んだことがなかった。「自分

が作っているものは、アートなのかどうか、まったくわからないけれども、もしもあなたがそれを芸術作品と思って、高いお金を出して買うのだとしたら、それはきっとアートなのでしょうね」というなげやりな態度だったのである。

　ウォーホルは、アートを限りなくMerchandise（商品）に近づけようとした人である。美術をマーケットに乗せて、あざとく儲けて、有名になろうとした人である。

　しかし、筆者には、ウォーホルの「アートの非アート化」「アートの商品化」のたくらみは、結局のところ、不徹底のまま終わったように思える。なぜならば、ウォーホルの作品は、皮肉なことに、彼の革新的なたくらみゆえに、西洋美術史の上で高く評価され、いまでも非常に高価な値段で売買されているからである。彼はアートの稀少価値やアートの経済的な交換価値までは否定できなかった。それゆえに彼の作品は、今では美術館ピースになって、"永続的価値"をもって"鑑賞"されているのである。

　確かに彼は、アートを商品として売るために、売れている商品を大量にアートに仕立てた。だが、とうとう、キャンベルスープやブリオ洗剤そのもののように、アートを大量消費社会で流通させるにいたらなかった。アートはウォーホルによって、マーケティングに出会う一歩手前まで導かれたが、最後の一歩が踏み出せなかったのである。

2-2-2-8　高度複製社会と現代アート

　1990年代は、クローン技術の実用化に象徴される高度複製社会ということができる。

　80年代までは、いかに複製技術が進化したといっても、オリジナルとコピーの区別は可能だった。複製はくりかえすほどに劣化し、原本との品質（クオリティー）の差は歴然となった。印刷物なら活字が摩滅し、加工品なら金型がへたる。磁気テープなら音や画像が乱れ始めるのである。

　ところが、現代では、デジタル技術が著しく向上して、オリジナルとコピーは寸分見分けがつかなくなってしまった。しかも、パソコンやデジカメやスキャナーが広く行き渡り、操作性も著しく改良されて、誰もが簡単な接

続とキーボード操作で、好きなだけコピー&ペーストができるようになった。こうしたことが、ドキュメントのみならず、画像でも音楽でも動画でも瞬時にして可能なのである。

ウォーホルやリキテンシュタインも、消費社会の記号をシルクスクリーンで写し取った。しかし、彼らの複製技術は、現代の複製技術に比べれば、まだまだ手仕事の温かみがあると言わなければならない。

さて、80年代の半ばごろから、こうした高度複製社会の申し子のようなアーティストが続々と現れる。彼らは、消費社会の記号をコピーするという、ポップ・アーティストの戦略はとらなかった。そのかわり、印象派以降の近現代アートのイズムや手法を複製するという手の込んだ創作活動を展開し始めた。彼らのアートは「シミュレーション」「サンプリング」「リミックス」などと言うキーワードで語られる。本章では、彼らの思潮を、美術評論家の椹木野衣[7]氏にならって、"シミュレーショニズム"というタームで総称することにしよう。

シミュレーショニズムは、美術のみならず、音楽や演劇といったパフォーマンス全てに共通して表れてきたムーブメントで、椹木氏によると、過去のアートの表現形式を確信犯的に流用し、誇張する表現であり、美術史に書き加えられるような作家の創意を故意に放棄しようとする態度である。そうした動きの時代的背景には、絵画も彫刻も、70年代の後半までに近代芸術の根幹を形作る形式が解体されて、もはや絵を描いたり石を刻んだりということが素朴な形では不可能になってしまったことがあげられるという。

シミュレーショニズムのアーティストたちは、過去のイズムや表現手法を堂々と"剽窃"する。たとえば、ジョージ・コンド George Condo というニューヨークの画家は、20世紀初頭のエコール・ド・パリの画家達が書いたような、時代遅れの古臭い絵を描いて、それを現代的なギャラリーで発表した。かれのデジャ・ヴュ（既視感）に満ち満ちた画面は、決して「オリジナルな才能のない絵描きの絵が醸しだす偶然の結果ではなく、入念に意図さ

---

(7) 椹木野衣（さわらぎ・のい）：1962年生まれ。美術評論家。パンク、テクノポップなどの70年代後半以降のサブ・カルチャーから多大な影響を受けており、美術にとどまらない執筆活動や、レントゲン藝術研究所でのキュレーションなどを手がけている。

れた人工的なノスタルジー」(椹木野衣, 2001, p.23) なのである。

　また、劇場のような巨大な画面に神話や歴史の主題を取り上げたサンドロ・キア[8] Sandro Chia (1946—)、フランチェスコ・クレメンテ[9] Francesco Clemente (1952—)、アンゼルム・キーファー[10] Anselm Kiefer (1945—) といった画家たちは、前時代の「表現主義」を極端に誇張した形で提示しており、「ネオ・エクスプレッショニズム[11]（新表現主義）」という言葉で呼ばれた。

　さらに、かつてのオプ・アート[12]やミニマリズム[13]の幾何学的な絵柄をアイロニカルに焼き直した「ネオ・ジオ[14]」と呼ばれる動きもあった。

　つまり、シミュレーショニズムの画家にとって、アートの様式とは、新たに創りだすべきものではなく、過去の西洋美術史上にサンプルとして等価に並んでおり、お好み次第で、いくらでもコピー&ペーストが可能な、一種のデータベースと化しているのである。椹木野衣氏は、次のように述べる。

　　（シミュレーショニズムの作家たちは）「無からの創造」ということを否定しています。

　　その意味で彼らは、歴史上誰も見たことがないような、まったく新しいものを作るということに対してはひどく懐疑的です。芸術の発展と

---

(8) サンドロ・キア：クレメンテ、クッキと共にイタリアを代表する画家。イタリアで起こったアート・ムーヴメント「トランスアバンギャルディア」の中心的存在。
(9) フランチェスコ・クレメンテ：サンドロ・キア、エンツォ・クッキとともに、イタリア現代絵画を代表する画家。
(10) アンゼルム・キーファー：ドイツ、ドナウエッシンゲン生まれ。デュッセルドルフのクンストアカデミーでヨーゼフ・ボイスに学ぶ。歴史や神話を題材に、カンヴァスに石や砂、藁、写真などを付着させる手法を用い、戦後の絵画芸術に主題と意味を復権させた画家として知られる。
(11) ネオ・エクスプレッショシズム：80年代に登場した荒々しい筆致や激しい色の対比を特徴とする絵画。この国際的な傾向は当初「ニュー・ペインティング」と呼ばれていた。
(12) オプ・アート：視覚的トリックを取り入れた幾何学的抽象美術。
(13) ミニマリズム：最小限の表現手段で最大の効果を上げようとする現代美術・建築・文学の一思潮。
(14) ネオ・ジオ：「ネオ・ジオメトリック・コンセプチュアリズム」の略称で、1986年にニューヨークのソナベント・ギャラリーで華々しいデビューを飾ったJ・クーンズ、A・ビカートン、P・ハリー、M・ヴァイズマンの四人の若手アーティストに代表される表現方法。

か、作家性の確立とかいうことに対しても、ひじょうに疑問視している。そこには、「芸術」という重力に迫害されることによって知らず知らずのうちに学習することになった、マイノリティー特有のニヒリズムとでもいうべき醒めた感覚があることは否めない。

　しかし他方で、現代は情報がかつてないくらい肥大し、飽和した時代ですから、どんなことをしても、同様の問題に直面することは避けられない。つまり、決定的に多くのことがすでになされてしまっており、やるべきことの総体はすでに終了している。(椹木野衣, 2001, p.112)

　こうしてみると、シミュレーショニズムの作家たちは、すでに西洋美術史のコンテクストで新しいことは何もなしえないという絶望的状況から、高度複製技術というテクノロジーをわが身に体現して、過去のイズムや表現手法を"剽窃"し、そこにやっと自己の居場所をみつけたといえそうである。

　なんでも新しいことを1から始めるのは困難を伴う。だから、一定期間"寝かせた"素材を、世間が忘れかけた頃合を見計らって、少しだけリメイクして売り出す。すると、その"寝かした"素材に懐かしさを覚える世代と、レトロな斬新さを見出す世代と、二つの年代層が飛びつくのである。昨今のレトロ・ブームも、シミュレーショニズムのマーケティングにおける応用といえる。

　ともあれアートの世界では、長らくオリジナリティーが尊ばれてきた。アーティストにとって美術史の地平を切り開くことが、すなわち天才の証だった。だから、"剽窃"ほど恥ずべき所業はなかったはずなのである。あのウォーホルでも、消費社会のアイコン、たとえば、ミッキーマウスやエルヴィス・プレスリーをサンプリングしたが、過去のアート作品の"剽窃"だけは差し控えたのである。

2-2-2-8-1　ジェフ・クーンズとマーケティング

　60年代、アンディ・ウォーホルがポップ・アーティストの中で突出した存在だったように、現代アートの中で最も先端的な存在はジェフ・クーンズ Jeff Koons (1955—) であろう。

シミュレーショニズムは、「ネオ・エクスプレッショニズム」「ネオ・ジオ」「ネオ・ダダ」と続いて、予定されていたように「ネオ・ポップ[15]」といわれる一連の作家たちを生み出した。ネオ・ポップというのは、「ネオ・エクスプレッショニズム」とも、「ネオ・ジオ」とも違い、消費社会の様々なアイコンを作品の中枢に据える一群の作家たちである。いわば、アンディー・ウォーホルの二番煎じを確信犯的にやってのけたアーティストたちである。

そして、中でも最も成功したのが、ジェフ・クーンズだった。

ジェフ・クーンズの創作活動を最も特徴づけているのは、アンディー・ウォーホルが図らずもさらけ出した矛盾——大量生産技術（複製技術）によって、アートと消費社会が生み出す商品の境を曖昧にしようと企みながら、その革新性が仇になって、皮肉にも、彼の量産品が日常的な商品とは似ても似つかない、稀少価値と高価格を生み出してしまったこと——に果敢に挑戦している点である。ジェフ・クーンズは、日用品が"アートという信用"を付与されるだけで、御神体のような価値を生み出す愚かさ、ばかばかしさを観衆に突きつけて、笑い飛ばすことで、アートと商品を同じ位相に置こうとした。そのために、彼は、消費社会ならどこにでもある、極めて陳腐な商品を、ときに新品のまま、美術館に展示したのである。

60年代のポップ・アーティストは、商品そのものをけっして使用しなかった。商品のパッケージをシルクスクリーンで転写したり、巨大化したりはしたが、商品そのものをギャラリーに持ち込もうとはしなかった。

ところが、ジェフ・クーンズは、ウォーホルやオルデンバーグすら控えた禁じ手をあえて使った。たとえば、成金宅の玄関先によく見かけるキッチュな置物——たとえば白い陶磁器製のテリア犬——を、イタリアの職人に依頼して精巧にマルチプル化したり、新品の家庭用電気掃除機をガラスケースに入れて、下から蛍光灯を当てて美術館に陳列したりした。ギャラリーに置かれた電気掃除機が芸術作品として1億円の単価で売られ、全く同じ電気掃

---

[15] ネオ・ポップ：中原浩大、村上隆、中村政人、太郎千恵蔵、奈良美智ら、1990年前後に登場した若手作家の総称。ネオ・ポップという名は、コミックやアニメーションなどサブ・カルチャーのイメージを多用する彼らの作風がポップ・アートを連想させることに由来するもの。

除機が家電ショップで1万円だったとしたら、その違いは単に「芸術」として認められているかどうかという「信用」しかない。そして、その信用というのは、まったく"まやかし"であって、詭弁以外のなにものでもない。「現代アーティストなんて、神の使いでも天才でもなく、ペテン師に過ぎないのさ」とジェフ・クーンズは宣言しているかのようである。だましのテクニックを公衆の面前にさらけ出すことで、芸術に高尚な意味を見出そうと、展示ケースのガラス越しに電気掃除機に対峙している滑稽さを、彼はへらへらと笑っているのである。

ジェフ・クーンズにいたって、アートは、ジョット以来の"常識"をほとんどすべて放棄してしまった。「崇高な主題」は印象派以来、捨て去られた。「熟練の手技」や「1点ものの価値」はポップ・アーティストに否定された。「個性の表現」はアンディー・ウォーホルによって葬られた。そしてとうとう「稀少価値」や「経済的な交換価値」をもジェフ・クーンズによって"まやかし"の烙印を押されてしまったのである。

しかし、ジェフ・クーンズも、実はウォーホルと同様な自己撞着にはまっている。というのは、彼の「アートなんてまやかし」という宣言があまりに激越であるために、すなわち、アーティストの自殺行為そのものであるために、そのテーゼは西洋美術史の文脈において、とてつもなく新奇で革命的な出来事になってしまったのである。当然、彼の電気掃除機やテリア犬は、美術館に収蔵されるや否や、ファン・アイクの「アルノルフィーニ夫妻」や、モネの「睡蓮」や、ウォーホルの「マリリン・モンロー」と同じ壁に並べられ、永久保存されるだろう。そして、とてもマーケティングの対象にはなりえないだろう。椹木野衣氏は次のように述べる。

　（シミュレーショニズムという手法は、）資本主義の流れを全面的に否定するのではなく、そのなかに侵入していって、そのなかに微細な差異やズレを作り出していくという方向に、どんどん変わらざるをえなくなってくるわけです。けれども、これは言ってみればぎりぎりのやり方で、ちょっとでもやり方を間違えれば、完全に商業的な消費ベースに飲み込まれてしまう。そのぎりぎりの部分でいかに飲み込まれずに、そこから身をかわし続けて作業を持続していくかということが、1990年代

以降の展開の中で、これらのアーティストたちにとってすごく重要な要素になってくるんですね。もともと彼らは、自分と敵対するもののなかに、自分から入っていって、その動作プログラムを内部から組み替えるという、ミイラとりがミイラになりかねないような方法論をとっているので、たとえ一歩でもずれてしまえば、解体するために入っていった当のものによって、自分自身が同一化されてしまうというようなケースがひじょうに多い。（椹木野衣, 2001, p.106）

つまり、西洋美術史の体系の中で勝負しているアーティストにとって、消費社会のアイテムそのものになりきってしまうことは、自分のアーティストとしての立脚点を踏み外すことであり、それはアーティスト稼業を投げ出すことに等しいのである。ジェフ・クーンズにしても、結局のところ、西洋美術史にとって、めっぽう新しいことを試みて、評価されることを人生の目的にしている点で、ジョットの正統な血筋である。アートがマーケティングと本当に出会う場は、西洋美術史という巨大な桎梏から自由な、成熟した消費社会であるはずである。それがどこであるか、それはいわずとも明らかであろう。

◆参考文献
椹木野衣『増補　シミュレーショニズム』筑摩書房, 2001年。
篠田達美・建畠哲『モダンアート100年（Ⅰ）騒々しい静物たち』新潮社, 1993年。
篠田達美「ポップ・アートはどうして画家の個性を消したのですか」『芸術新潮通巻558号』新潮社, p.44, 1996年。
篠田達美『歩く女』淡交社, 1996年。
三井秀樹『メディアと芸術―デジタル化社会はアートをどう捉えるか―』集英社, 2002年。
Arenas, Amelia『なぜ、これがアートなの？』淡交社, 1998年。

第3章

日本におけるアートの移り変わり

3-1 本章の目的

　第2章では、欧米におけるアートが、テクノロジーの進展と手を携えるようにして、その性格を変えていくさまを概観した。欧米では、時代とともに、アートに関する数々の集団的先入観が形成され、棄却されつづけてきた。特に、近代から現代にかけては、印刷、写真、コンピュータといった複製技術の進歩が著しく、ジョット以来の古典的な芸術観に変更を迫っている。複製技術は日進月歩の進展をみせ、いまやオリジナルとコピーの区別はほとんど存在しない。現代アーティストは、創造行為ということに対して非常に懐疑的で、芸術の発展とか、オリジナリティの確立とか、一昔前まで金科玉条のごとく信じられてきたテーゼを信じていない。そうした状況下でアートと商品の垣根が限りなく低くなり、いまやある部分で、アートは消費経済の中に取り込まれてしまった観がある。いやむしろ、アート自体が大衆文化や消費経済のシステムを進んで模倣している傾向すらある。ジェフ・クーンズのシュミレーショニズムがまさにそうである。日本においても、村上隆をはじめとする現代アーティストは、サブ・カルチャーを取り込み、同化して、アニメのようなアート、漫画のようなアートを増殖させている。

　しかし、第2章でウォーホルやクーンズを論じた際にも言及したとおり、欧米のアーティストたちは、どうしても芸術家としての足場を西洋美術史のコンテクストから踏み外せない印象を受ける。踏み外したが最後、堕天使のごとく、アートという天上界から失墜してしまうのを恐れているかのようにみえる。その恐怖は骨の髄まで浸み込んでいるらしい。そのせいか、欧米のアーティストは、消費社会のマーケットに接近しては、ぎりぎりのところ

で、商業ベースに呑み込まれないように身をかわし続けている。

　それに対して、日本のアーティストには屈託がない。自分の創作が商業ベースに乗って、マス・メディアで複製されることにも、さして疚しさや危機感を抱いていない。先の村上隆など、自作のアートを複製してグッズに仕立て、マスコミにしばしば登場して物議をかもし、企業とコラボして話題を振りまき、半ばタレント化している。

　ところが、不思議なことに、日本人は村上の行為を「金儲けや売名のためにアートを利用している」とか「芸術の品位を貶めている」とかと目くじら立てて非難しない。そういえば、以前から日本人はアーティストがおかしな振る舞いに及んでも、さして気に留めなかった。岡本太郎[1]が洋酒のCMに登場して「グラスの底に顔があってもいいじゃないか」といっても、池田満寿夫[2]が自分の小説を映画（エンターテイメント）にしてヒットさせても、赤瀬川原平[3]が"老人力"を振り回して売れっ子作家になっても、笑ってすませるのである。だれも"芸術の堕落"を嘆いたりしない。

　一方、欧米では、キリスト教的発想から、アーティストを神から才能（talent）を与えられた人格と考える。欧米においては、アーティストは、社会の常識的な価値観を覆して精神を解放してくれる、尊いミッションを帯びた存在と捉えられているのである。

　だから、ウォーホルが、1983年、日本の音響メーカー（TDK）のTVコマーシャルに出演して、たどたどしい日本語で「アカ、アオ、ミドリ、グンジョーイロ、キラ(レ)イ」と言って見せたとき、欧米人はアートに対する冒涜を感じたに違いない。アメリカでは、いまでも純粋芸術家が企業の広告に出演するのは"恥ずかしい"行為とされている。

---

(1) 　岡本太郎：1911年生まれ。芸術家。大阪万国博覧会会場の「太陽の塔」など公共施設に多くの作品を制作する。「芸術は爆発だ」という台詞などが有名。1996年（平成8年）1月7日、急性呼吸不全のため死去。享年84歳。
(2) 　池田満寿夫：1934年生まれ。国際的版画家、画家にして芥川賞作家、エッセイスト、映画監督など多彩な顔を持つ芸術家。1997年死去。
(3) 　赤瀬川原平：芸術家。尾辻克彦のペンネームでベストセラー作家でもある。60年代には高松次郎、中西夏之とハイ・レッド・センターを結成。路上観察學会、トマソン観測センター、ライカ同盟などの活動を行う。そのほか、千円札を模写して刑事事件に問われたこともある。

一方、日本では、ハイ・アートとロウ・アートの区別が峻烈ではなく、ポップ・アートの"アイコン"としてウォーホルを起用しても、だれも純粋芸術家のキャリアを辱めるような行為とは思わなかった。日本人は彼の奇矯な振る舞いを笑っただけである。江戸庶民が山東京伝[4]の多芸多才をもてはやしたように、アーティストが娯楽を提供しても、面白がっているだけなのだ。この日本人の身軽さ、恥じらいのなさが、世界のアートシーンで、今、日本のアートが注目されている根本的な理由ではないか、というのが本章で述べたい結論である。

その結論を導き出すために、本章では、日本のアートが近世初頭から近現代まで、一貫して生活の中にあり、ほかの物財同様、マーケティングの素材、もしくは対象だったことを明らかにしたいと思う。また、日本では、アートがキリスト教的な進歩史観とは全く没交渉であり、ヴァリエーションの歴史を辿ってきたことも示したいと思う。

3-2　"美術"という言葉

"美術"と言う言葉は、他の多くの「文明用語」とともに、明治になって西洋から輸入されたものであり、fine art（英）やbeaux-arts（仏）の訳語にほかならない。すなわち、江戸時代まで、日本に西欧でいうところの"美術"は存在しなかった。そして、今でも正確には存在しない。

"美術"という言葉が、初めて文献に登場するのは、1872（明治5）年1月、ウィーン万国博覧会への出品を呼びかける太政官布告の中である。太政官布告には万国博の出品規約が掲載されており、その中のドイツ語が"美術"と翻訳されたのが最初だといわれる。

しかし、"美術"の内包する意味は、今日の「視覚芸術」よりも広く、音楽や文芸も含む"芸術"に近い意味だったらしい。それは、かの有名な坪内逍遥の「小説神髄」（明治18—19年）に「其美術の質によりて専ら心に訴

---

(4) 山東京伝：江戸後期の戯作者・浮世絵師。江戸の人。浮世絵を北尾重政に学ぶ。黄表紙・洒落本作者として著名。江戸読本創出者としても知られる。晩年は考証随筆に傾注する。

ふるものあり、専ら眼に訴ふるものあり、専ら耳に訴ふるものあり」とあることからも明らかである。

　明治初年の日本語に"美術"にぴったり当てはまる術語がなかったことは、当時の欧米人にはよほど奇異に映ったらしく、B. H. チェンバレン[(5)] の「日本事物史」（明治23年初版）のなかには、

　　　誰も注意しない奇妙な事実は、日本にはアート（art）に対する真の固有の語がないことである。（中略）同様に、日本語にはネイチャー（nature）に対する満足すべき語がない。もっとも近い語は、「性質」「万物」「天然」である。この奇妙な言語的事実のために、どのように熱心に腕をふるっても、西洋の言語を少しも知らない日本人に、西洋の美術(アート)や自然(ネイチャー)に関する議論を理解させるように翻訳することはむずかしい。

と書き記されている。

　もちろん"美術"という言葉がなかったからといって、日本に美術が存在しなかったわけではない。仏教伝来のころから、絵も彫刻も書も残されているが、それらを包括する言葉が、文明開化の時代まで千数百年間存在しなかったということである。また、日本人はその必要を感じなかったのである。

3−3　"美術"という概念の取り込み

　日本におけるアートの成り立ちは、欧米のそれとは大きく異なっている。
　根本的な違いは、日本ではアートが生活用具の一つに数えられていた点である。いいかえれば、アートによって、生活を美しく装うこと、生活を楽しくすることに一層倍の関心が向けられてきた。
　たとえば、茶道における「お道具」という呼び習わしが端的に示すよう

[(5)]　B．H．チェンバレン（Basil Hall Chamberlain）：1850〜1935。23歳で来日し、お雇い外国人として日本に滞在する。海軍兵学寮御雇教師や、帝国大学文科大学教師をつとめ、日本語・日本文学を研究して日本アジア協会などで発表し、イギリス人の日本学者となった。「日本事物誌」は各項目についての半頁から数頁の解説がアルファベット順に並べられた、一種の日本文化事典。

に、日本のアートは、美術館で鑑賞される芸術家の創造物というよりも、日常生活の中で床の間を飾ったり、茶を喫したりするために使われる道具の面が強かった。西欧では純粋芸術の文脈の中で語られる浮世絵も、もとは人気役者のブロマイドや観光絵葉書の類であって、決して事々しく鑑賞されるタブローではなかった。まして音楽や演劇はそうで、能も歌舞伎も人形浄瑠璃も大衆の娯楽にすぎず、仰ぎ見るものではなかった。娯楽であり、生活の一部だから、特別な教養は必要とされず、いわゆる"アート・リテラシー"の必要はなかったのである。

　同じ理由で、日本のアートは、永続的な価値を有するものとも考えられていなかった。使えば壊れる。壊れれば捨てられて、必要なら新調される。日本人にとって、美は儚くうつろいゆくものであって、永遠に留め置くものではなかったのである。たとえば、平安時代（藤原期）のやまと絵や唐絵の遺品は、現在ほとんど残されていない。なぜならば、平安貴族の邸宅を飾ったやまと絵や唐絵はいずれも障子や屏風のような日常の調度品の上に描かれていたからだ。調度品が古くなったり破損したりすれば、やまと絵も唐絵も共に棄却される運命だったのだ。

　欧米と日本のアートの成り立ちの違いは、当然、アーティスト観をも左右する。欧米では、先述したように、芸術は、アーティストと神との交感から生まれてくると考える。アーティストは神から才能を与えられた存在であり、尊敬の対象となる。しかし、日本では絵描きや陶工を"芸術家"として祭り上げる習慣などなかった。当然、絵描きや陶工や芸能者の社会的地位は他の職人と同列、もしくはそれ以下で、彼らの意識の中にも、天賦の才や技能の冴に"恍惚と不安"を感ずることはなかったに違いない。

　このように、日本のアートは、美術史家・辻惟雄氏の指摘のとおり、生活の中で消費されていく"飾り"であり、"遊び"であって、"美術"の名で一括りにされるものではなかった。したがって、明治維新以来の"美術"という概念の取り込みは、単に外来の絵画や彫刻の技法を学ぶことにとどまらず、ギリシア・ローマ以来の西欧美術史の流れを学び、日本古来のあらゆる造形表現──大和絵も浮世絵も仏像も──を西欧美術のコンテクストに再編し直す作業だった。

こうした作業を通して、たとえば、根付細工や蒔絵は日本独特の精密な"工芸品"に位置づけられ、奈良や平安の仏像は、オリエント美術の流れを汲む、代表的な日本の"彫刻作品"となった。さもなくば、今でも仏像は寺のお堂で線香の煙を浴びながら、拝まれ続けているに違いない。また、狩野永徳の金碧障壁画は"日本のバロック"であるとか、運慶の写実表現はルネサンス期の潮流の極東における現れだとかいう議論も、すべて西洋美術史の基準に従い、過去に遡って、日本の造形表現を整理し直そうとした結果、出てきたものである。

　ところで、こうした造形表現の再編作業は、書画や彫刻を見る者の態度をも改変した。それは、美を愛でる"鑑賞"という不自然な体位の強要となってあらわれた。

　たとえば、長らく日本では書画は"賓客"だった。茶人は禅僧の墨跡や宗匠の筆跡を床の間に招来して、故人との対話をしながら茶を喫したのである。ところが、今、書画といえば、欧米流に、墨の濃淡がどうの、落款がどうのと解釈しながら"鑑賞"するものになってしまった。書画のある空間の中でどっぷり漬かり、その世界に身体を馴染ませることを現代人はほとんど経験しない。わずかに書画を"所有"する楽しみが残されている骨董の世界に、わずかに過去の残影が見られる程度である。

　同様に、浮世絵の役者絵や美人絵は、当世流行の歌舞伎役者や花街の娼妓の"ブロマイド"だった。江戸庶民の誰が歌麿を額に入れて"鑑賞"しようと考えただろうか。

　茶道具にしてもそうである。名物とか大名物とかという伝世の名器は、実際に茶室で茶碗や茶杓として使われた。いじられ、眺め回され、口に当てられた。使用後は金襴や緞子の仕覆で包まれ、幾重にも桐箱に守られ、銘まで付けられて、大切に仕舞われていた。"鑑賞"が多く他人の所有物を目でなぞるだけなのに対して、生活の中で使うことは、道具の触感や重さまで身体感覚に浸み込ませることなのである。人間にたとえれば、鑑賞とは美人の人妻を傍目から眺めているようなもの、それに対して茶人の美的態度は、その美人と所帯をもって夜昼となく生活を共にするようなものである。

　どちらが優れた"美を愛でる態度"であるかはなんともいえないし、その

白黒をつけるのが本章の目的ではない。ただ、強調したいことは、"美術"という西欧の枠組みが輸入される以前、日本のアートは、書画、木彫、細工物、それぞれの造形表現が、別個の用途と価値をもっていたということだ。それを舶来の"美術"という概念で無理やり分類し直し、格付けし、その上"鑑賞"まで強要したのであるから、その無理が今に及んでいるのは当然なのである。

3-4 日本のアートの装飾性と遊楽性

先の節では、日本のアートは、生活の中で消費されていく"飾り"であり、"遊び"であるという辻惟雄氏の見解を引き、日本古来のあらゆる造形表現は、西洋美術史のコンテクストとは関係なく推移してきたことを強調した。"飾り"は「装飾性」と言い換えることができる。また"遊び"は「遊楽性」と言い換えることができる。そして、このふたつの性格は、ともに日本のアートが、生活の中で用途と価値をもっていたことに由来している。

3-4-1 日本のアートの装飾性

日本のアートが、物事の真に迫る写実性より、表面を飾る装飾性に秀でていることは、海外の鑑賞者や日本の美術関係者から、つとに指摘されているところである。

たとえば、北宋末の画論書「宣和画譜」では、日本美術の装飾性を次のように述べる。

> 日本国には絵画がある。だが、画家の名前を知らない。彼らの作品は、その国の風物や山水の小景を写している。色彩は濃彩で、金碧(金銀や群青、緑青、朱などの絵具)を多用している。色をつけた画面が粲然として見た眼に美しいことだけを欲しており、物の真がまだ充分描けているとは思えない。(辻惟雄, 1992, p.4)

また、19世紀のフランスの美術評論家、エルネスト・シェスノーは、日本美術の北斎漫画などの生気、風刺性、ファンタジーを奇想と評した上で、

> 私がここで装飾美術についてしか言及しないのは、しかし当然なので

ある。どう言ってみたところで、日本人芸術家たちの作品が、西洋美術の栄光を形成してきた大家たちの作品と比肩し得るはずはないだろう。しかし、美術が感覚の楽しみだけをその目的として考えている低い次元では、かれらはたしかに我々などよりはるかに強いのである。(辻惟雄, 1992, p.5)

と指摘している。これら外国人の美術評論家の口ぶりは、日本のアートに一定の評価を示しながら、どこか見下げた物言いであるのに対して、日本に滞在した外国人は、生活の中の装飾性という日本のアートの特質に気づいて、讃嘆を惜しまない。たとえば、1931年に、夫とともに飛行機で北太平洋調査飛行を敢行したアン・モロー・リンドバーグ Anne Morrow Lindberg (1906-2001) は、日本滞在中の印象をつづった旅行記 (North to the orient 邦題「翼よ、北に」) の中で、

　(日本アートの芸術性は) しごくあっさりしたキモノのうちにも、毛筆の書き流す文字のうちにも見られる。雨の通りに花ひらく、青や赤の番傘や蛇の目傘のうちにも、普段使いの食器のうちにも見られる。わたしは日常生活のうちの紙と紐すらも、日本特有のタッチによって、かりそめならぬものに変えられているのだと感じるようになった。(中略) きわめて小さいもののうちに美を認め、何気ない立ち居振る舞いのうちにさえ美を創造する、日本人のこの鑑賞力といおうか、ものを見る深いまなざし。これが、紙と紐の生活のうちに一貫して輝き、それを解き明かしている。(Anne Morrow Lindbergh, 2002, pp.191-195)

と述べている。また、高階秀爾氏によれば、1878年のパリ万国博覧会の日本館の展示を観たある美術ジャーナリストは、次のような記事を書いて驚きを表明しているという。

　この民族 (日本民族) の趣味について述べるなら、それは芸術作品が示しているのとまったく同じ性格が芸術以外の面でも認められると言える。すなわち、何よりも実用的で実際の役に立つということをまず目指しながら、その実用的な形態に、きわめて自然に、ほとんど直感的に、豊かな驚きと楽しさに満ちた巧妙な装飾がつけ加えられるのである。(高階秀爾, 2001, p.218)

このように、日本人にとって、美術とは生活を飾るためのものであったことが、外国人の新鮮なまなざしによって発見されてきた。そしてこの飾る目的の前には、絵も工芸もことさら区別はなかったのである。西欧世界においては、絵画や彫刻のような「純粋芸術」と、デザインに重きを置いた工芸のような「応用芸術」を明瞭に区別する傾向がある。当然、工芸として具現化されるデザイン的要素は、純粋芸術をアレンジメントしたもので、格下にみなされる。このような美術観は現在でも根強い。ところが日本の美術は、狩野派や琳派に代表されるように、迫真の描写よりも、デザイン的な要素が濃厚である。この飾りの情熱は、日本美術史を一貫して流れている性格だが、過剰なあらわれは時代の変わり目に顕著にみられるようだ。たとえば、南北朝の騒乱期に活躍した佐々木道誉の「ばさら」の着物意匠、安土・桃山時代の狩野永徳一門の濃絵による金碧障壁画、武将の異形の兜、青手古九谷[6]の大皿などには、表面的な装飾性に加えて、人目を驚かす奇抜な遊びも満ち満ちている。

　また、天下が治まってからも、俵屋宗達や尾形光琳にはじまる琳派の屏風絵（たとえば、光琳の「燕子花図屏風」や酒井抱一の「夏草秋草図屏風」）や伊藤若冲や葛飾北斎の肉筆画、印籠や根付の細工など、表面的な装飾性の例は枚挙にいとまないほどである。

　こうした飾りに満ちたアートは、屏風や襖といった建具に、あるいは建物の壁に、あるいは食器や花器に依りつき、融合したもので、西洋のように、絵画と工芸の間に、はっきりした境がない。つまり、生活用具をキャンバスにして、展開しているスタイルなのである。

　さらに琳派を例にとれば、俵屋宗達は、豪商や寺院の注文に応じて「松島図屏風」や「風神雷神図屏風」を描いているが、いずれもタブローではなく襖や屏風を飾るもので、表具師や左官の工芸的仕事の延長として捉えられる。また、尾形光琳は、日用品を桃山時代風の豪華な意匠で満たすことに、異常な関心をもっていた。その結果、描絵小袖や香包、扇絵や団扇絵、蒔絵

---

(6)　青手古九谷（あおてこくたに）：江戸時代前期に、青や緑を多用した華麗な色使いと、大胆で斬新な図柄を特徴とする色絵磁器の総称。大皿の意匠にすぐれたものが多い。近年、佐賀・有田地方で焼成されたという説が有力になりつつある。

のデザインや陶器の絵付けなど、光琳風の文様（光琳模様）は大流行し、"光琳ブランド"を形成した。

　日常の生活用具で展開される飾りは、いまでも卑近なものの端々に——和菓子に、幕の内弁当に、包み紙の印刷に——いくらでも発見できるのである。特に現代では家電や文房具などの工業製品に"デザイン"という飾りが施され、マーケティングに多大な影響を与えている。このことについては、第6章で実例をあげて説明したいと思う。

3-4-2　日本のアートの遊楽性

　"飾り"と同等、もしくはそれ以上に、日本のアートを特徴づけている性格は、"遊び"である。江戸時代の絵師たちは、芸術家の孤独な営為に没頭するというよりも、つねに大向こうの受けを狙った趣向の開発に忙しかったように見える。人目を惹きつけ、話題を振りまき、マーケットを活性化させる術を江戸の絵師たちは知っていたのである。だから、見た目の奇想天外を誇示するためなら「盗用」も「剽窃」も辞さなかった。たとえば、琳派の先駆けだった俵屋宗達は「源氏物語図屏風」の画中に配された人物や家屋を「北野天神縁起」や「執金剛神縁起」から借りているし、有名な「風神雷神図屏風」の2神は敦煌壁画から抜粋してアレンジしている。また、曾我蕭白[7]も過去の曾我派の画風を換骨奪胎して、パロディー化している。彼らの「盗用」が、いずれも確信犯的な大胆さで行われているところをみると、実は、観衆に出典探しの楽しみを与えていたのではないかとさえ思われる。

　さらに遡れば、弥生時代の埴輪の古拙で大らかな笑い、法隆寺金堂の天井板に書かれたおびただしい落書き、「鳥獣戯画」や「伴大納言絵詞」や「信貴山縁起絵巻」のような12世紀絵巻物のスペクタクル、古田織部のミロやクレーを思わせる陶器の絵付け、長沢蘆雪[8]、曾我蕭白らの奇想溢れた表現、根付などの細工物に施された奇抜で細密なユーモア、伊藤若冲の「野菜

---

(7)　曾我蕭白：江戸中期の画家。京都の人。曾我蛇足・直庵の画風を慕い、蛇足軒・蛇足十世と自称。荒々しい筆致で特異な人物画を描いた。

(8)　長沢蘆雪：江戸中期の画家。山城の人。円山応挙に師事したが、山水・花鳥等の穏当な写実にとどまらず、大胆にして奇抜な人物画や動物画を残した。厳島神社の山姥の図が有名。

涅槃図」のような見立てやパロディーのセンス、歌川国芳や葛飾北斎の人を食ったような戯絵など、いつの時代のどんな作品にも、"遊び"の精神が横溢している。

　このように、日本人にとって、アートは生活の中の"遊び"であって、けっしてしかつめらしい"芸術"ではなかった。日本人は、アートに重々しい神性や先鋭的な難解さを決して求めなかった。この態度を、現代アーティストの村上隆は、岡田斗司夫[9]との対談の中で、「快楽原則」と呼んでいる。西欧のアーティストは、自らの創造行為を相対化して、美術史の文脈上にアイデンティティを見いだそうとするのに対し、日本のアーティストはひたすら観る者に「遊び＝快楽」を提供することで自足してしまう。村上は、「芸術はだれにでもわかるなんて決して思わない。」と言いながらも、そうした日本人の見境のなさ、高尚で難解なものをカスタマイズして親しみやすい娯楽にしてしまう貪欲さが、結果的に日本のアートを未来的にしていると評価する。

　ところで、西欧においては、アートとエンターテイメントを峻別し、営利を目的に複製されるものをアートの範疇には含めない、と言うことはすでに述べた。また、近年、アートのサブ・カルチャーへの近接や複製技術の急速な進歩によって、このアートとエンターテイメントの線引きが、有効に働かなくなり、ポップ・アート以降、「アートは高尚かつ難解で、芸術家の天分だけが生み出すもの」という先入観は過去のものになりつつあるということも繰り返し述べた。

　しかし、日本のアートは、もともと生活の中にあり、娯楽と近しい距離にあった。江戸時代はもとより、昭和の大戦前までは、伝統的な日本家屋には座敷があって、床の間が切られ、そこに季節に応じて書画が掛けられ、花が生けられていた。そこで客人をもてなして、茶を喫する文化も持っていた。また、琴や三味線や日本舞踊といった伝統芸が、家庭の中で、母から娘へ受け継がれていく土壌があった。アートが生活から遊離してしまったのは、戦

---

[9]　岡田斗司夫：大阪市出身のノンフィクション作家。オタキングを名乗り、オタク教祖とも言われる。

後のここ半世紀のことなのである。

　本節では、日本のアートが、娯楽や遊びとして享受され、消費社会の中でマーケティングの対象となっていた事実を、江戸時代の浮世絵と大正時代の竹久夢二に例をとってくわしく見てみたいと思う。

3-4-2-1　浮世絵とマーケティング

　明治時代に浮世絵をハイ・アートにカテゴライズしたのは欧米人だった。彼らによって西洋美術史の文脈に乗せられた浮世絵の"傑作"は、いまや美術館の薄暗い照明の下でしか、めったに見ることはできない。しかし、"写楽"や"北斎"も、彼らの存命当時は、今のビジュアル雑誌やブロマイド同様、消費文化の渦中にあって、ぞんざいに消費されていく商品だった。

　商品である限りは、売れなければならないのは当然だ。浮世絵には、「売るための仕掛け」＝「マーケティング」が縦横に張り巡らされていた。今からそれを、実例を挙げて説明する。

3-4-2-1-1　企画、制作、販売

　商品である限り、浮世絵にも企画、制作、販売を請け負う組織が不可欠である。それが版元と呼ばれる出版社で、彼らは、世の流行り廃りを見極め、マーケットの在り処を探り、大衆受けしそうな絵の題材を選び、絵師と彫師と摺師を手配し、制作進行を監理した。さらに、完成品を手際よく売り捌くための流通網をも束ねていた。版元として、葛飾北斎の「富嶽三十六景」を刊行した西村屋与八、写楽の全作品を刊行した蔦屋重三郎、葛飾北斎の妖怪画や歌川豊国の絵双紙を刊行した鶴屋喜右衛門などが名高い。西村屋与八は錦絵期の著名作家の作品をほとんど一手に握り、蔦屋重三郎は浮世絵のみならず狂歌・戯作の出版や作家の育成にも努めた総合プロデューサーだった。浮世絵師たちは、出版企画に長けた版元から版下絵を依頼されることを幸運と考えた。と同時に、出来上がった浮世絵の売れ行きを、ことのほか気にかけていた。彼らは、自作を高尚なアートなどとは露ほども考えていなかったにちがいない。

3-4-2-1-2 大量生産

　肉筆浮世絵は、頭目を頂く職人集団、いわゆる工房で生み出されるものが多かった。たとえば、初期浮世絵の大成者・菱川師宣[10]は、自らが絵手本を示し、長子・師房(もろふさ)や古山師重(もろしげ)ら高弟に師宣風を真似させたり、自身は下絵のみを描き、細かな彩色は弟子に任せたりして、肉筆浮世絵の量産を計ったと推測されている。また、絵島生島事件[11]で流罪された肉筆美人画の浮世絵師・懐月堂安度(かいげつどうあんど)は、安知(あんち)、度繁(どはん)、度辰(どしん)といった弟子を抱える懐月堂工房を主宰していた。懐月堂工房の手になる美人図は、勝山髷(かつやままげ)[12]に結い、胸を反らし、素足の立ち姿という類型を持ち、作家性に乏しい。それは大量の肉筆画を複数の工人が分業で請け負っていたためである。

　しかし、いかに分業体制を敷いたところで、手彩色の肉筆画では、量産はたかが知れている。そこで、先の菱川師宣は、木版摺の本の挿絵を一枚物の絵として独立させた。この木版摺の技術が浮世絵に転用されてから、浮世絵は廉価に大量生産されるようになり、広く庶民の需要に応えた。浮世絵が"庶民の芸術"と呼ばれる所以は、木版技術というテクノロジーの躍進が大きく与(あずか)っている。

　木版摺による版画浮世絵は庶民に歓迎されたが、肉筆浮世絵で生計をたてていた従来の浮世絵師たちには脅威であったに違いない。事実、肉筆の立美人図を制作していた懐月堂派の浮世絵師たちは、肉筆浮世絵の需要が減ることを恐れて、版画制作にはあまり熱心ではなかったようで、懐月堂派の版画浮世絵はほとんど現存していない。

　ところで、版画浮世絵は、絵師一人の手になるものではなかった。映画が、監督一人ではなく、脚本、カメラ、美術、照明、音楽といった共同作業で作られるように、版画浮世絵も絵師と彫師と摺師が力を合わせて1枚の作品を完成した。石川英輔によると、

---

(10)　菱川師宣：浮世絵を絵画の一ジャンルにまで高めた「浮世絵の祖」と称される人物。「見返り美人」の作者としても知られる。
(11)　絵島生島事件：正徳4年に、大奥女中江島と歌舞伎役者・生島新五郎が起こしたスキャンダル。当時の徳川将軍家の内紛を背景に、事件の関係者が多く罰せられた。
(12)　勝山髷：末を細めにして束ねた髪を前へ輪のように巻き上げ、先を笄(こうがい)で留めたもの。丸髷(まるまげ)の前の形。

絵師は、まず輪郭だけの版下を描いて彫師に渡す。彫師がそれを木版に彫り、墨をつけて版下の複製を必要な枚数だけ刷る。それを受け取った絵師は、一色につき一枚ずつ、必要な部分を朱で塗りつぶして色を指定し、また彫師に返す。この状態では、どんな色になるのかいくらかでもわかっているのは絵師だけである。

　色指定された墨版を受け取った彫師は、必要な枚数だけの木版を彫り上げて摺師に渡す。摺師は、試し刷りをしてから本刷りにかかるのだが、最低でも一枚の紙が 7, 8 回は版に押し付けられるのだから、その間に伸びてしまっては色が合わなくなる。製版や印刷の技術だけではなく、丈夫な奉書の大量生産が成功してはじめて、錦絵も産業として成功したのである。(石川英輔, 1997, p.325)

西欧においても、19 世紀末から 20 世紀初頭にかけて、エミール・ガレが、ガラス製造工房を運営して、昆虫やつる草を散らした装飾性豊かなガラス製品を大量生産していた。ガレの工房にはガラス吹きや装飾に携わる職人が常時、100 人以上いて、分業で制作していたという。また、古くはルーベンスやレンブラントも多くの徒弟を集め、工房を形成したという。しかし、版画浮世絵のように、庶民の娯楽に供するために、アートを分業体制下で大量生産していた例は珍しい。

3-4-2-1-3 商品管理

　工房を組織して、どんなに量産体制を整えても、売れない商品を抱えてしまったら、商売は立ち行かない。そこで、版画浮世絵の版元は、徹底した商品管理を行った。その方法は、作家のオリジナリティを重視する西欧アートの世界や、著作権保護がかまびすしい現代の世の中では考えられない方法である。

　版画浮世絵のうち、最初に摺られたものを初摺（しょずり）という。初摺の段階では、色目やコンポジションに絵師自身の思いがかなり反映されている（そのため古美術業界では初摺は珍重される）。幸い初摺が好評になると二版、三版と版が重ねられるが、それらを後摺（あとずり）という。一般的には後摺の版が重なっていくに従い、絵師の意志とは裏腹に、版元の営業的な都合が優先されるように

なる。すなわち、一般受けしない図様を削除したり、店頭で映える色目に変えたりすることが、絵師にろくな相談もなく行われてゆく。また、急ぎの場合の追加注文などでは、摺師の一存でぼかしを省いたり、あり合せの色を使ったりもして、需要に応えた。

このように、江戸時代の浮世絵師の作品は、アート以前に商品であり、版元の都合で勝手な改作が加えられることが当たり前だった。作家の個性やオリジナリティが、著作権で保護される現代とは全く違う世界に、当時の浮世絵師たちは住んでいたのである。

3-4-2-1-4　類似商品との差別化

版画浮世絵が広く江戸庶民に受け入れられるようになると、いくつかの版元が競合するようになった。すると、趣向の新しさが作品の売り上げの多寡を決めるようになってくる。

初期の版画浮世絵は、線刻によるモノクロームの世界だった。しかし、やがて人々は色のない画面に飽き足らなくなり、丹絵[13]、紅絵[14]、漆絵[15]といった手彩色技法が次々に開発された。18世紀半ばの錦絵の誕生は、その発展の果てに開花したものだった。目にも鮮やかな多色摺は、人々の購買意欲を大いにあおったにちがいない。

ところで、"漆絵"の技法を導入したのは奥村政信である。彼は、浮世絵師であると同時に版元も兼ねた人で、商才に長けていた。漆絵という手の込んだ手彩色技法も、自ら手がけた商品を売るための仕掛けに他ならなかった。政信は、このほかにも縦長の細長い用紙を用いた"柱絵"を考案して掛軸のように壁や柱に掛けられるようにしたり、透視遠近法を使って街路や劇場を立体的に表現した"浮絵"を開発したりした。

また、歌川国芳は、武者絵で名を成した江戸後期の浮世絵師だったが、一

---

[13]　丹絵：墨摺りに、丹の朱色を主として、緑や黄などを筆で彩色した浮世絵。版画浮世絵の初期のもので、延宝年間（1673〜1681）末ごろからみられる。
[14]　紅絵：版画浮世絵で、墨摺り絵に紅を主色として筆で彩色したもの。丹絵から発展した様式。
[15]　漆絵：簡単な彩色を施した紅絵の髪や帯など黒い部分に、にかわをまぜた墨を用いて漆のような効果を出したもの。

方で多彩な戯画(16)の世界を展開した画家でもあった。有名な「みかけハこハゐがとんだいい人だ」のように、人体を集めて人の顔を描き出したもの、「荷宝蔵壁のむだ書」のように落書き風の"へたうま"人物画、「当ル奉納願お賀久面」のように似顔絵を戯画化したものなど、現代の漫画や諷刺絵の表現につながるものが多い。国芳の戯絵は、世にも珍妙な、比類のない表現で大いに人目を惹いただろうと思われる。

こうした趣向の目新しさは、主題や技法の新局面を開く純粋な創作動機から、と言うよりも、類似の商品に差をつけて、人目を惹き、購買に結びつけようという意図からは発したものである。

3-4-2-1-5 付加価値

江戸時代には、年賀の挨拶に新年の暦(絵暦)を作って、知人間で交換する習慣があった。いわば今で言う、得意先に配るカレンダーに近いものだが、18世紀も半ばになると、富裕な御用商人や狂歌連の間では、王朝の絵合わせにあやかって、金に飽かせて豪華な絵暦を作ることが流行した。絵暦は、鈴木春信(17)らが開発した木版多色摺に暦を添えたもので、従来の手彩色版画とは比較にならない高度な印刷技術を駆使して制作された。そこに目を付けたのが浮世絵の版元たちで、絵暦から文字や数字を削り取り、独立した版画浮世絵として商品化したのである。世に名高い錦絵の創生である。

絵暦そのものは、商品ではなかったが、暦の価値を著しく高めるのに貢献した。同様にある商品に付加価値をつけるのに、版画浮世絵が利用されることもあった。

顕著な例は木版挿絵である。たとえば、鳥居清信(18)は、浮世草子や絵入

---

(16) 戯画:歌川国芳の浮世絵に代表される、誇張したり風刺を交えたりして描いたこっけいな絵。
(17) 鈴木春信:江戸中期の浮世絵師。錦絵の成立に中心的な役割を果たした。美人画を得意とし、遊里風俗や市井の日常生活の情景を古典和歌の歌意などに通わせた見立絵(みたてえ)を好んで制作した。
(18) 鳥居清信:江戸中期の浮世絵師。大坂の人で鳥居派の祖。父清元とともに江戸に移る。瓢箪足(ひょうたんあし)や蚯蚓描(みみずがき)とよばれる躍動的な描法を創始して、豪快な役者絵を確立した。また、美人画にもすぐれた作品を残している。

狂歌本の挿絵をよく描いていたし、美人肉筆画で名高い西川祐信(19)も、浮世草子や役者評判記に多くの挿絵を描いた。また、北尾政演（山東京伝）も、自らの戯作を載せた黄表紙や絵本に多くの挿絵を描いているし、美人画の名手・喜多川歌麿も、「画本虫撰」のような博物図譜（狂歌絵本）の傑作を描いている。さらに文化年間には葛飾北斎が「北斎漫画」を描き、読本挿絵に新境地を開いた。このように、木版浮世絵は、当時の書物に挿入され、文字からの理解を助けた。また、優れた挿絵は、当然、浮世草子や読本の売り上げに貢献したにちがいない。

3-4-2-1-6 時流に乗じた販売促進の仕掛け

先に述べたように、奥村政信は、柱絵という新ジャンルを開発した。彼の試みは単行本と文庫本の間に新書サイズの教養書を設定して、読者層を開拓した最近の大手出版社の手法のさきがけだ。浮世絵師やその版元は、政信のような商才をたびたび発揮している。

たとえば、初期から晩期まで、浮世絵の販売促進に大いに与ったのは、揃物である。揃物とは、一つの表題のもとに、シリーズを形成する版画浮世絵のことである。代表的な揃物は、歌川広重の「東海道五十三次」、葛飾北斎の「富嶽三十六景」などの名所・風景画のシリーズである。そのほかにも、喜多川歌麿の「婦人相学十躰」、鳥高斎栄昌の「郭中美人競」のような人物画のシリーズも多数出版され人気を博した。また浮世絵の草創期にも、菱川師宣が12枚の墨摺絵「よしはらの躰」を組物にしてセット販売している。揃物は、優れてマーケティング的発想に基づいたもので、現代の全集ものやシリーズものといった出版物に近い。

また、浮世絵師や版元は、当世の流行にあやかって売ることにも聡かった。役者絵や美人画はその代表的なものである。

役者絵で名高いのは、なんと言っても東洲斎写楽だが、写楽以前の代表的

---

(19) 西川祐信：江戸中期の浮世絵師。京都の人で西川派の祖。初め狩野派を学び、さらに大和絵画法を会得し、両派を折衷した画風を確立した。肉筆美人画を得意としたが、絵本作家として浮世草子の挿絵も多数描いたことで有名。

な役者絵の開拓者といえば、18世紀中ごろの勝川春章[20]と一筆斎文調である。役者絵とは、当時、隆盛を極めていた歌舞伎狂言のスターの似姿を、個性豊かに描き込んだ人物画である。勝川春章と一筆斎文調は、多く舞台上の役者の全身像を描いた。それに対して、春章の門弟・勝川春好は、大判錦絵の画面いっぱいに、大きく役者の顔を描き、役者大首絵という新機軸を打ち立てた。従来の全身像の役者絵が映画のスチール写真だとしたら、役者大首絵はファンをぐっと引きつけるブロマイドの役割を果たしていたのである。

役者絵と並んでもっとも多く描かれたのは美人画である。役者絵がスターのブロマイドなら、これは巷で評判の町娘や遊女の類を描いたもので、今で言う美少女写真集に近かった。江戸時代には官許の吉原のほかに、岡場所と呼ばれる私娼[21]窟が方々にあり、美人画はそうした"悪所"の案内記の役割も果たしていた。性的な好奇心を煽るという意味では、現代のピンクサロンのビラにも近かったかもしれない。

実は、美人画というジャンルは浮世絵特有のもので、西洋絵画には見いだせない。もちろん西洋にも肖像画はあったが、美人だけを選んで絵にする発想はなかった。だいたい西洋で肖像画に描かれるような人物は、王侯や貴族だけであって、一般庶民は生涯にただ一枚の素描さえ残していないのである。

流行にあやかるといえば、名所絵もそうである。19世紀も半ば頃、江戸の町が経済的な繁栄を迎えると、庶民の間に行楽が盛んになり、「江戸名所図絵」のような地誌が刊行された。深川洲崎の初日の出、亀戸梅屋敷の梅花、飛鳥山の桜、佃島の潮干狩り、両国川開きの花火等、春夏秋冬、江戸の人々が連れ立って歩いた行楽地は数多い。そうした観光ブームを反映するように、名所や神社仏閣で行楽に興ずる老若男女を描いた挿絵や版画浮世絵

---

[20] 勝川春章：江戸中期の浮世絵師。勝川派の祖。宮川春水の門に入り、初め勝宮川と称し、のち勝川と改める。武者絵・相撲絵・美人絵など作品は多いが、特に写実的な表情の役者似顔絵を創始、新生面を開いた。
[21] 私娼：公娼制度の認められていた時代に、公認されずに営業した売春婦。

が、名所絵として土産物屋に並ぶようになった。なかでも鳥居清長(22)や勝川春潮は、大判横長の画面に美人の群像の描き、その背景として名所をたくみに織り込んだ。彼らの作品は、今で言う近郊行楽ガイドや日帰り旅行案内記の類に相当した。

　また、流行といえば、今も昔も服飾をはずすわけにはいかない。版画浮世絵は、現在のファッション誌の役割も果たした。たとえば、磯田湖龍斎の出世シリーズ「雛形若菜の初模様」は、当時流行の最先端だった吉原の遊女たちをモデルに仕立てて、彼女らに最新流行の衣装を纏わせた図を描いたものである。このシリーズは湖龍斎の後、鳥居清長に引き継がれて、総図数は100点を越えている。また、浮世絵の美人たちの図には、地味な小袖の内側に大胆な色柄の襦袢が覗いていたりして、配色の妙に感じ入ることが多いが、当時においても浮世絵人物の服飾コーディネートは粋なおしゃれのお手本だったに違いない。

　さらに、メディアから生まれた流行もいち早く捉えた。葛飾北斎の「百物語」の妖怪画は、山東京伝の読本「復讐奇談安積沼」の1場面を描写したものである。また、歌川国芳の傑作「讃岐院眷属をして為朝をすくふ図」は、曲亭馬琴の「椿説弓張月・続編」に取材したもので、大判三枚続の大画面に、英雄・源為朝に降りかかった災難が活写されている。これらは、当世流行の映画やアニメにあやかったキャラクター商法と大同小異であって、架空の物語の登場人物を商品にあしらって、付加価値を高めて売るという商法である。ちなみに、国芳は「讃岐院眷属をして為朝をすくふ図」のようなストーリー性のある異時同図を、しばしば横長の大画面で表し、大判三枚続で鑑賞しなければ物語が完結しないよう故意に仕組んだ。買い手からすれば、三枚揃のセット買いをしなければ価値がなかったわけで、国芳は版元の売り上げにも貢献していた。国芳はマーケティングを強く意識した浮世絵師だったのである。

　流行に取材する版画浮世絵には、現代の新聞やニュースのように、遠い世

---

(22)　鳥居清長：江戸後期の浮世絵師。初世清満に師事し、鳥居家四代目を継承。長身で健康的ないわゆる「清長風美人」を確立した。

界の風景や文物に対する好奇心を刺激するものがあった。たとえば、安藤広重や渓斎英泉(けいさいえいせん)[23]によって描かれた木曾街道や東海道の風景画は、当時の旅行ブームを反映しているし、また、西洋の透視画法を取り入れた「浮絵」と呼ばれる擬似西洋画は、見たことのない異国の町並みや人物を紹介した。さらに、文明開化期に盛んに描かれた開化絵や横浜絵は、当時まだ日本の一部でしか見られなかった西洋建築や蒸気船などを旺盛な好奇心で写し取っている。三代歌川広重の開化絵などには、たびたび稚拙で奇妙な新風俗が描かれるが、それは絵師自身も実物を眼にしたことがなく、銅版画や人の噂に想像を加味して描き出したからであり、正確な情報よりもニュース性が第一に重視されていたことがわかる。こうした時事的な主題を採り上げた版画浮世絵は、明治になっても刊行され、橋本周延(はしもとちかのぶ)などは、西南戦争や日清戦争の戦争画を描いているし、小林清親(きよちか)[24]や弟子の井上安治(やすじ)は、江戸から東京にうつり行く名所の景物を詩情豊かに描いている。

3-4-2-1-7　扇情的な主題

いつの時代にも性や暴力に対する関心は強い。売買春のように、性そのものが商品になることもあるし、やくざ映画やプロレス興行のように暴力が人を集めることもある。

版画浮世絵には、男女の"まぐわい"をあからさまに描いた「春画・枕絵」や、女性の入浴や化粧の場面を艶(つや)っぽく描いた「あぶな絵」の類が一つのジャンルを形成している。これらは今の世でいえば性教育の教科書やエロ本に当たるものだが、淫靡(いんび)な主題を扱っているわりには開けっぴろげで、屈託がない。

また、性的な主題を扱った浮世絵師の中には、現代のエロ・グロ・ナンセンスに通じる猟奇的な画風の絵師もおり、中でも幕末から明治初年にかけて

---

(23) 渓斎英泉：江戸後期の浮世絵師。遊女や芸妓に取材した、濃艶で退廃的な美人大首絵を得意とした。
(24) 小林清親：版画家。ワーグマン（Charles Wirgman 1831-1891）に西洋画を学ぶ一方で写真術を修め、光と影の表現を取り入れた木版風景画を制作。とくに明治初期の東京の景物を描いた風景画は名高い。

活躍した絵金⁽²⁵⁾や月岡芳年⁽²⁶⁾は、凄惨な責め絵で知られる。殺戮や性暴力といった情念の暗部を照らし出す彼らの作品は、現代で言えばR指定の成人向けの映画やグラビア雑誌に当たるだろうか。とくに芳年の画風は、文化・文政期からの歪んだ美意識の反映でもあるといわれる。江戸後期の芝居小屋では、鶴屋南北の残忍で怪奇な出し物が庶民に大受けし、明治初年の見世物小屋では、生人形や人体解剖図や陰惨な血みどろ絵が展示され、怖いもの見たさの客が大挙して押し寄せたという。

3-4-2-2 竹久夢二とマーケティング

　大正時代は明治と昭和に挟まれた小春日のような時代という印象がある。実際は、関東大震災や原敬首相暗殺事件、治安維持法公布などがあり、決して自由と平和が漲った時代ではなかった。とは言うものの、日清・日露の大戦争の後、まがいなりにも日本が近代国家の体裁を整え、軍靴の響きはまだ遠く、一息ついたような時代だったとはいえるかもしれない。また、大正時代は、洋服、カフェー、デパート、飛行船といった都市の記号が横溢し、都会を中心に消費社会が本格化した時代でもある。この時代のどこか倦んだ空気を一身に体現しているのが竹久夢二である。

　竹久夢二は正統な画家とは言われない。どちらかと言えば、現代のイラストレーターに近い存在だった。夢二は官立の美術教育を受けていないし、画壇にも属さなかった。しかし、いや、それゆえに、かえって夢二は西洋の美術と日本古来の美術の桎梏から自由だった。言い換えれば、美術を売り物にすること、アートで利益をあげることに、疚しさや気後れを感じることが少なかった。だから、夢二の描いた物憂い女や椿のデザインが、当時の印刷物（複製）――絵葉書、楽譜、コマ絵など――や雑貨――文房具、半襟、浴衣など――に遍在する状況を出来させやすかったといえるかもしれない。夢二は当時の複製技術を活用して、自分のアートを商品に仕立て、大正時代を自

---

(25) 絵金：幕末から明治初期の町絵師。土佐の生まれ。本姓は弘瀬、通称は金蔵。絵金は俗称。江戸で狩野派に学び、土佐に帰って芝居絵に怪奇的で特異な画風を展開した。
(26) 月岡芳年：幕末から明治初期の浮世絵師。初め歌川国芳に師事。歴史画・美人画に異色の作品をのこしたほか、新聞の挿絵でも活躍した。

分の色で染め上げてしまった稀有な人である。

3-4-2-2-1　竹久夢二のデビュー

　竹久夢二はもともと画家志望であったが、父親の命令で、やむなく籍だけを早稲田実業においていた。しかし、勉強意欲に乏しく、毎日、白馬会[27]の洋画研究所に通いつめていたため、やがて親元から送金を断たれ、たちまち苦境に立たされた。夢二は糊口を凌ぐために、そのころ流行していた肉筆絵葉書の制作・販売を思い立ち、葉書大の画用紙に水彩で絵を描いて、絵葉書店に卸して、後日その売り上げを集めて回っていた。正統な美術教育を受けなかった夢二にとって、駆け出しから、アートは生活費に稼ぐための手段だった。

　やがて、夢二は雑誌のコマ絵で人気を博すようになり、画集を次々に刊行する。普通、画家は展覧会に出品して、画壇で認められ、しかるのち画集が発刊され、やがて本業の画業のかたわら、余技として本の装丁や新聞雑誌の口絵を依頼されるという順序だが、夢二の場合は逆だった。まず、雑誌や新聞にこま絵が掲載されて、一躍時代の寵児になり、そのコマ絵を集大成して画集を出した。初個展にいたっては、ようやく大正元年秋、夢二が「中学世界」のコマ絵で世に出てから4年後のことであった。しかも、場所は画廊でも美術館でもなく、京都府立図書館においてだった。会期中は連日数千人の観衆が押しかけたが、彼らは雑誌や新聞で慣れ親しんだ夢二の"本物の絵"を一目見たいとやってきた。今でこそ泰西名画が図版として大量に複製されて、美術館に"本物"を"確かめに"行く人は珍しくないが、当時は異色の観衆だった。

　この初個展では、展示作品137点のうち84点が売絵で、最高100円から最低4円までの価格がついていた。売絵は即完売、総入場者数は、同一会期中（11月23日から12月2日まで）に開催されていた文展をはるかに上回ったという。この逸話は、サロンに落選した腹いせに個展を開いたグス

---

(27)　白馬会：美術団体。明治29（1896）年明治美術会を脱退した黒田清輝・久米桂一郎らを中心に創立。外光派の画風を伝えて新派・紫派とよばれ、明治後期の洋画壇の主流となった。明治44（1911）年に解散。

ターブ・クールベ[28] Gustave Courbet（1819 - 1877）を思い出させるが、夢二は別に自分の芸術観を披瀝するために個展を開いたわけではないし、権威（アカデミズム絵画）に歯向かうつもりもなかった。夢二は西洋美術史のコンテクストの埒外に身をおいていたからである。

3 - 4 - 2 - 2 - 2　竹久夢二と港屋絵草紙店

　夢二は、同時代の画家たちと違って、アートを売るための戦略的な思考のできる画家だった。

　たとえば、夢二の画集は一種の続き物であり、明治42年12月の「夢二画集　春の巻」を皮切りに、明治末年までに「夏の巻」「花の巻」「旅の巻」「秋の巻」「冬の巻」「野に山に」「都会の巻」と計8巻刊行された。いずれも洗練された装幀と携帯に適ったサイズで、しかも定価は50銭と手ごろだった。内容は油彩、水彩、版画と多種多様で、絵のみならず詩文も添えられており、ビジュアル本の先がけともいうべき、きわめてとっつきやすいものだった。夢二画集は当時の青年男女層を魅了し、「春の巻」だけでも発刊後1年で7版を重ね7000部を刊行したという。

　また、夢二は明治44年から大正12年まで102回にわたり「月刊夢二絵葉書」を刊行し続けた。1回ごとに、小唄、芝居、川柳、芸者、女学生などテーマを定めて4枚一組で売った。さらに、全シリーズをまとめて「思い出ぐさ」という画集に仕立て直してまた売った。連載中はテーマを変えて月刊発売とし、シリーズ完結後は本に組み直して再販する――現在のシリーズ雑誌や雑誌連載の単行本化の手法を、夢二はいち早く取り入れて、巧みに売ったのである。

　さらに、夢二は大正3年10月、日本橋呉服町に「港屋絵草子店」を開店する。夢二自身の筆になる開店の案内状は有名だが、そこにはコピーライター・竹久夢二の面目が余すところなく躍如している。

　　　下街の歩道にも秋がまゐりました。港屋は、いきな木版絵や、かあい

---

(28)　グスターブ・クールベ：フランスの画家。近代写実主義の代表的画家。パリ・コミューンに参加し、スイスに亡命した。「オルナンの埋葬」「画家のアトリエ」「セーヌ河畔の娘たち」などが著名。

い石版画や、カードや、絵本や、詩集や、その他、日本の娘さんたちに向きさうな絵日傘や、人形や、千代紙や、半襟なぞを商ふ店でございます。女の手ひとつでする仕事ゆえ不行届がちながら、街が片影になりましたらお散歩かたがたお遊びにいらして下さいまし。

夢二は、この案内状に列挙してある商品のほか、絵入り巻紙(29)、封筒、祝儀袋、風呂敷、帯、浴衣まで、全て夢二自身がデザインして職人に作らせた商品を店に並べた。

店頭には「港屋」の扁額が掲げられ、軒先には「港屋絵草子店」と染め抜かれた短い紺のれんと、波と千鳥が描かれた大提灯が吊るされた。店内の陳列ケースには季節にあった商品が飾られ、天井や壁を緑色の羅紗紙(らしゃ)で覆い、木版画や半襟が彩りよく並べられた。

夢二は店舗のしつらえや商品の配置にも細心の注意を払っていた。今で言うアート・ディレクターの仕事もこなしていたのである。開店当初から「港屋絵草子店」の評判は上々だった。特に若い女性客で賑わい、またたく間に「港屋」は東京名所のひとつに数えられるまでになった。当時の若い女性にとって、港屋の品を身に付け、夢二の封筒と巻紙で便りを出すのは、たいへん"おしゃれ"だったのである。

港屋絵草子店の出現そのものが、画期的な出来事だったことも見逃せない。港屋は、今で言うブランド・ショップやデザイナーズ・ショップのハシリである。単に雑貨や文房具を集めて売るのではなく、特定の作家がデザインした商品を、統一感のある空間で、特定の嗜好の顧客に向けて売る店である。

港屋には東郷青児や恩地孝四郎(おんちこうしろう)といった画家、萩原朔太郎や北原白秋といった文学者が頻繁に出入りした。港屋は文化人御用達の店として話題性も抜群だった。今でも、アイドルや映画スターが、あるブランドを愛用していると聞くと、ファンがわっと群がるように、当時、港屋で夢二の手になる商品を買うことは、最新のモードに足並みを合わせることを意味した。

港屋の商品は、木版画や千代紙、カードや絵本や詩集、羽子板や人形、絵

---

(29) 巻紙:半切紙を横に長く継ぎ合わせて巻いたもの。毛筆で手紙を書くのに使う。

日傘や半襟など、すべてが手仕事で制作されたものだった。まず夢二が図案を描き、色目やバランスについて詳細な注文を出す。それを江戸以来の技術を受け継いだ職人衆が忠実に商品化する。試作品が出来上がると、夢二が丁寧に目を通し、さらに注文をつける。こうした工程を何度かくり返して、ようやく一つの商品が完成した。大量生産品とはいえ、どこまでもアーティストの目配りが行き届いた商品だったのである。市販の普及品とは明確に差別化された商品を売るという夢二の戦略は、現代ギャラリーのマルチプル作品販売や、アート系ウェブサイト上のグッズ販売に近似したものである。

3-4-2-2-3　竹久夢二と複製技術

　夢二は画家として世に認められるために、徹底的に複製技術を利用したといえる。
　夢二が活躍していた当時の美人画の画家——上村松園、鏑木清方、伊藤深水など——と比べてみればよい。同じ美人画を得意とした画家でも、夢二とはかなり制作態度が異なる。彼らは年に数回の展覧会のために、少数の作品に心血を注ぐ。出来上がった作品は、アトリエで何枚ものデッサンや習作を経た一点もので、高額で売買され、一般庶民にはとても入手できなかった。ところが、夢二の美人画は、展覧会の壁を飾ることを最初から予定しておらず、旅先などで下絵も素描もなく即興で描かれ、大量に製版されて市場に出回る。当然、一点一点は廉価で求めやすい。大量に複製されたコピーが夢二を有名にし、オリジナル作品の価値をも高めたわけである。
　ところで、このように夢二の商売人としての才覚を書き連ねると、あたかも夢二が金儲けや自己の栄達のためだけに画才を利用したかのように映るが、それは正しくない。夢二の絵は、額縁や床の間におさまっている絵とは違い、時代の空気を敏感に映した絵画だった。夢二は、普通の庶民の生活感情を巧みに捉えて詩文や絵に仕立てた。夢二は日常生活における趣味の向上、生活と芸術の幸福な一致を願っていた。夢二にとって、絵や詩をかくことは、そのまま人生であり、生活そのものだった。夢二にとって、生活空間を美しくデザインすることは、本を装丁し、余白にこま絵を添えるのと同次元の営みだったのである。

後年、夢二は「生活の芸術化」の理想実現のために、「どんたく図案社」の設立を企図したり、恩地孝四郎らと月刊誌「図案と印刷」の刊行を計画したりした。また、「手による産業」を育成する趣旨で「榛名山美術研究所」を設立しようとした。これらはいずれも震災や外遊のために頓挫してしまったが、夢二が単に金儲けや栄達のためだけに画才を切り売りしていたのではないことは明らかである。

3-4-2-2-4　商業美術家としての竹久夢二

　東京を中心とした都市文化の成熟と、消費社会の確立を背景に、1920年代には、印刷技術の飛躍的な向上による商業広告活動が隆盛期を迎えた。この商業広告という新領域を主な活躍の舞台として登場した図案家たちは、今日、グラフィック・デザイナーと呼ばれる人々である。もちろん、竹久夢二はその先駆者だった。夢二が手がけた商業広告の主題は、化粧品、菓子、毛糸、浴衣、書籍、雑誌、文房具、カフェー、デパートと多岐にわたるが、いずれも主として女性にアピールする商品や施設であった。媒体としては、ポスター、絵葉書、商標レッテルが知られている。

　中でも現代に至るまで評価が高いのは、セノオ楽譜の表紙絵である。セノオ楽譜ピースは、妹尾幸陽が古今東西の名曲を紹介するために創めた音楽出版社の出版物である。この楽譜ピースは、夢二のほかに、三越百貨店の図案で有名な杉浦非水など、たくさんの著名画家がそれぞれに腕を振るったが、今は夢二装画のみが名高い。夢二は大正5年から昭和2年までの12年間に、280枚のセノオ楽譜の表紙絵を描いた。第一作はセノオ楽譜第12番「お江戸日本橋」で、日本橋の袂にたたずむ「夢二式美人」を描いた装画だった。膨大な数の装画は、鉛筆、ペン、パステル、水彩などの画材を使って、古典的な浮世絵、夢幻的な心象画、目の覚めるような抽象画、大胆なデザイン画など、あらゆる分野を自家薬籠中のものとしていて、今なお、少しの古さも感じさせない。

　また、夢二は書籍の装幀でも名を成した。夢二が装幀の仕事を精力的にしていた明治末年から、大正12年の関東大震災までの20年間は、文芸書を中心に書籍装幀が美しさを競い合った「装幀の黄金期」である。夢二は、自

著57冊のほか、他者の著作約300冊の書籍装幀を手がけている。

　さらに、夢二は日本文字によるレタリングの創始者でもある。当時は標準的な活字書体や装飾文字が確立していなかった。そこで、夢二は独自の手描き文字を考案し、カタカナ、漢字、ひらがな、アルファベット、時に絵文字まで作り上げた。

　こうした商業美術家としての竹久夢二の活躍は、都市文化の成熟と印刷（複製）技術の発展が背景にある。しかし、彼が手がけた仕事は日本のアートの歴史に照らせば、決して新機軸とはいえない。彼の複製画は、近世以来の日本美術の常道であるところの、生活の中の楽しみであり、飾りであったからだ。明治維新以来、日本のアートが西洋美術史の進歩史観に絡めとられて、行き場を失っていたときに、夢二は日本のアートの本道を思い出させたと言える。

　村上隆は、竹久夢二の美術館で若い女性が熱心に作品を鑑賞している様子を見て、"日本の美術のリアル"を感じたという。そして、

　　竹久夢二は、日本のアートシーンの中ではイラストレーターの扱いだけど、（竹久夢二の美術館に来た）お客さん達にイラストレーターであった事への負のイメージはないんです。むしろ大衆に愛された絵描き、という文脈で考えられている。

　　僕の中でも、日本画家、鏑木清方より竹久夢二の方がずっとリアルだったり好きだったりしました。日本のアート……を考える時、いつも立ちはだかるのは商業美術と純粋芸術の境です。そんなもんないだろう、この日本では。と、いうのが私の持論です。夢二の作品への時を越えた女子の反応にも持論を確認した気になったりして。（村上隆, 2001, p.135）

と述べている。竹久夢二のアートは、村上隆の目にも、生活の中の"飾り"と"遊び"という、日本の美術の大正時代におけるヴァリエーションと映っているのである。ちなみに、村上の有名な"きのこ"のキャラクターは、夢二のデザインに触発されて生まれたものである。

3-5 アートを創る者と観る者

さて、ここまで、日本のアートが、近世以降、生活の中で消費されていく"飾り"であり、"遊び"であったことを、実例を挙げて述べてきた。本節では、このことに関連して日本のアートが、アーティストの孤独な創造行為ではなく、見るものの評定(ひょうじょう)を取り込みつつ形成されるものであることを指摘したい。

3-5-1 アートの趣向

マーケットで消費されていくアートは、当然、消費者である一般大衆の嗜好や、世の流行り廃(はや・すた)りを映している。またアートを消費していく観衆は、アーティストの進んだセンスに即座に感応する構えが必要となる。

たとえば、江戸時代のアートには、見るものを驚かせ、思わず目を見張らせる趣向を用いたものがたくさんある。それは、一種見世物に近い下世話なもので、鑑賞というような高尚な世界とは別物である。歌川国芳の判じ絵や、印籠・根付の奇想天外なデザインを見れば、明らかにそれは消費者、しかも見巧者(みごうしゃ)の受けを狙ったもので、仕掛けられた謎解きの意匠である。アーティストは好事家や趣味人を唸(うな)らせたり、当惑させたりすることを目的に制作していた。アーティストが仕掛けた趣向に鈍感な者は、"野暮"と呼ばれ、"半可通(はんかつう)"と蔑まれたわけである。かように、日本のアートは、常に観る者の知的レベルや嗜好の上に、アーティストの趣向が働いて形成されている。

西欧にも注文主の意を慮(おもんばか)る宮廷の雇われ画家は存在したが、世評を重要視して、しかも謎掛けまでするアーティストはまずいなかった。西欧ではクリエイターは神様で、アーティストは観衆の受け取り方など意に介さない。逆に受け手の意見など聞いたら、大衆におもねった偽物とされてしまう。

日本では、伝統的な美人画でも、描き手と受け手の間で共有された典型美の表現を用いるのが普通である。たとえば、平安時代の絵巻物の美女は、いわゆる引目鉤鼻(ひきめかぎばな)[30]を逸脱することはないし、江戸時代の版画浮世絵の美人画は、晴信、清長、歌麿、国貞と微妙に変化していくものの、瓜実顔に小さ

な細目という典型は一貫している。モデルの個性や感情の表出は、その美しさを損ねない程度にしかなされない。このことは、日本の美術が作家の個性よりも、見るものの総意、最大公約数的な美意識を重要視していたことのひとつの現れである。

　このことは今の漫画表現にも顕著に見られる。手塚治虫は自身の漫画表現について、次のように述べている。

> 　僕の画っていうのは驚くと目が丸くなるし、怒ると必ずヒゲオヤジみたいに目のところにシワが寄るし、顔がとび出すし、そう、パターンがあるのね。つまりひとつの記号なんだと思う。で、このパターンとこのパターンと、このパターンを組み合わせると、ひとつのまとまった画らしきものができる。だけどそれは純粋な絵画じゃなくて非常に省略しきった記号なのだと思う（中略）。つまり僕にとってまんがというのは表現手段の符牒にしかすぎなくて、実際には僕は画を描いているんじゃなくて、ある特殊な文字で話を書いているんじゃないかという気がする。

　手塚治虫のこの発言は、漫画表現に限らず、日本の美術に通底している特徴である。すなわち、日本のアートは、常に享受する側の知識や好みを意識して創造されている。言い換えれば、日本のアーティストは、観る者と共通コードを使って、一つの世界を作り上げているのである。この日本のアーティストのスタンスは、商品開発に当たって、購買側のニーズをつねにチェックしているメーカーのスタンスに非常に近いものがある。

3-5-2　玄人と素人の狭間

　先述したとおり、日本のアーティストは、あたかもメーカーが消費者の心理や行動に努めて関心を払うように、作品の受け手である観衆の意向や趣味を大事にした。このことは、日本のアーティストが、顧客である観衆ときわめて昵懇で近しい関係であったことを示している。

---

(30)　引目鉤鼻：平安・鎌倉時代の大和絵などで、特に貴族の男女の顔貌表現に用いられた技法。微妙な調子をつけた細い線で表した目、「く」の字形の鼻、ふっくらとした顔の輪郭などを特徴とする。源氏物語絵巻などの登場人物が典型。

たとえば、第5章でも扱う高橋由一は、幕末から明治初年にかけて油彩画の普及に孤軍奮闘したアーティストだったが、山の手文化に与する、後世のいわゆる芸術家とは異なり、下町の裏だなに落語家や清元の師匠と軒を並べて住まっていたと言われる。高橋由一の生きた時代は江戸の庶民の生活がそのまま残っていた時代であるから、それ以前の浮世絵師や戯作者の生き様もさして変わらなかったに違いない。つまり日本のアーティストは特別な階層の人々ではなく、どこにでもいる隣人だったのである。
　時には、アートを作り出す者と享受する者が立場を変えることも頻繁にあった。いわゆる趣味が高じて、玄人はだしの技芸を身に付けてしまう例が、日本のアーティストには珍しくない。伊藤若冲がそうである。彼は青物問屋の後継ぎでありながら若くして隠居し、絵画修行に没頭した。また、戯作者でありながら浮世絵師と狂歌師を兼ねた山東京伝（北尾政演）や、姫路城主・酒井家の次男でありながら、俳諧師と狂歌師を兼ねた江戸琳派の画家・酒井抱一等、職業に縛られず役割を使い分けた多芸多才なアーティストが多かった。
　この融通無碍なアート状況は、現代でも見られる。日本では、アートを提供する側と、それを享受する側の境界が曖昧で、アートの提供と享受が同時に行われるケースが珍しくない。「コミケ（コミックマーケット）」の現場がまさにそうである。そこでは同人誌の売買が共通の趣味をもった者同士の間で行われる。コミケに集う若者は、漫画の作者であると同時に読者でもある。こうした環境から、次世代の漫画家やアニメーターが育っているのである。このように、玄人と素人との境界が限りなく曖昧で、常にアーティストと観衆が入れ替わる国はあまりない。

3-5-3　アートと芸能

　日本のアートは人々の消費生活の中に享楽をもたらすものである。ということは、アーティストは、ときにコメディアンやエンターテイナーの役どころを引き受けることもあるということだ。特に、パフォーマンスとかハプニングとか言われるアートにおいては、奇抜な発想や常軌を逸した行動が、図らずも観衆の笑いを誘うことがある。

もちろん、アートを単に、おもしろいか、おもしろくないか、で価値判断するわけにはいかない。また、わかりやすいか、わかりにくいか、で善し悪しを判断するのも間違っている。そもそもアートは、面白さやわかりやすさだけを追求するものではない。それどころか、誰が見ても面白くてわかりやすいものは、西欧ではアートと認められない。しかし、日本では、先述した村上の「快楽原則」に則って、歯止めなく享楽的なアートを生み出している現実がある。したがって、一概に世俗の芸能――お笑いタレントやアイドル歌手やアニメーション――を「こんなものはアートではない」と切り捨てることはできないのである。

　日本では、昔から芸能の支持者層は厚く、落語や歌舞伎のような古典芸能になると、最高の文化として尊重されている。習練を積んだ芸人には、重要無形文化財の勲章まで授けられる国柄である。日本ではむしろ"非生産的"な活動に憂き身をやつす芸術家のほうが、よほど軽んじられている。

　この芸人の擬態を巧みに使っているのが、明和電機である。明和電機は青い制服に身をつつんだ現代アートの兄弟ユニットで、自らの創作物を「作品」といわず「製品」、「制作」ではなく「製品開発」、展覧会ではなく「新製品発表展示会」、そして自らを「アーティスト」ではなく「社長・副社長」と呼ぶ。ちなみに、ユニットの名前を「明和電機」とよび、昭和モダン体のタイポグラフィーで装ったのは、高度成長期の日本によくあった下請け工場のシミュレーションという発想からきているようだ。

　明和電機の作品には、つねに大真面目な"くすぐり"が盛り込まれ、二人組（現在は兄の土佐正道が"定年退職"して、弟の土佐信道が"社長"に就任）という外見上の漫才コンビ的な要素とあいまって、彼らはテレビでも数多くの視聴者の笑いを誘っている。実際、彼らは吉本興業と契約する"パフォーマンス"までやってのけた。その意味では彼らは「現代美術」作家ではなく、奇矯なお笑い芸人といったほうがいいかもしれない。

3-5-4　アートと世間

　先に、日本のアーティストは作品の受け手である観衆ときわめて昵懇で近しい関係にあり、その意向や趣味を尊重すると述べた。このことは、日本で

はアーティストとアートの享受者が、西欧とはまったく違う意味で、対等ではないことを現している。

　西欧では、ルネッサンス以来、アーティストは神と黙契を交わした人格である。当然、凡才の及ぶところではない。また、後進のアーティストにとっては、巨匠の残した卓越した作品が規範であり、それを模倣していくことが修行だった。

　一方、日本では、庶民にとってアーティストは生身の人間で、アーティストの卵にとっても、巨匠の傑作は必ずしも規範とはならなかった。むしろ仲間の芸術家や鑑識家の評価が作家の創造性に大きく関った。西欧では、芸術家は天上の意思を具現化する才能の持ち主であって、人間の評価はそれに次ぐ地位しか与えられていなかったのに対して、日本では何よりも世間の目が重要視されたのである。したがって、西欧における芸術創造とは、芸術家と神との交渉の過程で生み出される孤独な営為であるのに対して、日本では社交的な人々の集まりの中から醸成されるものであった。

　これはある商品が口コミや宣伝で話題にのぼり、有名人や評論家の評価のおかげでマーケットに乗るシステムとよく似ている。

3-6　日本の現代アートの潮流

　本章では、日本のアートの移り変わりを、消費社会とのかかわりの中で概観した。そして、日本のアートが、複製技術の進化の中で、一見、西洋美術史と歩調を合わせるかのように、コマーシャリズムに親近し、マーケティングの対象もしくは素材になっていることを指摘した。しかし、西洋のアートがそれを堕落ととらえ、純粋芸術の砦を守ろうとするのに対して、日本のアートはそれを違和感なく受容する気分がある。というのは、もともと日本には、純粋芸術と応用芸術を区別する思想がなく、アートは生活の愉楽のために"消費"され、あるいは生活の装飾のために"生産"されてきたからだ。したがって、アートが商品との境を限りなく曖昧にしていくなかで、西欧のアートはそれを超克するべき課題と捉えているのに対して、日本のアートは西洋流の芸術観の移入このかた、分断されてきたアートとマーケティン

グを再び結びつける機会と捉えている。それは、昨今のアートのサブ・カルチャーへの接近に見て取れる。むしろ、日本では、押し込められてきたアートの装飾性や遊楽性を、漫画やアニメやマスデザインが長らく肩代わりしてきた。それがここに来て、現代アーティストによって、アートとしての見なおしがなされている、と考えることもできる。

この日本の現代アートの動向を、60年代のポップ・アートに引き当てて考えることもできる。だが、この類比には無理がある。なぜなら、日本のアートには、もともとメインもサブもなく、全てが同格だったからだ。アメリカのポップ・アートは、アートがサブ・カルチャーを採りいれることで、アートを特権的な地位から引きずり下ろしたという意義があったが、日本のアートには引きずり下ろす権威がはじめから備わっていない。アニメやマンガを取り入れた現代アートも、決して批評的なものでも戦略的なものでもないのである。

日本の現代アートが、今、どのようにマーケティングとの関わりを深めているかは、第6章で実例と共に見ていきたいと思うが、ここでは、日本の現代アートの未来について少し触れておきたい。

今後、現代日本人の生活空間に溢れるアートは、大量生産された規格品との区別をますます失っていくに違いない。当然、稀少価値は薄らいでいくだろう。印刷媒体でも、液晶上でも、いっとき人の目を楽しませたらはかなく消えていくものが大半だろう。ましてや恭しく美術館に収蔵されたり、ギャラリーで高価に取り引きされたりすることは少なくなるに違いない。大半のアートは、しばらく人々の生活空間に留まったのち、広告やパッケージのように使い捨てにされるだろう。

従来、芸術作品は人類や民族の遺産であり、この世に二つとない宝物であるとされた。捨てることはもとより、使うことすら畏れ多い高額な貴重品であった。二次元の画面にタイポグラフィーの文字を忍ばせたキュービズムの画家も、男子用小便器を"泉"となずけて美術館に置いたデュシャンも、大量生産の広告や漫画を写真やシルクスクリーンで再現したポップ・アーティストも、創造行為そのものは"反芸術的"であっても、その作品は美術史を飾るミュージアム・ピースであって、高額で競り落とされて半永久的に保存

される。決して安易に捨て去られたりはしない。また、かれらの作品は、たとえ工房で機械生産されようと、レディーメイドであろうと、実は芸術家の類まれな手わざや選択眼が根底にあり、ただの大量生産品ではないのである。

しかし、これからの日本のアートは、美術館という美の殿堂に納まりきらないほど、電波媒体、印刷媒体、サイバー上、いたるところに大量に生み出されては更新される。保存はおろか記憶にすら留めおくことが難しくなるだろう。また、作品はすべて匿名性が強く、作家の個性や世界の把握の仕方が問われることもなくなるだろう。

◆参考文献
岡田斗司夫『オタク学入門』新潮社, 2000年。
小倉忠夫「夢二の生涯」『別冊太陽　竹久夢二』平凡社, 1977年。
尾崎秀樹「夢二の生きた時代」『別冊太陽　竹久夢二』平凡社, 1977年。
石川英輔『大江戸生活事情』講談社, 1997年, p.325。
高階秀爾『19・20世紀の美術　東と西の出会い』(岩波日本美術の流れ　6) 岩波書店, 1993年。
高階秀爾『西洋の眼　日本の眼』青土社, 2001年。
辻惟雄『17・18世紀の美術』(岩波日本美術の流れ　5) 岩波書店, 1991年。
辻惟雄『日本美術の見方』(岩波日本美術の流れ　7) 岩波書店, 1992年。
辻惟雄『奇想の系譜』筑摩書房, 2004年。
仲町啓子『琳派に夢見る』(美術館に行こう) 新潮社, 1999年。
西岡文彦『ジャパネスクの見方』作品社, 1989年。
村上隆『村上隆作品集　召喚するかドアを開けるか回復するか全滅するか』カイカイキキ, 2001年。
安村敏信『浮世絵に遊ぶ』(美術館に行こう) 新潮社, 1997年。
Anne Morrow Lindbergh『翼よ、北へ』みすず書房, 2002年。

第 4 章

消費社会の中のアート

　第 2 章と第 3 章では、現代のアートシーンがマーケティングとの関わりを深めてきている様相を、西欧のアートにおいてはテクノロジーの進化に伴う歴史的必然として、日本のアートにおいてはもともと備わっていた特質として、事例を挙げて説明した。
　本章では、戦後の日本の消費社会が、高度成長期からバブル崩壊を経て現代にいたるまでに、何をどのように消費してきたか、そして今後はどんなタイプの消費が時代の趨勢となっていくかを、考えてみたい。
　なぜ、一章を割いてまで、このような議論に費やすかといえば、21 世紀を迎えた今、アート、もしくはアート的要素が、日本人の消費行動に大きな影響を与えている、そして、これからも与えていくと確信するからであり、それは戦後の消費社会の歩みを鑑みたとき、必然ともいえる動向だと考えるからである。
　なお、本章の論旨は、松原隆一郎氏の所説に多くを負っていることを、あらかじめお断りしておく。

4-1　戦後日本の消費現象の推移

　本節では、戦後の日本が辿った消費現象を、敗戦から高度成長期、70 年代、80 年代、90 年代、現在、の 5 つに大まかに分けて概観してみたい。

4-1-1　敗戦から高度成長期の消費現象
　敗戦から高度成長期にかけて、日本での消費現象を一言で言い表すとしたら、「アメリカ的な大量消費生活への憧れ」と言うことができるだろう。

第二次世界大戦は、よく言われるように、日本人の精神主義がアメリカの物量に圧倒された戦いだった。戦争中の物資の枯渇と敗戦後の窮乏生活を通じて、日本人は豊かさとは、すなわち生活物資の量に比例すると痛感した。自家用車、個室、電気冷蔵庫、プール付きの一戸建て…。こうしたアメリカ的大量消費への憧れは、その率直な反動である。

　その憧れはテレビの普及で一層加速された。1953年にテレビ放送が開始され、相撲やプロレスの街頭放送に黒山の人だかりができた。さらに1959年の皇太子ご成婚、1964年の東京オリンピックを経て、テレビはすっかり茶の間に定着した。「奥様は魔女」、「かわいい魔女ジニー」など、アメリカのホームドラマが人気となり、アメリカ風の電化生活にだれもが憧れた。50年代には「テレビ・電気冷蔵庫・電気洗濯機」が三種の神器ともてはやされ、60年代には、新たに「カラーテレビ・クーラー・自動車」が3Cと呼ばれて次の生活目標になった。この時代は物資の豊かさが何よりも尊ばれ、「より安く、より大量に」を掲げた中内功の「流通革命」が広く読まれた。安売り王ダイエーは躍進につぐ躍進を遂げ、マーケットは完全な売り手市場であった。

4-1-2　70年代の消費現象

　60年代の終盤から70年代にかけては、消費の独自性が模索された時代である。この時代になると、日本のGNPは世界最高水準を達成し、富士ゼロックスの「モーレツからビューティフルへ」（昭和45年）というコピーに象徴されるように、アメリカ的生活や大量消費に対する憧れは目に見えて減退した。生活回りの電化は着実に進み、隣人並みであるためにあくせく働くことが疎まれ始めた時代である。また、2度のオイルショックや公害問題が、見境のない開発や経済発展に反省を促した時代でもある。だが、往時の勢いは失われたものの、右肩上がりの経済成長は相変わらずで、毎年、物価も所得も上昇した。そうした中で人々は、消費の独自性を追求し、ピアノやマイホームといった高いステージの耐久消費財に向かった。が、大局的には大多数の日本人が中流意識を持ち、実際に所得格差も少なかったために、不要不急の家具（例：ピアノやエレクトーン）や電化製品（例：ミキサーや

ジューサー）がどこの家庭にもあるという皮肉な状況を惹き起こした。また、消費の独自性は、製品の機能よりデザインを重視する志向を生んだが、結果的にはメーカーのマーケティング戦略にのせられて、皆が同じ流行を追っていた面がある。

そのことを象徴的にあらわす出来事が、1972年の情報カタログ誌「ピア」の創刊だった。「ピア」の特徴は、「同好会の催しまでも収載する『情報の完全網羅性』、読者に選択を委ねる『客観性』、あらゆる情報を等価に扱う『平等性』、時刻表のような『正確性』、引きやすく選択の容易な『機能性』」（サントリー不易流行研究所 , 1997, p.179）にあった。しかし、すべての情報が平等に行き渡ることは、価値観が均質だった日本人が似通った選択をするという皮肉な結果を招いてしまった。

4-1-3 80年代の消費現象

80年代に入ると、物余りが常態化し、マーケットは完全に買い手市場に移行した。どんなに安くても、新商品でも、消費者が良いと判断しなければ売れない状況が続き、消費者行動や消費者心理の調査・研究が急務となった。販売促進に力を注いでも、商品はどうしても「売れ筋」と「死に筋」に分かれるようになり、在庫管理が商売の成否を決するようになった。同時に消費者は「より安く」よりも買い物の"便宜"を、「より大量に」よりも欲しい物が確実に買える"サービス"を求めるようになり、消費の効率化が重視されるようになった。コンビニの誕生はそうした消費者の潜在的な消費傾向に応える業態だった。1974年、東京・豊洲にセブンイレブン1号店が開店した当初は「アメリカ的長時間営業のよろずや」に過ぎなかったコンビニも、光熱費支払いや宅急便の集配サービスなどに業務を広げ、80年代には「日本的POSシステム（購入者の属性や購買時の天候、時刻などをデータ化し、『売れ筋』と『死に筋』を峻別するシステム）」を導入して、売れる物が売れる時に着実に商品棚にある態勢を整えた。

80年代は、消費の効率化が進んだと同時に、商品に実質的な価値を超える「記号的価値」が求められるようになった時代でもある。「記号的価値」とは、欧米の有名ブランドのように、ある特殊なデザインや品質によって高

級なイメージを醸し出し、それを所有することに深い満足感を与え、製造コストとはかけ離れた価格で販売することを可能にする価値である。

1981年に話題になった田中康夫の小説、「なんとなくクリスタル」の登場人物は、身に付けているブランドによって、その人がどんな人物であるかを理解しようとした。商品の細かい差異に代価を払うことで、個性を表現しようとしたのである。そういった「記号的消費」を覚えた80年代の若者たちは、メディア情報に非常に敏感であり、消費によって憧れの「ワンランク上」の生活を実現しようとした。

「記号的価値」の創出に取り組んだ例としては、西武百貨店や同系列のPARCOが挙げられる。西武百貨店はセゾン美術館を運営して海外の前衛美術を紹介し、PARCOは街路や小劇場を取り込んだ街づくりを行って渋谷・公園通りの盟主になった。同じ商品でも、場末のスーパーで買ったものと、PARCOで買ったものでは価値が違う（と錯覚する）。その価値こそが「記号的価値」と呼ばれるものの正体である。

4-1-4　90年代の消費現象

90年代は、70年代からの買い手優位のマーケット、80年代からの消費の効率化と記号化に加えて、消費の細分化が進展した時代である。細分化とは、囲い込み化と言い換えてもよいかもしれない。消費者は世代や性別といった大きな社会階層ではなく、狭い趣味や関心などによって小さなグループを形成するようになった。そして、そのグループ内部で閉じた情報交換を行い、外部の社会とは交渉しない傾向が顕著になった。この傾向には、メディアのパーソナル化が大きく与っている。

たとえば、日本でも、1989年にはNHKが、1991年には日本衛星放送（WOWOW）が、アナログ放送衛星（BS）によるサービスを開始し、1998年にはスカイパーフェクTVが通信衛星（CS）による多チャンネルデジタル放送サービスを開始して、従来の地上波テレビ放送を追い上げるようになった。とくに、CSデジタル放送では、通信ネットワークと組み合わせた双方向放送が可能である。また、都市型ケーブルテレビ（CATV）のような多チャンネルテレビでは、観たい番組だけを選んで観ることができる。さら

に、パソコンや携帯電話の普及で情報の個別化が急速に進んでいる。その結果、同じ屋根の下で暮らす家族同士でも、成員がどんな外部集団とリンクしているのか、うかがい知れないような状況が出来している。

現代では、同時代的共時体験が著しく形成されにくくなっている。たとえば、団塊の世代なら70年安保という集団的気分を共有し、グループサウンズや安田講堂の攻防戦の話題である程度の思い出話ができる。また、筆者のように60年代から70年代にかけて学齢期を送っていた世代は、スポ根モノや特撮モノを、映画やテレビを通じて享受した個人史を共有している。ところが、今の日本では、老いも若きも、同時代の空気を、同じ世代で、あるいは同じ社会階層で、同じように呼吸することが難しくなっているのである。

当然、消費現象も関心を共有する集団内での消費にかぎられる傾向があり、昭和33（1958）年のフラフープ、昭和35（1960）年の「ダッコちゃん」のような流行現象も、昭和55（1980）年の「ルービックキューブ」のような世代を横断したメガヒットも、「上を向いて歩こう」のような国民的流行歌や、美空ひばりや長嶋茂雄のような国民的英雄も、生まれにくくなっている。あらゆる社会階層に等しく受け入れられて、大量にさばける商品やサービスはもはや少ない。だから、現代におけるマーケティングの成功とは、国民的ブームを巻き起こすことではなく、ある属性やパーソナリティーをもった社会階層にターゲットを絞り込み、その趣向や好みを綿密に調べ上げ、アピールする商品を売れるだけ生産し、売り切ることである。

狭い興味や関心で囲い込まれた集団でも、ある共通の消費行動を起こせば、それはそれで一つの消費のムーブメントを形成する。サントリー不易流行研究所（1997）には、次のような記述があり、興味深い。

　　今は、囲いこまれたある層にフィットし、その人たちの心をとらえれば、日本中の誰もが知っている状況よりも、売り上げにつながるのである。アニメの世界にも、コンピューターゲームの世界にも、同様の例は多々ある。ヒット商品といえば、一般大衆に広くアピールするものであるという概念は崩れ、ある同質の志向の人たちにアピールしていけば、モノは動いていく。囲いこみ、細分化が進んだ結果であろう。

そのように、ビジネスにしても、趣味にしても、細分化が進み、細分化された一つひとつのグループの中ではコミュニケーションがスムーズに行われているが、グループが異なってしまうと全くコミュニケーションが行われないという現象が増えている。細分化された仲間同士の、細分化された情報の中でコミュニケートしているという、閉鎖的状況になってしまっているのである。(サントリー不易流行研究所, 1997, p. 180)

ところで、このように価値観が細かく分裂し、趣味や関心を同じくする小集団内部でしか連帯の気分が味わえない時代では、突出した個性の登場やナショナリズムを刺激する事件が、すさまじい集団的磁場を形成し、人や世論を集め、思わぬ流行や時流を作ることがある。たとえば、高い音楽性と圧倒的な歌唱力で衝撃的なデビューを飾った頃の宇多田ヒカルや、サッカーの国際試合での中国人のブーイングなどが、思わぬメガヒットや政治的アンティパシーを形成したのは、そのためである。

東西の政治的対立が終焉し、イズムが集団をまとめる力を失い、個人が自分の趣味や関心の世界で自足してしまうと、戦争か革命でも起きない限り、高度成長期のような、一色に塗りつぶされた消費行動はおきるわけがなく、堺屋太一が主張した「規格大量生産に替わる多種少量生産」もしくは「一点もの」の製造・販売が、情報のパーソナル化の進展とともに、ますます加速することになる。

4-1-5 現在、そしてこれからの消費現象

メディアのパーソナル化が進み、従来のような大きな社会階層での集団的な消費行動が起こりにくくなると、興味や趣味を共有する小さな社会階層の中でリーダーシップをとる者が現れる。現在の消費現象の中での新しい傾向は、高度成長期とは全く異質な売り手市場の登場である。

特殊な領域に凝った趣味や関心を抱く者は、「なんでもあるが、ほしいものは何もない」ダイエーのような量販店には間違っても行かない。これまでどおり、日用品はコンビニで効率的に済ませるか、"デパ地下"や紀ノ国屋のような高級スーパーで、多少値が張っても良いものを選ぶ。また、彼らは

ブランド物のような記号的消費にも飽き足らないものを感じている。クオリティーの高さや洗練されたセンスは認めるものの、それは"高級な量販品"の域を出ない。

　若い感性は、いまや閉鎖的メディアを媒介にして、「そこに行けば欲しい物が必ず見つかる場所」、いわゆるセレクト・ショップを目指して訪れる。そこには自分の感性に響きあうセンスを持つ店主がいて、統一感のある店舗空間をコーディネートしている。たとえば、個人経営のカフェ、古着やアンティークの店、北欧の家具やドイツ製のステーショナリーの店、ヴィジュアル系の古書だけを専門に扱う書店など、特定の品目の、そのまたある限られた領域だけに専門特化した店で、同じ品揃えの店は二つとない。

　こうしたセレクト・ショップの大きな特徴は、店主の個性が強いこと、店主自身がその分野のカリスマであること、マニアックな固定客をひきつけて一種のサロンを形成していることなどである。セレクト・ショップの店主は、その分野では抜きん出た情報量を持ち、価格設定の尺度を我が手に握っている。だから、完全に売り手市場なのである。

　セレクト・ショップの店主は、いわゆるアーティストのような芸術的な天分には恵まれていないが、鋭敏な審美眼によって、すでにあるものの中から美しい色や形を選び出してくることに長けている。彼らは自ら絵筆を取って創造することはないが、既存のものを組み合わせたり、アレンジしたりして、新しい価値の創造に寄与している。いわば、サンプリングやレイアウトの才能に恵まれた人たちである。

　筆者が住まいする神戸の旧居留地や栄町辺りには、阪神淡路大震災の後も、石造りの西洋建築や昭和前期のアールデコ・タイプのビルがあちこちに残っている。そうしたビルは、当初は倉庫会社や商事会社が入っていたこともある。また、バブルが華やかなりし頃は、会計事務所や法律事務所のテナントが入っていた。それが景気退潮のあおりを受けて、しばらく空き部屋だったが、最近は、下落した賃料に惹かれてか、雑貨や洋服のセレクト・ショップが目立つ。店舗はたいてい薄暗い階段を上り詰めた2階か3階にある。戸外に目立った看板はなく、地図と番地を頼りに探すしかない。店主はいずれも若く、寡黙で、アート系の出自をもつ人が多い。客層は若い女性

やクリエイターと呼ばれる人たちが中心だ。品揃えは、洋服にしろ、雑貨にしろ、量販店とは大きく異なる。まず、店主の趣味性がたいへん濃厚である。品数はさして多くないが、時代や産地やジャンルが特化しており、コンセプトが明快である。そして、商品を見せる工夫が上手である。

　たとえば、中央区海岸通の「海岸ビルヂング」の「NOTAM」はエアライン・グッズの専門店で、飛行機会社のノベルティーやギブアウェイが売られている。また旧居留地の「突撃洋服店」は、軍事色が深まる昭和戦前の空気を漂わせる不思議な店である。右がかった遊びの精神とでもいうか、過激でいてファッショナブルな雰囲気が横溢している。また、栄町の「猫まま屋」は、昭和3，40年代のキッチュを売り物にしている店である。安っぽい花柄やプラスチック暖簾の原色がかえって新鮮に映る。同じく栄町の「VIVO,VA bookstore」は、8畳足らずのスペースに、大型書店では見過ごされてしまいがちな美しい雑誌や絵本を集めている。いつ訪れても発見がある隠れ家のような店だ。

　また、次章で詳しく述べるアート・ショップは、ミュージアム・グッズのセレクト・ショップである。ミュージアム・グッズは、もともとオリジナルのアート作品の複製やレプリカを売る店だから、きわめて凡庸ならざるアイテムが多い。その中から、選りすぐりの雑貨や書籍を集めているのがアート・ショップである。当然、並みの商品とは一味違う面白い商品が多い。その上、どんなに奇矯な商品でも、アートの範疇に含まれると、背後にただならぬものを感じてしまうから不思議だ。

　たとえば、東京のNaDiffやON SUNDAYS、京都・烏丸の京都精華大学［shin-bi］などのアート・ショップには、画集や写真集、古今東西の美術評論や美術史関係の本などに加えて、絵葉書やアーティストのマルチプル、前衛音楽のCDやメディア・アートの映像ソフトなどが、所狭しと並べられ、定期的にアーティスト自身のインスタレーションやパフォーマンスの舞台にもなっている。

　こうした店の商品は、いずれも店主自身の感性で選び抜かれたものである。鋭敏なバイヤーのセレクトした商品が、若い世代の感性にアピールしているのである。ここで大事なことは、こうしたセレクト・ショップの店主

が、売り手であると同時に、巧みな買い手であるということである。彼らは溢れかえる情報と物財の中から、同時代の代表として、本当に優良なもの、センスの良いものを選び出す尖がった感性をもっている。かれらの優れた感性が、ありきたりのブランドやカタログ化されたサービスに飽き足らない若い消費者を惹き付けているのである。

1985年、堺屋太一は『知価革命』の中で、自身が生み出した"知価"という概念について、「『知価』はその価値を創造する個人と密接不可分である。『知価』を生み出すのは、個人の知識と経験と感覚である。つまり、『知価』は属人性が強い。」と述べている。堺屋はもっぱらブランド価値のことを"知価"と呼んでいるのだが、現今のセレクト・ショップの商品の価値も、まさに"知価"と呼ぶのにふさわしいものである。

思えば、こうしたセレクト・ショップの業態は、店舗の規模こそ違え、一昔前はデパートが請け負っていた。今でこそデパートはテナント業になってしまっているが、以前は自社ブランドの商品製造から販売までを手がける専門的消費の殿堂だった。デパートは日常の消費生活から隔絶した特殊な場所だったのである。三越なら三越にしかない商品が並んでおり、客は三越百貨店の品揃えを全面的に信頼して買い物をしたものだ。

最近では、BEAMS, ユニクロなどが、セレクト・ショップが目をつけたインディーズ系の商品を、コーナーを作って販売するようになった。たとえば、BEAMSでは、あるリサイクル・セレクト・ショップがカリモク工業とタイアップしてキャンペーンをしていた「６０ビジョン」の商品を店頭に並べるようになったし、ユニクロはプリント柄Ｔシャツのデザインをアート系の学生やクリエイターから公募して生産している。

また、自身は店舗を経営していなくとも、雑誌や著作を通して、自身の趣味や感性を読者に訴えて、専門的消費に指標を与えてくれる、いわゆる"目利き的消費者"がもてはやされる傾向がある。たとえば、著述家の故・白洲正子や写真家の沼田元気のような人々である。彼らが雑誌などに取り上げた店や商品が"白洲好み"、"沼田チック"なブランドになり、追随的消費という現象を惹き起こす。彼らはショップのオーナーではないが、「カリスマ的消費者」(松原隆一郎, 2001) と言う意味では、セレクト・ショップの店主

と同等である。

　このように、ある特定の趣味や関心を共有する消費者層にターゲットを絞って、彼らの消費をリードするセレクト・ショップは、ネット・ビジネスの隆盛とあいまって、今後ますます人気を集めていくと予想される。

◆参考文献
堺屋太一『知価革命　工業社会が終わる知価社会が始まる』PHP 研究所, 1985 年。
堺屋太一『どうして売れるルイ・ヴィトン』講談社, 2004 年。
サントリー不易流行研究所『時代の気分・世代の気分〈私がえり〉の時代に』日本放送出版協会, 1997 年。
竹村健一『マクルーハンの世界　現代文明の本質とその未来像』講談社, 1967 年。
松原隆一郎『消費資本主義のゆくえ—コンビニから見た日本経済—』筑摩書房, 2000 年。
松原隆一郎『「消費不況」の謎を解く』ダイヤモンド社, 2001 年。
Simmel, Georg『貨幣の哲学』（居安正訳）白水社, 1999 年。

第5章

アート・マネジメントと
アート・マーケティング

　アート・マネジメントは、アート・マーケティングと字面は似ているが、その目的や成り立ちは全く異なる。本章では、アート・マネジメント、特に美術館運営について概観し、その問題点を指摘するとともに、美術館という制度的な場や、鑑賞という強制された態度が、日本のアートの享受史からして、いかにそぐわないものであるかということについて考えたい。

5-1　本章の目的

　本書ではここまで、アート・マーケティングの厳密な定義をあえてしていない。それは、一つには、第2章で述べたように、アートの概念そのものが刻々と変わり続けているからである。さらに、マーケティングの定義そのものも更新されている[1]からである。本章では、マネジメントの方面からアートを語ることによって、逆にアート・マーケティングという概念の輪郭をあぶりだすことを主要な目的としている。

5-2　アート・マネジメントとは何か

　アート・マネジメントのもともとの言葉は、Arts Management である。

---

(1)　AMA（アメリカマーケティング協会）の旧定義では、マーケティングとは「個人と組織の目標を達成する交換を創造するために、アイデア、財、サービスのコンセプト形成、価値形成、プロモーション、流通を計画し、実行する過程」となっているが、2004年秋に改訂された新定義では、「顧客に対して価値を創造し、伝達し、提供するとともに、組織やそのステークホルダー（消費者・顧客、従業員、株主、経営者）に有利になるように顧客リレーションシップを管理する組織上の業務であり一連のプロセスである」と変更されている。

Arts は英語では Art の複数形であり、「Art が美術とか単体の芸術行為、またその成果を指すとすれば、Arts は美術、実演芸術、映像といった様々な芸術分野を統括して指す。すなわち、いわゆる日本でいうところの芸術は英語で言うところの Arts」(林容子, 2004, p.2) となる。ただ、本書では、アーツが日本語として馴染まないため、先例にならってアートと呼び、その内容は、音楽や演劇といった実演芸術よりも、物としての視覚芸術を指すことが多い。

　アート・マネジメントとは、端的にいえば、「社会とアートの橋渡し」の仕事である。

　アートは必ず観衆・聴衆を必要とする、すぐれて社会的な営為である。たとえ立派な作品が存在しても、アトリエの中に置かれたまま、あるいは楽譜や脚本のままではアートとは呼べない。作品を広く世間に知らしめる活動が必要になる。その活動がアート・マネジメントの仕事である。もっと具体的に言い換えれば、アーティストと社会の狭間にあって、①アーティストに向けては、表現行為のための物的・人的な環境を整え、②社会に向けては、アートの意味や価値を啓蒙し、理解を求め、広く資金を調達し、③アーティストの才能を開花させるとともに、効率よく社会にアートを普及させていく、こうしたあらゆる過程を、アート・マネジメントというのである。したがって、アート・マネジャーの存在意義は、自らが社会とアートの"インターフェイス"となり、人々の精神生活を高め、多様で豊かな社会を現出させることである。

　アート・マネジメントは複数の人々の協力を得て進められる。たとえば、画家が個展を開くなら、貸し画廊のオーナーと交渉し、作品の搬入搬出業者を選び、案内状の印刷を依頼しなければならない。さらに、これらの手配にかかる諸経費を調達する仕事もある。こうした実務をアーティスト自身が一人で切り盛りしたら、その画家はアート・マネジャーの仕事も兼ねたことになる。しかし、普通、アート・マネジャーの仕事とは、アーティストのために"作品"を"アート"にすべくマネジすることであるから、アーティストとは別の人物が取り仕切る場合が多い。すなわち、創る人と見る人の双方のために立ち働くのがアート・マネジャーである。

5-3　画廊運営はアート・マネジメントか？

　ところで、アート・マネジメントの教科書では、画廊の運営をもアート・マネジメントに含めている場合がほとんどである。確かに画廊経営も、創る人と見る人をつなぐものであるから、マネジメントと言えるかもしれない。しかし、建前はともかく、画廊は営利の追求を第一義とする。私企業であるからには、先立つものがなければ、どんな高邁な理想も"絵に描いた餅"になってしまう。したがって、画廊の仕事は、マネジメントとして説かれるより、マーケティングとして説かれるほうが適当ではないだろうか。

　アート・マネジメントは、アーティストとそうでない人たちとの仲立ちをして、医療や教育のように、アートに公共財としての価値を与えようとする活動である。アート・マネジメントは広い意味での社会教育であり、公共の福祉に貢献するものである。

　一方、アート・マーケティングには、アートそのものやアート性に彩られたものを、いかに売っていくか、営利に結びつけるか、に力点が置かれ、アートを公共の福祉に役立てようという発想は二の次になる。アート・マーケティングが対象にするアートは、美術館や公民館にではなく、値札をつけて店頭にあるのである。画廊の運営はまさにそれである。

　したがって、本書では、画廊経営をアート・マネジメントには含めず、第6章の「アート・マーケティングの実際」で述べることにする。

5-4　アート・マネジメントの限界——美術館の場合

　本節では、日本のアート・マネジメントの中でも、もっとも公共の福祉に貢献していると考えられる美術館運営を取り上げたい。

　美術館は正式には「美術博物館」と呼ぶのが正しい。美術館は博物館法によって定められた定義のもと、10項目の事業を行うものとされている。詳細は省くが、その設立には2つの大きな目的がある。一つは、美術的な価値のある作品を蒐集し、修復・調査・保存・管理をして、人類や民族の遺産

として子孫に伝えていくことである。もう一つは、社会教育のために収蔵作品を公開・展示することである。前者の活動は美術館ならではの主たる業務である。そして、その意義は今も薄れていない。しかし、後者の活動を怠ったら、それは"死蔵"と呼ばれる。

ところで、この二つの設立主意は、実は、相矛盾するものである。なぜならば、美術作品の現況をできるだけ長く留めるためには、高松塚古墳壁画のように公開しないのがよいに決まっているからだ。それにもかかわらず、美術館に収蔵作品の一般公開が半ば義務付けられているのは、現在では、社会教育という公共の福祉のほうが優先されているからにほかならない。

アート・マネジメントは美術館運営という形をとったとき、もっとも理想形に近づくといってよい。画廊経営にしても、冠イベント[(2)]にしても、メセナ活動[(3)]にしても、「人々の精神生活を高め、多様で豊かな社会を現出させる」というアート・マネジメントの高らかな理想から少し距離がある。企業や自治体の利害が見え透いているからだ。少なくとも日本においてはそうである。ひとり美術館のみが「公共の利益のため」という大義名分を前面に押し立てることができるのである。

ところが最近、日本では、この金看板がいささか怪しくなってきた。日本のアート・マネジメントの砦がぐらつき始めたのである。

5-4-1　日本の美術館の現状

「美術」という語が西洋からもたらされ、それが徐々に日本語の語彙の中に定着していく過程は、日本において、博物館が創始され、徐々に充実されていく過程とパラレルであると言われる。

北澤憲昭氏の『眼の神殿─「美術」受容史ノート』によると、「博物館」という施設の名称が文献に現れる早い例は、文久元年（1861年）に日本を発った幕府遣欧使節一行の日記の記述であるという。また、日本で「博覧

---

(2)　冠イベント：大会名（チーム名）に社名（商品名）を入れることを条件に、多額の資金を提供するスポンサー企業、すなわち冠スポンサーによって成立する大会。

(3)　メセナ活動：メセナ（mecenat）という言葉は、芸術文化支援を意味するフランス語で、古代ローマ時代の高官マエケナス（Maecenas）が詩人や芸術家を手厚く庇護したことから、後世その名をとって「芸術文化を庇護・支援すること」を指すようになった。

会」と名乗る催しは、明治4年（1871年）10月、京都において初めて開催され、「博物館」はその翌年に文部省によって東京湯島の大成殿に開館されたのが最初であった、と北澤氏は述べる。やがてこの博物館は帝室博物館と名を改めて、明治5年3月10日に上野に移転し、第二次世界大戦の戦禍を免れ、昭和27年3月には東京国立博物館となった。さらに、戦後、フランス政府から松方幸次郎コレクション[4]が返還されたのを期に、国立西洋美術館が開館したのが昭和34年、江東区・木場公園内に東京都現代美術館が開館したのが平成6年である。また、バブル景気の頃には、地方都市にも盛んに美術館が建設された。

このように美術博物館が次々と造られていく過程で、確かに"美術"は、"音楽"同様、日本語の語彙の中に定着していった。それはそのまま、"美術"に対する常識が形成され、日本のアートが西洋美術史の文脈に絡めとられていく過程でもあった。すなわち、絵や彫刻は、高尚で、永続的価値をもつ公共の財産である、だから私的愛玩物ではなく人類や民族の遺産として保存・管理されるべき稀少価値をもつ、稀少価値は当然、経済的に高い交換価値をもつ、だから、美術は代価を払って鑑賞するものである、等々、いまではだれも疑うことのない先入観を日本人に植え付けることに、美術館は大きく与ったのである。

ところが、バブル経済が崩壊した90年代から、日本の美術館は、あまたの存立の危機、転換期に立たされている。それはそのまま、日本のアート・マネジメントの抱える矛盾の露呈でもある。以下に、そのことを経済、行政、制度、ミュージアム・ショップの4方面から略述してみたい。

なお、以下の記述は林容子氏の論考に多くを負っていることをあらかじめお断りしておく。

5-4-1-1　経済的危機

バブル経済の崩壊以降、日本の美術館は経済的に立ち行きがたい状況にあ

---

[4] 松方幸次郎コレクション：川崎重工の初代社長で、西洋絵画、彫刻、タピスリー、浮世絵の大コレクターであった松方幸次郎氏の収集した美術品のコレクションをさす。コレクションは第二次世界大戦前に散逸し、その全貌はいまだ明らかにされていない。

る。

　第一に、美術館を資金面から支援する立場にある国や地方自治体や企業が、深刻な財政難に陥って、助成やメセナ活動に充てる予算を削減している。1998年には、非営利団体法が制定され、福祉や環境などと並んで芸術団体も公益団体として認められるようになったものの、欧米のNPOなどに比べると免税の基準が厳しく、大口の寄付が集まりにくい。美術館の中には、友の会の制度を設けて、顧客に寄付を求める場合もあるが、成果は芳しくないようである。

　第二に、美術館に足を運ぶ観客数が目減り傾向にあることである。(財)社会経済生産性本部編の「2005レジャー白書」によると、テレビを除く美術鑑賞の参加者（つまり美術館やギャラリーに足を運んだ日本人の割合）の推移を見ると、平成11年（17.3％）をピークに下がりはじめ、平成16年には12.6％まで落ちている。年間平均費用から見ると、平成11年が一人当たり年間9300円支出していたのに対し、昨年度（平成16年度）は6700円しか費やしていない。当然ながら、全ての芸術活動は観客がいなければ成り立たない。観客のいない美術館は無用の長物といわれても仕方がない。

5-4-1-2　行政的危機

　周知のように、バブル経済期、税収が潤った地方自治体は「文化の薫り高い街づくり」を合言葉に、争うように豪華な公共施設を建設した。こうしたハコモノ行政の問題は、美術館にかぎってもかなり指摘できる。

　まず、立派な建築物のわりに、コレクションが質量ともに充実していない。本来、美術館は、自前のコレクションを定期的に展示変えして、テーマごとの常設展示を活動の中心に据えるべきである。ところが、見せようにも収蔵品に乏しく、観客を獲得できない。そこで、どうしても企画展や巡回展に頼らざるを得ない。いわば、美術館の"貸し画廊化"が進んでいる。

　次に、美術館の職員には、自治体からの、芸術とは無縁な出向者が多く、彼らは美術館事業のノウハウやネットワークをもっていない。時にはアートに熱意や理解のある職員が配属されることもあるが、ややもすると公務員は異動が多く、組織内にノウハウが蓄積されにくい。美術専門の職員、いわゆ

る学芸員は、いるにはいるが圧倒的に人員不足で、主業務（資料収集、調査研究）以外に企画、展示、図録作り、作品の貸借業務など、あらゆる雑事に忙殺され、"雑芸員"と揶揄されている。

　このように、ハコモノ行政の弊害は、ハードに相応したソフトが貧弱であるということに尽きる。

　また、ハコモノ行政だけでなく、タテワリ行政の弊害も美術館事業に及んでいる。周知の通り、文化に関する国の施策は、文化庁が一手に請け負っているわけではない。外務省や経済産業省や厚生労働省も独自に文化関連予算を計上している。問題は、各省庁が横の連携なく予算を支出しているため、助成に偏りや濃淡が生まれ、目配りの行き届かない予算配分になってしまっていることだ。

5-4-1-3　制度的危機

　制度的危機とは、第2章で取り上げた西欧アートの変遷と密接に関わる問題である。

　現代、欧米の名だたる美術館に陳列・収蔵されている絵画や彫刻は、もともと王侯・貴族や宗教的権威の私的コレクションで、近代の啓蒙思想とそれに続く市民革命を経て、民衆が勝ち得た"戦利品"の性格をもつ。いわば西欧では、芸術作品は、民衆が血で購ったものであり、自由や民主主義と同様、高い代価とともに"獲得"したものなのである。当然、広く公開するための展示場や、子孫に伝えていくための収蔵庫が必要で、美術館という公的機関の誕生は、歴史の必然だった。つまり、近代西洋で成立した美術館という制度は、絵や彫刻に託して、欧米社会が共有する"歴史"を保管、展示する場所だった。

　ところが、近代美術が"争奪の歴史"から離れ、純粋な創作活動の所産となったときから、アートは必ずしもコレクション的な物財である必要がなくなった。現代では、インスタレーション[5]のように一定期間しか美術館に

---

(5)　インスタレーション：現代芸術において、従来の彫刻や絵画というジャンルに組み込むことができない作品とその環境を、総体として観客に呈示する芸術的空間のこと。

存在しない作品、クリストとジャンヌ・クロードの梱包芸術のように巨大な作品、あるいは、小野洋子(ヨーコ・オノ)のハプニングや蔡国強(ツァイグォチャン)のイベントのように、一瞬にして消え去るパフォーマンスを見所とする作品など、美術館に収まりきらないアートが増えてきた。

しかし、だから美術館が無用の長物になったというのではない。たとえば、上のインスタレーションは、美術館という非日常空間の存在を前提にして成立している。また、梱包芸術が屋外の自然や建築物をアートに見立てることができたのは、美術館サイズの作品がアートの既成概念としてあったからこそである。実は、美術館という施設そのものが、物を展示するという特殊な装置である。何処にでもある日用品でも、美術館という空間のなかで見なおすことで、その物が作られたときに与えられていた機能や役割といった属性が洗い流され、見慣れない何かになる。だから、インスタレーションも梱包芸術も、美術館と言うホワイトキューブ(6)に少なからず依存していることにかわりはない。

問題は、美術館での展示や保管に適さないアートを美術館が収蔵する場合、どうしても現物ではなく記録映像の形でしか残せないということである。当然、媒体となるビデオテープやDVDは作品そのものではなく、記録に過ぎない。記録だから、いくらでも複製が可能であり、現代のテクノロジーをもってすれば、オリジナルに限りなく近いコピーを大量生産できる。そんな稀少価値のないものを美術館が収蔵する意味があるのか、という問題である。

現代でも、美術館にとっては、三流画家のオリジナルのほうが、一流画家のレプリカよりも資料価値が高い。それほど美術館のオリジナル信仰は徹底している。だから、たとえば、写真という印刷物にも、絵画の基準を投影して、オリジナル・プリントに一等価値を置く価値観が形成された。しかし、それも時代遅れのフィルム写真にしか通用しない。デジタルカメラで取った

---

(6) ホワイトキューブ:美術館や画廊の展示空間のこと。中でも近現代美術を展示する空間は、直線的な真っ白い壁に囲まれた直方体であることが理想とされ、白い壁面に隣り合う作品が同一視野に入らない程度の距離を保って、作品がディスプレイされるのが望ましいといわれる。

画像は、いくらでも複製が可能で、オリジナルとコピーの区別はまったくない。その上、いくらでも修整が施せる。美術館はデジタルカメラで撮られた写真作品を収蔵・展示する意味があるだろうか。近い将来、電子美術館が整備されれば、"アートのオリジナリティの価値"があらためて問われることだろう。

　また、オリジナリティといえば現代作家の中には着想から作品の完成までを一人で手がけるという制作態度が薄れて、工房で共同制作したり、金型を外注したり、大量生産の工程に乗せたりすることが普通に行われている。いわば、作家のオリジナリティーが重要視されなくなってきているのである。

　美術館を、民族や国家の集団的記憶を保存・展示する場所、あるいは作家のオリジナル作品を収集・管理する場所と定義すると、いまや現代アートは、美術館という制度や空間の枠内に収まりきらない。現代アートは、美術館という制度を無効にした、とまではいわないまでも、美術館の存立を相対化したことは確かである。

5-4-1-4　ミュージアム・ショップ

　すでに述べたように、美術館運営は、バブル崩壊後、助成や寄付が削減され、観客数が目減りし、困難の度を深めてきている。それに加えて、小泉政権の民営化政策の一環として、多くの官立美術館が独立行政法人という営利団体にシフトしている。美術館は官民挙げて、公共の福祉いう大義名分をかなぐり捨てて、営利を追求せざるをえなくなった。

　営利を生み出す手っ取り早い方策として考えられるのが、ミュージアム・ショップの充実である。現に、最近のミュージアム・ショップの規模と賑わいは、一昔前とは隔世の感がある。

　その昔、ミュージアム・ショップは、美術館の添え物、土産物屋に毛の生えた存在でしかなかった。ところが今は、肝心の企画展や常設展を素通りして、ミュージアム・ショップで買い物を楽しむためだけに美術館に来る客が増えているそうである。それほど楽しいところになってきているのである。

　それには理由がある。ミュージアム・ショップに並べられている商品が、質・量共に、あなどれないものになってきているからだ。図録や絵葉書の印

刷は、オリジナルの絵の具の質感まで再現していることがあるし、レプリカも寸法を度外視すれば、本物と見分けが付かないほど精巧だ。また、有名な絵画や彫刻をあしらった、文具やアクセサリーや装身具にも、愉快な遊び心と見事なアレンジメントが施されている。高い入場料を払ってガラス越しに本物と対面し、しかつめらしい解説で美術の勉強をしなくても、ミュージアム・ショップの商品を眺めているだけで十分楽しいのである。加えてショップでは、金銭の代価で所有できる楽しみまである。買ったモノを自室に飾ることもできる。すべて、複製技術の格段の進歩が、オリジナルとコピーの境界線を曖昧にしてしまったことに起因している。

　思えば、複製の実験は、60年代に活躍したポップ・アーティストたちによってすでに実証済みだ。彼らは、大量生産、大量消費される、マス・プロダクション社会の広告やパッケージのイメージを、ステンシルやシルクスクリーンで大量生産して見せた。彼らは、一世代前のネオ・ダダの画家や抽象表現主義の画家たちが、最後まで手放さなかった芸術的なそぶり——選ばれた天分の持ち主しか表現できない色使いや筆跡やマチエール——まで投げうって、工場で規格品を大量生産するように、工房で作品を大量制作していたのである。かれらのこうした前衛的な活動を推し進めたのは、写真同様、安直な複製技術だったことはいうまでもない。はからずも、ポップ・アーティストの実験を、現在、ミュージアム・ショップがシミュレーションしているのである。

　しかし、現代の複製技術は、過去の印刷技術のレベルをはるかに越えている。ウォーホルやリキテンシュタインがシルクスクリーンやステンシルで写し取った広告や漫画には、どれほど無機的・無個性に大量制作されても、明らかにオリジナルとコピーの区別があった。ところが現在、巷に溢れているアートは、クローンさながらに同一なのである。

　美術館は営利のために、今後もミュージアム・ショップを質量ともに充実させていくだろう。ありきたりのマス・プロダクツに飽きたセンスのよい客でますます賑わうことだろう。しかし、お客が肝心のオリジナルを鑑賞に来てくれるかどうかはわからない。ショップは賑わっているのに、展示室は閑古鳥が鳴いているという事態も想定できる。もしそうなれば、美術館は公共

の福祉に供する社会教育施設とは言えなくなってしまうだろう。ミュージアム・ショップの充実は美術館にとって、両刃の剣にも似た賭けなのである。

5-4-2　日本の美術館に欠如する戦略的発想

このように、日本の美術館は現在、経済的、行政的、制度的に様々な問題を抱えている。しかし、それは危機に立っていると同時に、転換点に立っているという認識も可能である。思うに、日本の美術館は、西欧直輸入のアート・マネジメントを、やや硬直化した理想論として捉え過ぎているのではないか。

先述のように、アート・マネジメントの社会的意義は、社会とアートの"インターフェイス"となり、人々の精神生活を高め、多様で豊かな社会を現出させることであるに違いない。だが、欧米のアート・マネジメントは、もっと戦略的で、良い意味でアートを利用している。アートを観光の目玉にしたり、都市の活性化に役立てたりといった、周りめぐって営利に結びつくような施策を効率的に打っているようにみえる。結果的に、アートが社会に良く溶け込み、人々の都市生活の一部になりえているのである。

たとえば、前節に挙げたミュージアム・ショップもそうである。欧米の名だたる美術館のミュージアム・ショップの充実ぶりは、日本の比ではない。日本の美術館は、アートを神聖にして侵すべからざる存在と考えるあまり、アートを社会に活かす術を見失っているのではないだろうか。

このことを強く印象づけた事件が数年前にあった。第2章でも例に挙げた、東京都現代美術館の「ヘアーリボンの女」事件である。世間の論調は「なぜ、たかが版画に、しかも安手のコミック誌を拡大したに過ぎない女の絵に、6億円もの都民の税金を注ぎ込むのか」ということだった。しかし、問題は作品のテーマやジャンルではない。また、絵画技法や金額の多寡でもない。問題は、リキテンシュタインを買うことの投資的意義が明確でないことだ。松原隆一郎氏が指摘するように、リキテンシュタインに関心がある人は、収蔵作品が充実したニューヨークのMoMA（ニューヨーク近代美術館[7]）へ行くだろう。たった1枚のリキテンシュタインのために、はるばる墨東まで電車とバスを乗り継いで来る人がどれほどいるだろう。その意味

で客寄せの投資戦略としてあきらかに失敗している。むしろ、戦後日本の現代美術であれば、はるかに安く多くの作品群が買えたはずだろう。要は美術館が長期のヴィジョンを持ちえていないことに基因している。

　一方、フランスなどは「文化が金になる」ことをよく知っている。周知のように、ポンピドー・センター[8]もルーブル美術館も、観光客を呼ぶ目玉資本となっている。イギリスのTate Modernも、セントポール寺院の対岸、South Bankという立地に、ミレニアムに合わせて開館し、戦略的に話題づくりを行った。その結果、収蔵品はTate Galleryの現代アートをそっくり受け継いでいるだけなのに、すっかりロンドンの新名所として定着した。今では、日ごろ現代美術とは縁もゆかりもない観光客まで惹きつけている。

　欧米の美術館に比べると、日本の美術館は、アートを金に結びつけることがうまくない。というより、妙に高踏的な躊躇(ためらい)と戦略的発想の欠如から、結果的に下手な買い物をしていることが多いのだ。

5-4-3　美術館以前の日本のアート

　しかし、そもそも日本の美術館は、アートを営利に結びつける発想に富んでいたのである。それはある面で、欧米をも凌いでいたといってよい。もちろん、ここでいう"美術館"とは、西欧近代からの直輸入のホワイトキューブを指さない。すなわち、国家や民族の遺産を修復、保存、展示する社会教育機関としてのいわゆる美術館ではなく、日本人に"鑑賞"という態度が形成される以前の見世物小屋や博覧会といった公的施設のことである。

　ここでは、今一度過去に立ち返り、西洋美術史の文脈で語られる美術館という制度が定着する以前に、日本人がどのようにアートを公共の場で享受していたかを振り返ってみたい。

　なお、本節の所論は、北澤憲昭氏の「目の神殿」、木下直之氏の「美術と

---

(7)　MoMA：The Museum of Modern Art（ニューヨーク近代美術館）。1929年、モダンアートを扱う3人の女性画商（Miss. Lillie P. Bliss，Mrs. Cornelius J. Ullivan，Mrs. John D. Rockefeller, Jr.）によって設立された美術館。世界に先駆けてモダンアートを収集してきた。

(8)　ポンピドー・センター：パリ市にある総合芸術文化センター。ポンピドー大統領の構想により1977年開設された。

いう見世物」といった先達の成果に多くを負っている。

5-4-3-1 見世物としてのアート

　日本における美術の享受史を紐解いてみると、明治以前の美術の観客は、非常に享楽的で興味本位であったことがわかる。教養主義的な美術の鑑賞ではなく、あたかも物見遊山にでかけるようにアートを気軽に楽しんでいた。そして、見せる側は、客寄せに工夫を凝らし、人々の好奇心を掻きたて、駄賃を巻き上げることに懸命だった。

　たとえば、葛飾北斎は120畳敷きの紙に、半身の「達磨図」を描き、歌川国芳は30畳敷きの紙に「九紋龍史進憤怒の図」を描いて、拍手喝采を浴びたという伝説がある。いずれも制作は公開され、作品の出来より、制作過程、すなわちパフォーマンスが見せ所だった。また、社寺が勧進のために所蔵の宝物を展覧に供した出開帳や、動物園のさきがけともいうべき花鳥茶屋もたびたび行われ、人出を集めた記録がある。つまり、江戸庶民の美術鑑賞は、見世物見物そのものだったのである。そして、画家のパフォーマンスも出開帳も、営利の追求が第一目的だった。

　そもそも江戸時代に大衆的人気を博した画家は、いずれも鬼面人を驚かす見世物的精神に満ちていた。曽我蕭白も葛飾北斎も、扱う主題に保守的と同時代的の違いはあっても、「怪奇な表現への偏執、アクの強い卑俗さ、その背後にある民衆的支持」（辻惟雄, 2004, p.170）といった見世物性が共通しているのである。また、工芸の分野でも、高蒔絵や象嵌で本物に見紛うばかりの細工が施してある印籠や、精巧なミニチュアの根付は、人目を驚かす卓抜な手技を誇示したものだ。そうしたものを西洋人は、彼らが親しんだ"迫真性"という芸術尺度で称揚するが、じつは、それを作った日本の職人は、ただ本物そっくりに作り上げて、手に取る者をあっといわせてやろうと思っただけであり、「神に変わって創造的な営為をなした」とは露ほども思っていなかったに違いない。その証拠に、印籠や根付のデザインは奇想天外、なかには奇を衒ったとしか思えない意匠も多いのである。つまり、浮世絵にしても根付細工にしても、観客の有無を問わず、また私的空間、公的空間を問わず、見世物的享楽性に富んでいたのである。

事情は明治維新を経て後もしばらく続いたらしい。大久保利通などの明治の先覚者は、欧米視察を通して、博物館や美術館が、学校や工場と同じく、富国の基礎を固める"文明の装置"だと見抜いていた。そして、美術館を殖産興業の武器たらしめようとした。

しかし、一般庶民にとって、公共施設で美的対象をひたすら"観る"という構えは、きわめて馴染みのない態度だったにちがいない。庶民には、慣れ親しんだ独自の"鑑賞"の仕方があったからである。すなわちおしゃべりや憫笑や口上の喧騒の中で、物見高く観る態度である。

明治初年、欧米の景物や文物に関する関心は、福沢諭吉の「世界国盡」（せかいくにつくし）（明治２年）のような啓蒙書や仮名垣魯文の「西洋道中膝栗毛」のような戯作を通じて、一般庶民の間にも、いやがうえにも高まっていた。そうした折り、見世物小屋での興行が、覗き眼鏡や生人形などを使って、盛んに異国の自然や建築、異人の容貌や風俗を紹介した。そうした見世物小屋で油絵も公開され、真に迫った画面が「活きているようだ」、「画がものをいいそうだ」と観客を驚かせたという。見世物に欠かせない口上が観客と絵画をとりもった。静寂を強要される現代の美術館とはかなり様相を異にしていたのである。

このように、もともと日本の美術館の前身に当たる見世物小屋、あるいは画家のパフォーマンスというものは、珍奇なことや美麗なもので一儲けしようという発想からでていた。

美術が見世物の世界から抜け出し、"鑑賞"や"教育"の素材に昇格するのは、日本美術史が綴られ、美術学校が工部省から文部省の管轄下に移された明治20年代を俟たなければならなかった。しかし、単に制度や法律の力がアートを見世物小屋から解き放とうとしたのではなかった。アートを美術館の中での鑑賞の対象にするべく孤軍奮闘した人物もいた。それが高橋由一である。

5-4-3-2　高橋由一の仕事

先に述べたように、高橋由一が西洋絵画に憧れて、油絵を描き始めたころは、油絵やその技法そのものが見世物の対象だった。彼は、西欧の油画表現に深い感銘をうけ、文明開化期の日本に油彩画を根付かせるために精力的に

活動した画家である。

　先述のように、明治初年は殖産興業の時代である。明治政府は西欧から優秀な技術者を呼び寄せ、近代産業国家の基礎となる建築、造船、製鉄などの技術を、当時の有為の人材に学ばせようとした。油彩画法もそうした殖産興業の一つに数えられる。由一はその習得に国家的使命を負わされていた。さらに、自身の油彩画家としての習練もさることながら、油画を日本社会に遍く普及させ、後継者を育成することも重大な任務だったのである。

　しかし、西洋絵画の理想を説くだけでは、いつまでも油絵は日本社会に根付かない。そこで由一が考えたことは二つある。一つは、日本人に馴染みの深い見世物小屋に油画を掛け、真に迫った表現力で観衆を圧倒すること、そしてもう一つは、油彩画を積極的に販売して、その真価を広く知らしめることだった。

　しかし、一つ目の試みはいずれも計画倒れに終った。たとえば、由一は、招魂社（靖国神社の前身）に美術館を作る構想を持っていたと言う。当時の招魂社は、境内で競馬や曲馬や花火が催される盛り場で、こうした環境で彼は油画を見世物の一つに祭り上げようとした。また、外観からして奇抜な"螺旋展画閣"という建物を構想し、そこに油画を展示することも考えていたらしい。

　また、二つ目の試みも試行錯誤の連続だった。油彩画を売るといっても、明治初年には油画そのものが珍しく、販売価格も販路も確立していない。マスメディアもない時代だから、宣伝も行き届かない。さらに、当時の日本人には、油彩画を鑑賞するという態度形成がなされておらないうえ、伝統的な日本家屋には、油画を掛ける適当なスペースもなかったのである。そこで、由一がとった苦肉の策は、油彩画そのものを既製の絵画形式に合わせ、絵の主題を当時の日本人に身近な事物とし、縁故や講を頼って社寺や個人に売ることだった。規制の絵画形式に合わせるとは、すなわち、狭隘な日本家屋に納まるように絵のサイズを小さくしたり、床の間に掛けられるように縦長にしたり（例：鮭図）、油絵を掛軸に仕立てたり（例：長良川鵜飼図）、扇面貼交屏風のように衝立や屏風に油画を貼り付けたり（例：中村逸斎像）、涙ぐましいほどの工夫を案出している。また、絵のモチーフにも苦心の跡が

見られ、「写真と違って退色しない」という触れ込みで肖像画の注文をとったり、浮世絵で馴染み深い名所を描いたりして、顧客におもねることも忘れなかった。さらに、油画を売り込むために十人一組の講を起こし、抽選に当たった者が油絵を入手できる仕組みを考えて購買欲を煽ったりした。こうして由一は、苦心惨憺して油彩画の普及に努めるとともに、糊口を凌ぐために少なくない数の売り絵を各所に残しているのである。

このように高橋由一は、西洋油画の普及のために、美術館の設立構想を練り、油彩画のマーケットを開拓しようと努力した。しかし、美術館という制度的な場や、鑑賞という態度は、結局のところ日本社会に根付かなかったのではないだろうか。油彩画は、高橋由一亡き後、西洋のアカデミズム絵画を学んで帰朝した黒田清輝や和田英作によって受け継がれて現代に至るが、油画そのものも、美術館も、またそれを鑑賞する態度も、いまだ日本社会に浸透したとは思えないのである。

5-5　まとめ

本章では、アート・マーケティングの概念を明確にするために、日本のアート・マネジメントの社会的意義とその問題点を、美術館運営に焦点を絞って略述した。そして、日本のアート・マネジメント（美術館）が直面している経済的、行政的、制度的な限界や、長期的なヴィジョンに基づく経営的戦略発想の欠如を指摘した。また、西欧から美術館という思想が移入される以前の、日本の美術享受史を省みると、日本人の美術に対する接し方が極めて享楽的で、美術の見せ方にマーケティング的発想が濃厚であることも指摘した。

第4節で述べたように、現在、日本の美術館は、国や企業からの助成を減らされ、大口の寄付も集まらず、かなり経営状態が厳しい。しかし、そもそも日本では、市場経済に貢献することの少ないアートに対する助成は認められにくい。つまり、日本では経済的メリットを度外視してアートを必要なものと考える意識がそもそも乏しいのだ。長期的なヴィジョンに基づく経営的戦略発想に欠け、高らかな理想ばかりが先行する日本の美術館に、人も助

成も寄付も集まらないのはむしろ当然なのだ。

　このことは、美術館のみならず、現代アーティストに対しても同様である。現代アートに対する世間一般の受け取り方は、奇態なもの、難解なものというものである。当然、アーティストに対しても、奇人とか変人とかというイメージが付きまとう。社会一般の眼からみると、採算を度外視して活動しているアーティストは、その存在自体、理解しがたいのである。そういうわけのわからない人たちが何をしようが自分たちには関係がない、ましてやボランティアや経済的支援など考えたこともない、というのが大方の日本人の反応だろう。

　欧米では、芸術は水道の水と同じように、公共の福祉に役立つもの、医療や教育同様、なくてはならないものと考えられている。だから、美術館やアーティストに対して、多額の寄付や助成が行われ、そうした志に対しては手厚い免税措置がとられる。しかし、日本では、芸術は趣味や娯楽の世界のもので、公的なものであるより個人的な嗜好の領域で語られることが多い。日本の芸術は「市民社会における個人の尊厳と自由を守る」ものではなく、「個人の生活を豊かに楽しくする」ものであり、自らの経済力相応の代価で購うものだった。趣味や娯楽はやりたいものが身銭を切って楽しめばよいもので、公的な支援の対象にはなりにくい。こうして考えてみると、日本で欧米育ちのアート・マネジメントを根付かせるのはかなり困難ではないだろうか。

　美術館運営に比べると、先述したミュージアム・ショップは、きわめて日本的なアート享受のあり方なのだ。そこでは、オリジナルのアートに限りなく近い複製を私的愛玩物として我が物とすることができる。もしショップが隆盛して、その結果、美術館本体がつぶれたら、それはすぐれて日本的な出来事である。日本人は基本的に高尚ぶったハイ・アートを公共空間で鑑賞するよりも、代価を払って生活の中に取り入れて楽しみたいのである。美術評論家の椹木野衣氏は、「たけしの誰でもピカソ」というアート系のTV娯楽番組を評して次のように言う。

　　……少なくとも日本においては、高尚ぶったアートは完全に裸の王様、いわば張子のトラなのだ。逆にいえば、日本でアートなどというものがあるとしたら、それは、無理に欧米を真似して〈差別的〉であるよ

りはずっと、本質的な意味で大衆的なはずであり、そうであればどこかで「おもしろい/おもしろくない」を競わざるをえない。(中略)だから、僕が「誰ピカ」を支持するのは、「お笑い」「おもしろい」「有名」といったような、ほんとはアートといちばん無縁なはずなのに、結局はアート界も含めて日本人が大好きな俗物根性を、はっきりと軸に据えているところである。それに、もしかしたらこんな狂ったところからしか、欧米のアートに負けない日本ならではのアートは生まれてこないかもしれないのだ。(椹木野衣 , 2001, p.160)

椹木氏のこの評言は、きわめて正鵠を射ているように思われる。実際、最近の日本のアートは、複製技術の進化の中で、コマーシャリズムに親近し、クールで、面白くて、可愛らしいマーケティングの素材になってきている。その実際を、第 6 章で大きく二つに分けて見ていきたい。

◆参考文献
朝倉無声『見世物研究』筑摩書房, 2002 年。
北澤憲昭『眼の神殿―「美術」受容史ノート―』美術出版社 , 1989 年。
木下直之『美術という見世物　油絵茶屋の時代』平凡社 , 1993 年。
木下直之・建畠晢「美術館はどこに行くか」『国際交流　91 号』国際交流基金 , 2001 年。
倉田公裕『博物館学』東京堂出版 , 1979 年。
椹木野衣「涙橋から世界へ」『たけしの誰でもピカソ　THE アートバトル』徳間書店 , 2001 年。
社会経済生産性本部編『2005 レジャー白書』2005 年。
林容子『進化するアートマネジメント』レイライン , 2004 年。
平田オリザ『芸術立国論』集英社 , p.156, 2001 年。
福澤諭吉『世界国盡』(福澤諭吉選集第二巻) 岩波書店 , 1981 年。
松原隆一郎『消費資本主義のゆくえ―コンビニから見た日本経済』筑摩書房 , 2000 年。
松原隆一郎『「消費不況」の謎を解く』ダイヤモンド社 , 2001 年。
利光功「アートマネジメントの理念」『アートマネジメント研究　第 1 号』美術出版社 , 2000 年。
鷲田清一・建畠晢「アートと社会、20 世紀のプロフィール」『国際交流　91 号』国際交流基金 , 2001 年。

第 6 章

アート・マーケティングの実際

アート・マーケティングは、アートとマーケットの出会いに始まる。

消費経済は、現代アートを営利追求の有効な手段として取り込んできている。また、現代アートもポップ・アート以来、したたかに大衆文化や消費経済のシステムを模倣している。つまり、期せずして、アートとマーケットが歩み寄り、出会ったところにアート・マーケティングが生まれた。とくに、日本とアメリカでは、戦後、欧州に先駆けてコマーシャリズムとアートが手を携えて進展してきた歴史がある。本章では、まずアートとマーケットの歩み寄りの様相を記述し、次に、日本におけるアート・マーケティングの実際を、「アートで売る」と「アートを売る」の二つに分けて、事例を挙げて報告したい。

6-1 アートとマーケットの出会い

6-1-1 現代アートのマーケットへの歩み寄り

一昔前のアートは、必ずしも観られることを予定しなかった。たとえば、セザンヌがそうである。彼は銀行家だった父親が残した恒産のおかげで、画業に没頭できた。名声にも頓着しなかった。つまり、世間に自作を問う必要も意志もなかったのである。セザンヌのみならず、功成り名遂げたアーティストには、純粋な創作動機だけから画布に向かう者が少なくない。だから、生前、発表を意図せずに描かれ、人知れずアトリエに眠っていた作品が、画家や彫刻家の死後、発見されて、脚光を浴びるということはよくある話である。

しかし、現代アートの場合、そういうことはまず考えられない。現代アー

トは、必ず観衆を予定している。アーティストの孤独な営為だけでは、現代アートはアートたりえない。現代アートは、社会との接点を求めて営まれるものだからだ。

　ところで、従来、現代アートとその鑑賞者の接点は、もっぱら美術館であることが普通だった。しかし、最近、日本の現代アートは、その立ち位置を、美術館からマーケットに自覚的に移し始めている。現代アートは、サブ・カルチャーや芸能との境を曖昧にし、積極的に消費社会に取り込まれようとしている。過去の現代アートは、"前衛"という軍事用語が端的に表しているように、既成の価値や体制にたいするアンチテーゼ、カウンター・カルチャーとして存在価値を持っていた。ところが、21世紀初頭の日本の現代アートは、コマーシャリズムの協力者、消費社会に寄り添うものに変質しつつある。その結果、アートは、必ずしも、美術館や画廊で鑑賞するものではなくなってきた。アートがマーケットにリンクし、マーケットを舞台に展開するようになったのである。たとえば、次章で話題にする村上隆らの戦略を見ていると、アートを食玩にしたり、アート・フェスティバルを主催して若手アーティストの作品を販売したり、これまで暗黙に避けられてきたコマーシャリズムへの戦略的な接近がある。

　このことは、西欧流のアート観からすれば、自殺行為に等しい。先にも述べたように、アートは商品として広い社会階層に受容されたとたん、エンターテイメントに"堕落"し、生命力を失ってしまう、と西洋の美術関係者は考えるのである。アメリカ消費社会が生んだ鬼っ子のようなポップ・アートにしても、ウォーホルを除いて、自ら作品を商品に貶めることに、ためらいを隠さなかった。

　では、なぜ、日本の現代アートは、自己の存立を危うくしてまで、マーケットとの親近を図るのか。

　一つには、背に腹は替えられない経済的な問題があるからだ。日本では、市場経済に乗るアートや、有形無形の文化財の保存・修復などに対する助成は認められやすいが、市場経済に貢献することの少ない現代アートに対する助成は認められにくい。寄付も集まりにくい。再三述べたように、日本では経済的メリットを度外視して、アートを必要なものと考える意識が乏しいの

だ。だから、採算性のない、浮世離れした活動に従事しているアーティストに対して、経済的支援を買って出る"酔狂者"は少ない。となると、日本の現代アーティストが、貧窮に甘んぜず、あくまでもアートだけで生計をたてていこうとすれば、自分のアートの才能を切り売りするより他ないのである。できれば、マーケティング的な発想で顧客を絞り込み、効率的に生産し、的確に流通に乗せていくシステムを構築するにしくはない。

　二つには、歴史的な経緯である。第3章で詳しく述べたように、日本では近世以来、アートが生活の中の"飾り"や"娯楽"として、広く消費社会に享受せられてきた歴史がある。つまり、日本のアートがマーケットを舞台に展開するのは、何も今に始まったことではないのである。明治の開国に伴い、西欧流のアート観が移入されてからというもの、アートが庶民の生活から遊離して、美術館で鑑賞する"お芸術"になった。そして、アーティストは近寄りがたい"変人"または"雲上人"になってしまった。すなわち、アートがマーケットに親近して大衆におもねるのは、すっかりご法度となってしまったのである。「芸術家は貧しい」とか「アーティストは孤高」というステレオタイプが形成されたのも明治以降のことである。

6-1-2　マーケットの現代アートへの歩み寄り

　ここまでは、日本の現代アートが社会との結びつきを求めて、マーケットに近接しつつある様相を述べてきた。一方、マーケットも現代アートに歩み寄る様相が見られる。それは、とくに、次節に述べる「アートで売る」、つまり、アート的なセンスを商品の付加価値にして、他の競合商品との差別化を図るケースに顕著に見られる傾向である。

　商品開発は、果てしのない差異化の連続である。松原隆一郎氏によると、ゲオルク・ジンメル Georg Simmel（1858—1918）は『貨幣の哲学』において、注目すべきアイデアを提出している。"欲求"はあらかじめ自分の中にあるのではなく、また"価値"も、もともと商品のなかに存在するのではない。われわれが商品に接し、それとの"距離"を感じたときに、その"距離"を克服したい、消費したい、つまり我が物にしたいという"欲求"が形成され、商品の"価値"を生む、というのだ。商品と自分との"距離"を感

じたとき、われわれは習慣的な消費行動を脱して、新たな商品の消費に価値を見出す。つまり選択を行おうとするというのだ（松原隆一郎，2000）。商品開発とは、このジンメルの用語を使って言い換えれば、消費欲求を刺激するために、消費者と商品との間に意図的に"距離"を作ることである。

しかし、物の豊かな現代社会では、この"距離"の創出がきわめて難しくなっている。自動車や家電製品を例にとれば、どのメーカーの、どの製品も、同価格帯の商品間に基本性能の差はなく、アフターケアも似たり寄ったりで、目新しい機能やデザインも、いわゆるガジェット（家電の過剰な付属機能や弾かないグランドピアノのように、雰囲気だけしか示さない財）でしかない場合が多い。

一方、アートはその成り立ちからして、唯一性・独創性を生命としている。すなわち、差別化や"距離"を身上としているのである。アート的な色や形や線は、商品に洗練された外観を整え、あるいは奇抜な趣向を加え、他社の競合商品に一等地を抜くことを可能ならしめる。ひいては企業のイメージを高め、ブランド価値の形成に寄与するのである。

また、商品のみならず、アート的な意表を突く発想は、硬直化した商品企画や販売戦略に風穴を開けて、組織を活性化させ、販路を広げ、異種の人材を呼び込む効用もある。特に広告代理店やベンチャー企業などでは、鋭い感性と時代に先駆けた発想が要求され、芸大や美大を卒業したアート系の若い人材などが求められるのである。

6-2　アートで売る

このように、アートは、他商品との差別化を進めるための有効な道具として、マーケティングに活用されてきた。本節の「アートで売る」とは、文化イベントやデザイン戦略に見られるように、自らの事業益を向上させるために、アートを"活用する"という意味である。決して、アートそのものを売買するのではない。アートという衣でくるんで、財やサービスを売るのである。

さて、日本人の生活を変えたものはたくさんある。たとえば、高速道路や

新幹線の整備は、人と物の流れを根本から変えてしまったし、携帯電話やインターネットの普及は、情報の速さと広がりを革命的に変えた。こうしたものは、同時に多くのものを過去の遺物にしてきた。自家用車の普及は大八車やリヤカーを時代遅れにしたし、テレビはラジオを茶の間から追いやってしまった。

6-2-1　デザインによる商品差別化

そして、これからは、アート性に富んだものが、無骨なもの、没個性なもの、機能追及ばかりでありきたりなものを駆逐していくだろう。こうした傾向は、次代の若い世代の嗜好に明瞭に見て取れる。彼らが複数の選択肢の中から何かを選ぶ場合、彼らは機能性や価格よりも、それがいかに人目を引くか、洗練されているか、おしゃれであるかを優先する。

近年では、コンピュータのような機能第一の商品でさえ、他メーカーとの差別化を図るためにデザイン重視の傾向にある。衣料品や日常的商品においては、もとより外観を気に入るか否か、という感性に基づいた個人的な価値が大きなウェイトを占めている。中には、あえて商品やサービスのもたらす実質的なメリットを前面にださず、商業的損得勘定の生臭さや機能一辺倒の日常性を消すことで、「洗練された」「高級な」イメージを演出することが試みられる場合もあるのである。いまや、商品は使い勝手がよく機能的なだけでは需要されなくなった。「ファッショナブル」でなければならないのだ。こうして、有用性から美意識へ、機能性からスタイルへと人々の関心は移っている。

しかし、こうした主張は、実は言い古されたものである。

周知のように、1940年台にGMのAlfred P.Sloanは、当時ハリウッドのショウビジネスで勇名を馳せていたHarley Earlを起用して、自動車の外観をあたかも飛行機か宇宙船かのようにデコラティブに飾り立てた。その結果、ライバルのフォード社に圧倒的な差をつけ、GM車はアメリカンドリームの象徴的存在になった。

また、日本でも1950年代初頭、アメリカ視察を終えて帰国した松下幸之助が、「これからはデザインの時代」とプレスを前に明言した。この経営の

神様の発言を受けて、1963年に開発されたのが、「乾電池ハイトップ」で、当時の松下電器意匠部がデザインしたものだ。「ハイトップ」は13年間、「ネオハイトップ」は7年間、松下幸之助の許可なくしてはデザインの変更ができなかったという。

さらに、1958年には、松屋・銀座デパートで開催された「ニュークラフト展」から、日本でもクラフトデザイン運動が始まった。機械を使いながらも、日本人の生活感覚や、職人の手わざを活かした工業デザインが紹介された。現在でも銀座・松屋7階のデザインギャラリーは健在だ。

また、つい最近では、アップル社のi-Macがパソコンのデザインを変革するカラフルかつ透明感のあるデザインで一世を風靡し、コンピュータ以外にも類似デザインの商品が出回った"事件"が記憶に新しい。

このように、商品の外観をデザイン感覚あふれたものにして、競合商品との差別化を図る戦略は前世紀のはじめから、すでに芽生えており、ますます重要性を増してきている。

第3章で述べたように、日本では、屛風絵や襖絵、あるいは茶の湯の道具を思い起こせばすぐわかるように、日常の什器や家財道具がアートの躍動する舞台であり、実用性と美的価値が緊密に相携えて発展してきた。いわゆる生活の中の飾りとして、デザインとして、日本のアートは商品に依りついてきたのである。

つまり、デザイン（装飾性）による商品の差別化は、すでに目新しい主題ではない。新しい傾向は、以前はハイ・アートの領域でしか見掛けなかった現代アートそのもの、もしくはそのコンセプトが、商品の付加価値を高める要素として、活用されるようになったことである。

6-2-2　アートによる差別化

アートの特質は、世の中の既定事実、予定調和の世界を揺るがす力、疑いを入れない価値の体系に一筋のクラックを入れ込む営みであるとすれば、アートの匂いがする商品やサービスというものは、最初は違和感を伴うはずである。旧世代からは得体の知れないもの、突拍子もないものとして非難されたり無視されたりするものであるかもしれない。しかし、一部の社会層か

第6章　アート・マーケティングの実際　111

らは熱烈に受け入れられ、やがてその熱気が追随者を生みだし、トレンドを形成していく。

以下、そのような実例をいくつか挙げてみたい。

6-2-2-1　百貨店の特設美術館

まず、すっかり日本の消費社会に定着して、既に日本人自身は違和を感じなくなってしまった事例からである。

前章で、日本の美術館は、長期的なヴィジョンに基づく投資戦略が欠如していると指摘した。しかし、日本の美術館の中には、世界に例を見ない経営的戦略発想に富んだ美術館がある。それは、百貨店の特設美術館である。この美術館は、消費の殿堂・デパートを舞台に展開している。

デパートが美術館を持つことのメリットははっきりしており、一つには、催事による客寄せ、二つには、デパートの店舗イメージの向上、三つには、当然ながら、入場料やミュージアム・ショップからの上がりである。デパートは"美術"という海老で"集客"という鯛を釣っているのである。

たとえば、三越百貨店は、その前身である越後屋呉服店のころから、歌舞伎役者の大和絵の展示会をひらいているし、岡倉天心の一周忌に再興した日本美術院が、1914年に最初の展覧会を開いたのも、日本橋の三越百貨店だった。今では、三越にかぎらず、デパートにおける展覧会の多くは、最上階の催事場で、中元・歳暮などの大売出し期間をターゲットに開催されることが多い。最上階で展覧会をみた客が、知的な満足感に浸りながら、ついでに買い物していくという、いわゆる「シャワー効果」を狙ったものである。

しかし、デパートは、独自にコレクションを所有するわけでも、専属の学芸員を多数雇用しているわけでもない。また、海外の美術館とのネットワークにも乏しい。それにもかかわらず、展覧会を打ち続けることができるのは、新聞社等のマスコミの関与があるからである。

林容子（2004）によれば、美術展のノウハウを持たない百貨店や潤沢な予算に恵まれない美術館にとって、マスコミを共催者につけることは、以下の5つの点で大きなメリットがある。

第一に、客寄せになる企画展を打つためには、有名な作品を海外の美術館

などから借り受けなければならない。借用や運搬に伴う少なからぬ経費をマスコミなら払うことができる。

　第二に、普通、美術館予算は単年度制だから、企画準備が年度を跨いでしまう場合は、予算執行が難しくなる。しかし、マスコミなら資金繰りを融通しやすい。

　第三に、百貨店の特設美術館の場合、海外の美術館とコネを持つような専門学芸員が少ない。しかし、マスコミなら、豊富な海外駐在経験から美術館とのネットワークを持っている場合が多く、そのコネを通して作品の借り受けがやりやすい。

　第四に、マスコミが関わることによって、巨額の広告費をかけず大々的な宣伝ができ、大量の観客動員が見込める。

　第五に、マスコミによる宣伝広告に魅力を感じた企業が、協賛に名乗りを上げてくれる可能性が高い。企業にとっては自社のイメージアップやブランド・ロイヤリティー形成に役立ち、その企業が知名度の高い企業なら企画展自体の箔付けにもなる。結果として、観客動員に結びつくのである。

　百貨店の特設美術館は、神社や仏閣の市や見世物小屋を連想させる。神社や仏閣の門前には市の賑わいが発生する。いわゆる門前町とか寺内町とかいわれる街並みである。門前町や寺内町には参詣客が集まり、その土地に宿代やお土産代を落としていく。やがて門前の市そのものが、神域以上に人を集めるようになる。御神体や仏像は、門前町や寺内町にとって客寄せの道具に過ぎなくなってしまい、商売繁盛のためにその維持に努めることになる。喩えは不謹慎かもしれないが、御神体や仏像というのは、デパートの特設美術館に飾られた絵画や彫刻に似ている。ゴッホやフェルメールのような、日本人に人気のある画家の絵は、デパートにとって、集客力をもつ御神体であり、見世物なのである。

　私たち日本人は、上記のような百貨店の特設美術館に対して、もうなんの抵抗も感じていない。しかし、欧米の美術館関係者にとって、人類の遺産とも言うべき芸術作品を、こともあろうに、客寄せに利用し、入場料をとる発想は破天荒とも映る試みである。投資戦略そのものがアートといえようか。

6-2-2-2　プロダクト・デザイン

　先述したように、デザイン（装飾性）による商品の差別化は、すでに目新しい主題ではない。日本のメーカーには、半世紀前から社内にデザイナーがいて、企業の戦略に沿うような製品を作ってきた。松下電器産業は、1951年、日本で初めて企業内にインダストリアル・デザイナーを置いた。この企業内デザイナー制は、あるテクノロジーを精密に製品に落とし込んで規格品を大量生産する場合は効率がいい。しかし、おのずとメカニック側の意向を最優先させる結果となり、便利だが洗練されていない、高品質だがありきたりな製品が生み出されることが多かった。耐久性に優れ、高品質で、しかも廉価なナショナル製品が、イタリアやドイツの家電に比べて、なぜかスタイリッシュでなく、世帯じみた野暮ったさを持っていたのはそのせいであろう。

　理論やイズム、思想の表出である現代アートと違って、デザインという領域は社会の多数の人々に認知されなければならない。商業広告なら消費者の購買意欲を掻き立てなければならないし、プロダクト・デザインなら使いやすさを無視することはできない。だから、むき出しの新奇性（アート性）は、製品の使い勝手や経済性を犠牲にするものとして、避けられてきた。かわりに「機能性や経済性を追及していけば、そこに美しいデザインが表れる」というテーゼが、金科玉条のように主張されてきた。確かに、空気抵抗を極限まで減らした流線型は、美しいラインをもたらすのである。

　しかし、機能性に裏付けられたシンプルなフォルムや色彩は、どことなく生活感や遊び心に乏しい。冷たい規格品という印象を与えてしまう。現代、市場で受けているプロダクト・デザインは、決して機能や経済性一辺倒の洗練されたデザインではない。むしろどこか手触りの荒い、デザイナーの企みや手わざ、いわゆるアート性を含んだものが受けているのである。この節では、深澤直人とアップル社のiPodに例をとって、そのことを説明したいと思う。

6-2-2-2-1　深澤直人のプロダクト・デザイン

　深澤直人は、おそらく、今、世界でもっとも注目を集めているプロダク

ト・デザイナーの一人である。それは、彼のデザインが、現代アートと同様、思想そのものだったからである。

　深澤直人のことを多くの人が知るようになったのは、2001年に発表されたKDDIのINFOBAR "NISHIKIGOI" だろうが、それ以前にも無印良品の壁掛式CDプレーヤーが、広告やアートの関係者に衝撃を与えていた。このCDプレーヤーは、あたかも通気口に設置された換気扇がスイッチを入れると風を送るように、電源コードを兼ねた白い紐を下に引くと音が流れてくる。顔の皮膚が風を待ち受けるように、音楽がそよいでくるのである。しかも、扇風機や換気扇と同じように、スイッチを入れてから回転が安定するまでわずかな余白の時間がある。音楽を聴こうと身構える者は、音が流れ出てくるまで、ほんの数秒だが、"待ち" の状態でいることになる。深澤はこうした仕掛けを、意図的にメカニックに仕組んでデザインをしているのである。

　このように、深澤のプロダクト・デザインは、誰もが日常生活の中で感じていながら無自覚のままでいる生理的な自然さを、デザインに反映させているケースが多い。「人が何も考えずに行動しているのを観察して、その結果をプロダクトデザインとしてアウトプットしている」(深澤直人, 2005, p.106) と深澤は言う。深澤のデザインを見たものは、遠い記憶を思い出すように、人々がイメージしていた共通の形をそこに見いだすのである。その共通の形とは、「急な登山道で誰もが無意識につかまってしまう木の枝や岩の角のような、成るべくして成った存在」(深澤直人, 2002, p.8) である。たとえば、使い心地のよい椅子は、森で出会った切り株のように人を腰掛けさせるし、取っ手やノブのない扉のデザインは "押す" という動作に人を導くだろう。

　だから、深澤のデザインした製品は、ただキレイで精妙にできているだけではない。「深い哲学的なヴィジョンに基づいた、美学的合理性」(Bill Moggridge, 2005, p.84) を備えているのである。深澤自身はそれを「典型 (アーキタイプ)」と名づけた。たとえば、先の壁掛式CDプレーヤーなら、心地よい音楽のそよぎが、換気扇の紐を引くようにプレーヤーのコードを引くことで開始される。この紐を下に引く動作は、「壁に取り付けられた丸い本体

から垂れた紐」というデザイン環境に導かれた動作なのである。たとえ換気扇を一度も眼にしたことがない国民でも、壁掛式CDプレーヤーを前にすれば、迷うことなくコードを真下に引くという。優れたプロダクト・デザインは、梶井基次郎が檸檬の重さに納得したように、人の身体感覚にぴったりと馴染むものなのである。

　深澤はデザインの匿名性を重視する。アートでもデザインでも作家性を尊びたがる傾向の中で、深澤は工場で大量生産する製品に自分の名前をつける必要を感じないという。このこともデザインに「典型（アーキタイプ）」を追い求める深澤なら当然のことで、「……僕は自分の個性ではなく、みんなの中に潜在する『出来映え』を必死になって作っているんです。」（深澤直人, 2005, p.106）と深澤は言う。見いだしたアイデアを線でたどると、必然的にデザインになる。つまり、デザインすることは、作家の美意識を反映させることなどではなく、道具に備わる本質を探り当てる営みなのである。深澤は、美しいデザインを、デザインを選ぶ側に誇示しない。こんな形が日常では普通ではないかとささやくように提案し「気づき」を誘発するのである。

　深澤直人は、2003年、東京・港区に、タカラとの共同出資で、家電ブランド「プラマイゼロ株式会社（以下"±0"と表記）」を立ち上げた。±0は深澤のデザインを忠実に製品化するための工房である。

　たとえば、深澤は、2004年7月にドーナツ型のプラスチック製加湿器を発売して、その洗練されたデザインが話題になった。きめ細かい製作工程を設け、職人が手作業で研磨や塗装を施す。当然、単価は高くなるが、その出来栄えはすばらしく巧緻で、家電の域を越えて、まさに「プロダクト・アート」と呼ぶにふさわしい。その後も液晶テレビやDVDステレオコンポを次々に発表して、2005年9月現在、そのアイテムは、コンセプトモデルを含めて、オーディオ・ヴィジュアル機器7点、家電10点、その他の商品14点になる。東京・港区の直営店舗のほか、ヤマギワやBEAMSなどの取扱店では、常に±0の製品在庫が払底し、注文に製造が追いつかない状況だという。

　また、±0は派手な広告を控えて、美術雑誌やアート系の情報誌のパブリシティーを利用している。ルイ・ヴィトンが都会の一等地や高級ファッショ

ン雑誌にしか広告を出さないように、±0のCMをテレビや新聞で見かけることはない。つまり、アートに近いところにいる者だけに狙いを定めた広告戦略である。±0は自らのグッドデザインと高品質を、広く世間に知らしめることを最初から企図していない。大量規格生産の家電との違いにピンと来る、ハイセンスな顧客に狙いを定めてPRを展開しているのである。この戦略は±0の企業イメージをいやがうえにも高めるであろう。

このように深澤直人のプロダクト・デザインは、単なる美麗な外観のデザインを越えて、その製品を使う者に、その形や肌触りを通して、日頃気づかなかったり、忘れたりしている身体感覚を呼び覚ます働きをする。深澤のデザインは単なる商品の装いではなく、深いコンセプトを伝えるものである。このデザインのメッセージ性は、実は現代アートそのものといっても良いのである。

6-2-2-2-2 アップル社のiPod

　2001年に発表されたiPodは、デザインが製品の仕様や生産工程に先立った稀有な商品である。デザイン面でのコンセプトを優先させた結果、あの単純極まりない機能が決まって行ったのではないか。

　iPod-miniを例にとれば、あの製品の外観には、継ぎ目や組み立ての跡(いわゆるバリや木ねじ)が見当たらない。丸い断面はストイックなまでにシャープで、walkmanやヴォイスレコーダーに見られる、精密機械を凝縮したような重厚なメカニック感がないのである。未来的な浮遊感というか、持ち歩いても真っ直ぐ手に馴染み、重さを感じさせない。いわば機械というより肉に近い道具なのである。iPod-miniの外観は、四角い断面のアルミニウムを、ところてん式に押し出して造形されているという。

　また、iPod-miniは徹底的に「音楽を装う」という思想を貫いている。カラフルなツヤ消しボディやスタイリッシュなネックストラップ、親指一つで操作できるクイックホイールなど、デザイン面の新機軸は他社の追随を許さない。

　しかし、そのアルミニウムのチューブに嵌め込まれた機能は、さして特筆

すべきものではない。確かに、ハードディスクタイプのデジタル・オーディオ・プレーヤーの嚆矢として、発売当初は大容量（4 ギガと 6 ギガ）を謳い文句にできたが、今ではソニーやケンウッドの追随機種にかなり見劣りがする（ソニーのハードディスクタイプは 20 ギガ）。また、iPod‑mini は、曲目の検索機能でも他機種に後れを取っている。その上、103 グラムという重量も、メモリータイプのデジタル・プレーヤーに比べて、かなり重い（韓国製の iriver の最新タイプは 22 グラムしかない）。また、耐久性が格段に優れているわけでもない。それなのに、世界中で何千万人という人が iPod‑mini を選んだのは、ひとえにデザインの勝利としか言いようがない。

　iPod が革新的なのは、思うにその機能ではなく、デザインをすべてに優先させた発想そのものである。従来の家電やデジタル機器が、どんなに有用性から美意識へ、機能性からスタイルへを謳い文句に製品開発しても、かならず製作工程や使い勝手をファッション性に優先させていたのにたいし、iPod はデザインから全てを発想した。その点が実にアートなのである。

6‑2‑2‑3　企業の文化施設──六本木ヒルズの場合

　日本では、戦前から、企業が文化を事業の中心に据えて、収益を上げた実業家がいた。たとえば、阪急グループの総帥・小林一三である。彼は大阪府池田市に逸翁美術館を建てるほどの茶人であり、美術品収集家だったが、同時に阪急沿線の宅地を造成し、映画館や宝塚少女歌劇団といった文化施設をつくって人を呼び込んだ企業家でもあった。

　戦後も 1970 年代から、商業施設や都市開発プロジェクトが「アートのイメージ」を用いることが珍しくなくなった。たとえば、セゾングループは、本丸の百貨店経営に加えて、PARCO、wave、seed、Loft といった、消費者の世代や感性やライフスタイルに合わせた商業施設を次々に創り、同時に前衛的なアートを紹介するセゾン美術館や銀座セゾン劇場を建てた。

　また、1985 年 10 月、株式会社ワコールが東京・南青山に「スパイラル」をオープンさせ、「生活とアートの融合」を謳い文句に、現代美術やデザインの展覧会、演劇・ダンスなどの舞台公演、コンサート、ファッション・ショー、シンポジウム、パーティなどのアート・イベントを数多く打ってい

る。

　さらに、東急グループも、1989年に渋谷東急本店の隣に東急Bunkamuraを開設し、発表の場、創造の場、出会いの場という3つのコンセプトで、映画館や劇場、ギャラリーや音楽ホールからなる複合文化施設をつくった。

　ところで、このように、企業が文化施設を運営するのは、日本独自の現象である。欧米にも、本社ビルの一角をギャラリーにしたりする例があるが、独自の施設として運営することはほとんどない。こうした企業の文化施設の大きな特徴は、アートによって、いわゆる"文化の香り"を演出するかわりに、美術館や音楽ホールといった文化施設（非採算部門）の赤字をレストランやギフトショップなどの収益事業でカバーしていることである。

　百貨店の特設美術館と同様、企業の文化施設も、高尚なハイ・アートをマーケットとリンクさせた商魂逞しい実例であるが、最近、都市空間まで現代アートで彩った、巨大な複合文化施設が誕生した。あの六本木ヒルズである。

　六本木ヒルズは、「東京に文化都市を創出する」を謳い文句に、2003年、既成市街地を再開発して作られた国内最大規模のプロジェクトである。施行区域約11.6ヘクタール。総延床面積約759000㎡。ここに、オフィス、住宅、ホテル、商業施設、文化施設などが並び立っている。

　普通、大規模超高層型の都市開発では、道路や公園は行政が、そして各街区内では民間が独自に建築を設計する。しかし、六本木ヒルズでは、再開発事業のプロデューサーである森ビルが、デザイン全体のコーディネートを行った。

　六本木ヒルズは、またの名を「アーティリジェントシティー」という。アートとインテリジェンスを掛け合わせた言葉である。「アート」のシンボルが森美術館、「インテリジェント」を司るのがアカデミーヒルズだそうである。

　確かに、六本木ヒルズは、スパイラルや東急Bunkamuraに優るとも劣らないアート性に彩られた複合都市である。

　まず、第一に、規模が優っている。単に商業地区にとどまらず、居住空間、宿泊施設、学校、テレビ局までアート一色に覆われている。特に、街の

玄関口や広場といった敷地の要所に、7つのパブリック・アートが設置され、さらに、400mに及ぶメインストリート「けやき坂通り」沿いに、デザイナーや建築家のコラボレーションによって生み出された11個のベンチがおかれ、人々の待ち合わせや寛ぎの場所となっている。

　パブリック・アートは、オルデンバーグのソフト・スカルプチャーのように、日常見慣れた事物を、まったく異なったスケールに拡大し、その存在の意味をずらし問いかけるポップアートの戦略である。しかし、従来、多くの日本のパブリック・アートは、狭隘な都市空間の中で時とともに省みられなくなり、アートの意義を失って、粗大ごみ化していくケースが多かった。しかし、六本木ヒルズの場合は、敷地面積が広大で、設置の場所に事欠かず、作品の管理やメンテナンスも行き届いているのか、いまだに色褪せていない。

　第二に、六本木ヒルズが他の企業の文化施設と一味違うのは、現代美術に焦点を絞っていることだ。現代美術は、従来、日本人に殊のほか馴染みがなかった。印象派やエミール・ガレ[1]なら客を呼ぶことができても、抽象的で、奇矯で、難解な現代美術はさっぱり人気がなかった。したがって、"現代美術館"と名のつく施設は、大方、経営不振に陥って、規模の縮小や閉鎖に追い込まれている。東京都現代美術館やセゾン美術館がその例である。

　しかし、近年、現代アートがサブ・カルチャーとの垣根を低くして、日本の若手アーティストが欧米のアートシーンで活躍するようになると、現代アートはかなり身近な存在になった。なにも美術史の小難しい理論を知らなくても、現代アートは充分楽しめる。あたかもテーマパークか博覧会場にいくように、驚いたり笑ったりすればよい。なによりも、現代アートの中に身を置いていると、異次元にすべりこんだような気分になる、ということを若い世代が気づき始めたのである。

　もちろん現代アートは雰囲気作りや娯楽のためだけに創作されたわけではない。たとえば、六本木ヒルズのパブリック・アートの中でも特に人気のあ

---

(1)　エミール・ガレ：フランスのガラス工芸家。アールヌーヴォー期を代表する芸術家。陶芸や家具を、工房を率いて制作した。1889年のパリ万博では、ガラス部門でグランプリ、1900年のパリ万博ではガラスと家具の両部門でグランプリ受賞した。

る宮島達男[2]の「カウンター・ヴォイド」という環境芸術[3]は、仏教の因果応報の思想を発光ダイオードの数字に置き換えたものだという。しかし、六本木ヒルズを歩く人のどれほどがそのメッセージを汲み取るだろうか。よくわからないけれど、なんとなくインテリっぽくて、未来的で、ファッショナブルだと思っている程度に過ぎないのではないだろうか。六本木ヒルズは、難解な現代美術を換骨奪胎して、おしゃれな道具に変えてしまった。おしゃれな場所には若い人が集まり、物が動く。話題も集まる。現に、六本木ヒルズはすっかり東京の新名所として定着し、遠方からのツアーまで組まれているほどの人気だ。森美術館のオープニング企画展「ハピネス」は、約73万人の入館者を集め、4半期で11億円の売り上げたという。今後、六本木ヒルズが、日本の現代アートのクオリティーを高め、東京タワーや皇居に替わる東京のランドマークに成長したら、世界中から村上隆や山口晃[4]を観るために観光客が訪れるようになるかもしれない。

　このように、六本木ヒルズは、従来の企業の文化施設とちがって、現代アートを巧みに散りばめ、商業施設や周辺環境にハイソでインテリジェントな空気を漂わせることに成功した複合都市である。

6−2−2−4　サブ・カルチャーを取り込む美術館

　前章で述べたように、現在の日本の美術館は、経済的にも制度的にも、切羽詰った状況にある。小泉政権下の文部科学省は、経営建て直しを図って、2001年から官立の美術館施設を独立行政法人に組み替えた。独立行政法人は、半官半民の営利団体であるから、公的資金で安穏としていた国公立の美術館や博物館は、なんとか自前で事業収益を上げていかなければならなくなった。その思いが、最近、美術館の企画展の性格の変化になって、現れて

---

(2)　宮島達男（みやじまたつお）：東京芸術大学修士課程卒。発光ダイオード（LED）のデジタルカウンターを使用した作品で知られる。コンピュータ・グラフィックス、ビデオなどを使用した作品を手がけ、国際的に評価が高い。

(3)　絵画や彫刻以外に、(または、それに加えて) 音や光といった自然、街区や建築物といった人工物を素材にし、(または、その中で) 作品を制作しようという試み（またはその所産）。

(4)　山口晃（やまぐちあきら）：東京芸大大学院美術研究科修了。油絵具を用いて日本固有の大和絵の表現を引用するという手法で人気を博している。

きている。美術館は入場料収入の増加を図って、客が呼べる企画展を打つようになったのである。

　たとえば、2002年夏からは「大阪サントリー・ミュージアム天保山」を皮ぎりに全国各地で「THE ドラえもん展」が開催され、藤子プロと奈良美智、日比野克彦[5]ら現代アーティストとのコラボレーションや、村上隆が主宰するアート工房・カイカイキキによるグッズ販売が華々しく展開された。

　2003年夏には、同美術館や板橋区立美術館で「ディック・ブルーナ展」が、京都国立博物館では「アート・オブ・スター・ウォーズ展 EPISODE1・2・3」が催され、映画「STAR WARS」で実際に使われた模型やコスチューム、背景画などが展示された。後者は、その後、北海道立近代美術館、目黒区美術館などを巡回し人気を博した。

　2004年9月からは、大丸やSOGOの特設美術館でハローキティーの「KITTY EX」が、2005年7月には再びサントリー・ミュージアム天保山で「GUNDAM　来るべき未来のために展」が開催された。いずれも、キャラクターをモチーフに、美術家やグラフィック・デザイナーが作品を制作・展示しているところが共通している。格式の高い美術館で、現代アートの旗手が腕を振るい、立派な図録に美術評論家が物々しい文章が寄せている。企画展にまつわるミュージアム・グッズやイベントも本格的だ。

　さらに、2005年9月からは、札幌芸術の森美術館を皮切りに、「造形集団海洋堂の軌跡」展が、地方の公立の美術館を中心に開催されている。ガレージキットから食玩まで、海洋堂が世に送り出した様々な造形物が公開される。

　つまり、多くの美術館はいまや、正統なハイ・アートの巡回展だけでは客が呼べないので、サブ・カルチャーをアートに読み替えて、美術史の文脈に組み込もうとしているのである。ともすれば、百貨店の客寄せ展覧会レベル

---

(5)　日比野克彦（ひびのかつひこ）：東京芸術大学助教授。大学在籍中にダンボールを用いた作品で注目を浴びる。シドニー・ビエンナーレ、ヴェニス・ビエンナーレへの出品のほか、パリやブリュッセルなどで精力的に個展・グループ展を開催している。商品デザイン、舞台美術、映画、パフォーマンスなど、広い分野で多岐にわたる活動を展開している。

と揶揄されそうな企画展だが、プライドが高い国立博物館までが「キッチュ[6]を公式展示するという商い」（岡崎孝太郎, 2005, p.80）に手を染めなければならない現実は、かなり深刻と言わなければならない。フランスやアメリカの由緒ある美術館が、ドラゴンボールやポケモンを展示したという話を聞いたことがあるだろうか。

しかし、アニメや漫画のヒーローが、美術館に取り込まれることでアートとして見直されること自体は、意義のあることに違いない。現に、村上隆をはじめとする現代アーティストは、いわゆるオタク文化を作品に取り込んで、欧米で高い評価を受けている。低級な消費文化（と日本人が思い込んでいたもの）が、実は西洋美術史のコンテクストの中で見直され、新しい日本美術の表現としてもてはやされる、という話は、版画浮世絵をはじめとする西欧19世紀のジャポニズムの隆盛を思い起こさせる。ただ江戸時代と違うのは、当の日本人が、今回はやや自覚的であるということである。

6-2-2-5 アートとテレビ番組

現在、日本では、美術とか音楽とかに関するテレビ番組がいくつか放映されている。

たとえば、NHK教育テレビの「日曜美術館」は、1976年4月以来、お茶の間に国内外の様々なアートを紹介してきた。1997年4月からは、「新日曜美術館」として装いをあらため、現在も続く長寿番組である。特筆すべきは、毎週の「アートシーン」というコーナーで、大小様々な展覧会の情報を15分間にまとめて茶の間に提供する。美術館やギャラリーにとって、「新日曜美術館」の「アートシーン」で企画展や巡回展が取り上げられるか否かは、集客に多大な影響を及ぼす。

また、同じくNHK教育テレビでは、毎週金曜日「世界美術館紀行」という番組も放映されている。世界の著名な美術館を、成立のエピソードや画家の生涯を交えながら、収蔵品と共に紹介していく番組で、美術館の背景を知ると共に、その時代状況というものが見えてくるという趣向が面白い。

---

(6) キッチュ：俗悪なもの。奇をてらったまがい物。本来の目的とは違う使い方をされるもの。

他にもテレビ東京系の「美術は楽しっ！」や同「美の巨人たち」、NHK 総合の特集番組（「NHK 特集・ルーブル美術館」や「NHK スペシャル・フィレンツェルネサンス」）など、アートに関するテレビ番組は盛んに放映されている。

しかし、これらはいずれも渋めの教養番組で、当初から高い視聴率を期待されていない。

そうした中で、アートを、いわば出汁に使って、エンターテイメント仕立てで高い視聴率を稼いでいる番組が２つある。テレビ東京の人気番組「開運！なんでも鑑定団」と「たけしの誰でもピカソ」である。前者は1994年４月から放映が始まり、バブル崩壊後の"お宝ブーム"の火付け役になった。島田伸介の不祥事で存続が危ぶまれたこともあったが、現在でも視聴率が２桁を下回らない人気番組である。後者は1996年の放映開始以来、ゴールデンアワーで芸術をテーマとする番組を成立させた稀有の番組で、一時期の人気は衰えたものの、ゲストによっては今でも10％を超える視聴率をあげている。この二つの番組に共通する切り口は、アートを「高い・安い」とか「面白い・面白くない」という下世話な価値の序列で見直すというコンセプトだ。

「なんでも鑑定団」は茶道具からガラクタまで、あらゆるジャンルの骨董の価値を「値段」で計る番組である。中島誠之助を初めとする鑑定士が、視聴者が会場に持ち込んだ古物の真贋や時代を鑑定し、蘊蓄を語り、価格を決める。果たして本物か偽物か、本物であるなら一体どれくらいまで価格が跳ね上がるのか。スタジオの悲喜こもごもが率直に映し出されて面白い。この番組では、アート（古美術）の美しさとか資料的価値とかは二の次にされ、鑑定結果の値段の高低が最大の関心になる。

一方、「たけしの誰でもピカソ」は、鑑定ではなく、審査によって、現代アートをランキングする番組である。特に、「アートバトル」コーナーは、ものづくりが好きな巷のアマチュアや、プロ志向の強い美大生が、創ったばかりの現代アート（まがいの）作品を会場に持ち込んで得点を競い合う。この番組には真贋がない代わりに、自作を他の出演者の作品と競わせなければならない。審査するのは、村上隆や篠原勝之といった現代アーティストで、

作品の出来栄えは、往々にして審査員の趣味に左右されるところが大きい。通常は5名の審査員が10点満点で採点し、その週のチャンピオンを選出する。チャンピオンには"たけしメダル"と賞金が授与され、メダルを7つ獲得すればグランドチャンピオンになり、ボーナス賞金を獲得できる仕組みだ。この番組でも視聴者の関心は「芸術性」とか「技巧性」とかではなく、奇抜な面白さや意表をつくアイデア、そしてメダルの数である。

このように、日本の民間テレビ局は、教養主義的なアートを、鑑定や審査を通して、「高い・安い」、「面白い・面白くない」という下馬評的価値の序列に組みなおしてしまう。そしてアートをテレビという大衆娯楽のメディアの素材にして、ちゃっかり視聴率を稼いでしまうのである。

本書で再三述べたように、こうした行為は、西欧アートにとっては自己否定に近い。西洋美術史が営々と培ってきた高尚な価値の文脈をすべて裏切ることにつながりかねない。しかし、日本のアートは、もともとハイもロウもサブもなく、全てが生活の中で等価に消費されてきた。アニメやマンガを取り入れた現代アートも、決して批評的なものでも、戦略的なものでもない。日本の土壌から生まれたものであって、自己否定などという意識は微塵もない。その開けっぴろげな"無恥"な感覚が、西洋のアートシーンから見たとき、非常に先鋭的に見えるらしい。

一度だけ「たけしの誰でもピカソ」の「アートバトルコーナー」に、ロサンゼルス現代美術館（MOCA）の著名な学芸員が審査員として出演したことがある。また、司会進行の北野武自身が映画監督として海外で高い評価を受けているせいもあって、海外の現代美術関係者の間でも、「たけしの誰でもピカソ」は話題になっているという。

アートを視聴率競争というマーケットにリンクさせる日本の民法テレビ局の手法は、アートの定義そのものへ揺さぶりをかけつつあるともいえるのだ。

6-3 アートを売る

前節までの議論は、「アートで売る」、すなわち、他商品との差別化を図る

第 6 章　アート・マーケティングの実際　125

ために、アートを"活用する"という意味であった。決してアートそのものが売買の対象ではなかった。アートで装った財やサービスを売買するのであった。

それに対して、本節で扱う議論は、「アートそのもののやり取り」である。もしくは、「財やサービスに託したアートのコンセプトのやり取り」である。

「アートそのもののやり取り」は比較的わかりやすい。たとえば、画廊の商売がまさにそれである。画商は、アーティストと顧客の仲立ちをして、作品を動かすことで利鞘を稼ぐ。

しかし、日本のアート市場は、とても小さい。現代アートに至っては、ほとんど市場といえるようなものはないといってよい。前章でも述べたように2005年のレジャー白書（社会経済生産性本部編）によると、日本人の余暇活動に占める美術・工芸品に対する支出はきわめて低く、生活の中にアートがなくとも別にさびしいとも不満とも思っていない人がほとんどである。ましてや、評価の定まらない現代アートに支出する個人はまれである。

したがって、本節で重点的に語りたいのは、後者の「財やサービスに仮託したアートのコンセプト」の売買である。以下に詳しく述べてみたい。

　普通の物とアートを分けるものは、なんだろうか。もちろん、単なる実用性や機能性にとどまらず、審美的価値を有することが最低限の要件であるが、それだけではない。もしそれだけなら、服飾や陶磁器や電化製品の類にも美しい色や形は満ち溢れているのであるから、それらをもアートの含まなくてはならなくなる。アートがアートと呼ばれうるためには、物をアートに仕立てるさまざまな工夫が要る。それは、巨岩や巨木に注連縄（しめなわ）を張り、神域を形成する行為に似ている。注連縄を掛けたとたんに、ただの巨岩は磐座（いわくら）となり、巨木は御神木になる。また、能舞台に立つ物狂いの役者が笹をささげ持つだけで、能役者は神が降臨する依（よ）り代（しろ）(7)となり、その言葉は神託になる。同じように、物をアートに昇華させるためには、人為的な仕掛け、すな

---

　(7)　依り代：神霊が現れるときに、宿ると考えられているもの。巨大な樹木や岩石、御幣（ごへい）、動物など種類が多く、神霊に代わってまつられることが多い。

わち、他の物品から際立たせる工夫が必要なのである。言い換えれば、ただの物をアートに仕立てるためには、アートをプロデュースする側によって、結界を張る仕掛けが施されなければならないのである。

たとえば、版画は同じ絵柄を無数に生み出す。このままでは普通の印刷物と変わりない。そこで、版画家は必ず、手ずから一枚一枚エディション・ナンバーとサインを添える。見る者はそこにアーティストの直の関与を感じることができる。だから、大量規格の工業製品であっても、製作工程のどこかで、作家自身の肉筆が加えられていれば、それはアートになりうるのである。

単なる物をアートにする仕掛けは、版画におけるサインやエディション・ナンバー以外にもたくさんある。たとえば、最も古典的な仕掛けは額縁や表装である。子供のクレヨンによる書き殴りでも、雑誌の広告の切り抜きでも、額に入れて壁に掛ければそれなりに絵になるし、名もない茶人の書簡や和歌の断簡でも、表具師の手できちんと表装されればなんだかありがたく見える。切り取ることで、または選び出すことで、たいした価値もない紙切れがアートに昇格するのである。

もっと卑近な例を挙げるなら、映画スターや野球選手のサインにもアートの萌芽を感じ取ることができる。何の変哲もないボールや色紙が、彼らの筆の跡を留めるだけで、稀少価値を生むようになる。有名な小説家のサイン本は付加価値を高める。アーティストの筆跡ならなおさらだろう。

経年変化が物をアートにする場合もある。古美術の世界がまさにそれである。もちろん、中には新品の時から美術的価値が高いものもあるが、古色を帯びて初めて価値がでる骨董も多い。たとえば、戦前から昭和30年代ぐらいまで、玩具工場で大量に生産されたブリキのおもちゃが、錆付き動かなくなると「ティン・トーイ（tin toy）」などと呼ばれて尊ばれる。ブリキのおもちゃが単に珍しくなったからではない。経年変化という名のアーティストが、大量規格製品をアートに変えたのである。

ナンバーリングやサインや経年変化のほかにも、物が辿ってきた来歴がアートの幻を賦与する場合がある。たとえば、明治中期から先の大戦終結までに作られたノリタケ陶器は、「オールド・ノリタケ」などと呼ばれて、現

在、非常に珍重され、今物の何倍もの値段で取り引きされる。その理由は明らかに経年変化ではない。なぜなら、洋食器は比較的古色が付きにくいし、薄汚れた洋食器など不潔なだけだからである。では「オールド・ノリタケ」をアートと呼びうる理由は何かというと、「オールド・ノリタケ」の背景に物語があるからである。「オールド・ノリタケ」は大量規格製品で、その上、古色を帯びていないから、一つひとつを手に取ってみてもそれほど違いはない。しかし、一つひとつの皿やカップが持つ来歴は全く異なるのである。特に戦前のノリタケ食器は、戦時下（昭和14年〜昭和18年）をのぞいて、欧米輸出向けに作られたものが国内向けを大きく上回り、今、日本にあるものは、そのほとんどがいわゆる「里帰り物」である。実は来歴を辿れるオールド・ノリタケなど稀なのだが、所有者は手にした珈琲カップやソーサーに、海を越えイギリスやフランスの食卓で使われた残り香を聞く。想像を逞しくして器物の来し方に思いを馳せる。「オールド・ノリタケ」は、そういう意味で所有者にとってすでにアートなのである。

このように、絵画や彫刻のように、もともとアートとして世の中に現れ出たもののみならず、サインや表装や経年変化や物語のように、何らかの仕掛けを施された結果、アートになったものが、今、マーケットにたくさん出回っている。

こうした「財やサービスに託したアートのコンセプト」をまざまざと見せ付ける企ては、マルセル・デュシャンによって初めて示された。すでに述べたように、デュシャンは、荒物屋で買ってきた便器（財）にサインをして、美術館に展示した。ありきたりの便器でも、デュシャンという著名な前衛芸術家のサインと、美術館という特殊な空間があれば、アートと呼ばれうる。そして、このサイン付き便器は、芸術家デュシャンが便器を使ってあらわしたかったことのために、西洋美術史を画する事件になって語り継がれている。デュシャンの便器が評価されるのは便器（財）自体ではなく、便器がらみで見えてくるデュシャンのコンセプトなのである。

また、ウォーホルは、「財やサービスに託したアートのコンセプト」を大量生産して消費社会に流した。ウォーホルは、スーパーの店先に並んでいるスープ缶を、シルクスクリーンでそっくり転写し、画廊や美術館に展示し

た。晩年には、高額の制作費に糸目をつけない顧客が現れれば、誰かれなくポラロイド写真で撮影し、肖像画に仕立てて儲けた。こうした一見、無節操とも映る彼の行為は、アートとは何かという定義そのものを社会に問いかける、優れて観念的なアートだった。

そして、今では、デュシャンやウォーホルが道付けしたアートの手法を、マーケットが堂々と真似ている。

1960年代以降のアートシーンには、「ポップ・アート」、「オップ・アート」、「キネティック・アート」[8]、「ライト・アート」、「コンピュータ・アート」、「ホログラフィック・アート」、「コンセプチュアル・アート」など、それ以前の"イズム"（例：インプレッショニズム（印象派）、キュービズム（立体派）[9]、シュールレアリズム（超現実主義）など）ではなく、アートの在り方そのものを問いかける思潮が、次々に現れた。その結果、アートは、デジタル技術や音楽やパフォーマンスや都市空間と結びついて、"美術"という狭い枠を取り払い、概念を拡張してきた。そしていまや、アートは、一点ものの稀少価値をもつ文化財でも、芸術家の熟練技術や天才的な造形感覚によって生み出されるものでもなくなり、無数に複製され、流通され、売買され、享受され、消費されていくコンセプトになりつつある。そうした様相の一端を事例とともに見ていきたい。

6-3-1 画廊経営

第5章でアート・マネジメントを論じた際に、「画商はアーティストと顧客の仲立ちをして、作品を動かすことで利鞘を稼ぐわけだから、アート・マネジメントというより、アート・マーケティングの領域に含めるべきである」と主張した。ここで「財やサービスに託したアートのコンセプトのやり

---

(8) キネティック・アート：様々な素材に機械をとり合わせて立体物を動かす一群の芸術作品。1961年にストックホルム近代美術館で開催された「運動と芸術」展が最初の大きな国際展で、ジャン・ティンゲリー Jean Tinguely（1925-1991）が代表的な作家である。
(9) キュービズム：20世紀初め、フランスに興った芸術運動。対象を幾何学的な構成要素に分解し、それを再構成することによって、形態の新しい結合、理知的な空間形成をめざした。代表的な作家は、パブロ・ピカソ、ジョルジュ・ブラック。

取り」を論ずる前に、「アートそのもののやり取り」である画廊経営について、簡単に触れておきたい。林容子氏は、現代の画廊経営者の仕事について、下記のようにまとめている。

> （画廊店主とは）作品の売買・情報を通して、ギャラリー（画廊）というスペースをメディアに、新しい価値を社会に提示する作業を行う美術商のことである。（中略）自らのギャラリーの方針に従って数人のアーティストを選びそれらのアーティストの個展を定期的に開く他、アーティストの活動情報を精力的に雑誌、テレビ、その他の媒体に紹介して企画番組や特集をしかける。彼らの特徴はオリジナルの作品を扱うのみならず、雑誌の特集をしかけたり、アーティストを広く社会に認知させようとすることであり、そのため作品販売にとどまらず、商品企画のデザインを含め、広くアーティストに活動の場を与えようとする。（中略）また、作品の価格は、はじめ安く設定し、展覧会ごとに徐々に上げて行くことで需要を作る。又、彼等は、自らの扱うアーティストを海外のアートフェアで積極的に紹介し、海外の画廊とのネットワークを通じて国際的にアーティストの作品を売っていくことで、アーティストの評価を当初から国際的なものにするようにする。同時に気楽に楽しめる、親しみ易い価格（ドローイング5000円から、絵画5〜6万円）で作品を提供することで徐々に社会に作品を紹介し、マーケットを確立していく。（林容子, 2004, pp.125 – 126）

このように、アーティストにとって、画廊は単に作品の展示や売買のみならず、メディアを通じて、世間に自作をアピールしてくれるプロデューサーである。当然、太い人脈や幅広い商圏をもつ画商には、人気のアーティストが集まる。また、有能な画商は、将来有望な若手アーティストの発掘にも長けており、よい画商に見出されたアーティストはそのことだけで評価を高めることができる。

しかし、日本の美術マーケットは、必ずしも新人の発掘に熱心とはいえない。ほとんどの画廊が評価の定まった作家の作品の売買に終始しており、無名の新人をプロデュースして評価を高めていく方略に長じた画商は少数派といえる。特に、日本国内で現代美術の需要を開拓する努力は、ほとんどなさ

れておらず、マーケットそのものが存在していないに等しい。だから、次章で扱う村上隆のように、西欧のアートシーンに自ら打って出て、画商に頼らず、パブリシティーやイベントで現代美術のムーブメントを起こそうとする作家も出てくるのである。

6-3-2　ミュージアム・ショップ

　アートを楽しもうとする場合、日本では美術館に行くのが普通だが、美術館というところは当然ながら観るだけで、買うことも、触ることもできない。さらに、日本の美術館の多くは撮影することも模写することも許されていない。日本の美術館は入場客にアートを拝ませるだけで、親しませないようにさまざまな規制を敷いているようにすらみえる。美しいものを見たら、手に入れたい、自分の部屋に飾ってみたい、せめてカメラに納めて持ち帰りたいと考えるのは自然の心理である。

　「美術館疲れ」という言葉もある。館内を歩き回って足腰が疲れるということだけでなく、せっかく払った安くない入場料の元を取ろうと、解説と実物を必死で見比べて、"芸術のお勉強"をしたことの疲れ、そのうち芸術に触れた感動は次第に薄れて、勉強した割には頭の中に何も残っていない空しさも含めて、「美術館疲れ」という言葉が言われるのである。

　美術館に併設されているミュージアム・ショップは、入場者のそうした鬱憤を少し和らげてくれる施設である。なぜなら、そこには本物によく似た絵画や彫刻のレプリカが展示され、お金さえ出せば誰にでも手に入れられるからである。ミュージアム・ショップは、実物のアートに触れた余韻を物の形で留めおいてくれる装置である。市販されていない、その美術館に足を運ばなければ入手できない物品、同じものがいくつかあっても大量には存在しない限定商品ということで、ミュージアム・ショップの商品は、デパートやスーパーで売っている普通の物と明らかに違うのである。

　ここで、ミュージアム・ショップの変遷を追ってみたい。

　ミュージアム・ショップは、時代とともに商品の品揃えや売り方を変えてきている。最初は、常設展や企画展の図録を別にすれば、絵葉書やレプリカが中心だった。これらのアイテムは、美術館や博物館の収蔵品をそのまま印

刷したり、ミニチュア化したりしたもので、買い物客は、たった今、鑑賞した絵や彫刻の感動を自宅に持ち帰るためにそれらを買った。いわば、作品のコピー（複製）を通して余韻を買っていたのである。

　それが、80年代ごろから、変わり始める。収蔵品の複製のほかに、収蔵品をあしらった生活雑貨やアクセサリー——バッグ、かさ、Tシャツ、ゲーム用品、食器、文房具など——を売り出し始めたのである。その企画には、美術館の運営方針が深く関わった。絵葉書程度なら専門業者に委託すれば足りた。ところが生活雑貨やアクセサリーとなると、収蔵品をどうレイアウトするかを館自体がよく考えなければならない。当然、美術館のポリシーに外れたものや、品位を貶める製品は作れないし、お土産もどきの粗悪品や眼識を疑われるものは置けない。また、営利を目的とするからには当然売れなければならない。美術館は、文化財の調査・研究、保管・展示という主業務に加え、ミュージアム・グッズの企画・販売も請け負うことになったのである。

　90年代に入ると、美術館のミュージアム・ショップは、さらに性格を変える。当館オリジナルの商品だけでなく、他の美術館のグッズや、アートとよぶにふさわしい既製品も店舗に並べるようになったのである。いわば、ミュージアム・ショップは、アート系の様々なアイテムを揃えるセレクト・ショップになった。

　また、メトロポリタン美術館や大英博物館、倉敷の大原美術館のように、街中に出店を開く美術館も出てきた。

　さらに最近は、世界中のミュージアム・ショップの人気商品やアーティストの作品、ヴィジュアル本などを集めたアート・ショップという新しい業態も現れてきている。たとえば、神宮前のNADiff、六本木ヒルズのアート＆デザインストア、青山のON SUNDAYS、京都・三条のMEDIA SHOPなどがそうである。これらはすでに美術館を離れ、ミュージアム・グッズの百貨店の様相を呈している。

　いまや、ミュージアム・ショップは、美術館の展示そのものより活気があるように見える。先述したように、最近は企画展や常設展を素通りして、ショップでの買い物だけを楽しみに美術館を訪れる客も少なくない。

では、ミュージアム・ショップは、どのようにして、商品に託したアートのコンセプトを作り上げているだろうか。
　第一に、ミュージアム・ショップは、商品のクオリティーを著しく高めている。多くの美術館は、集客のためにショップの充実に力を入れている。そして複製技術が長足に進歩して、オリジナルとの区別がつかないほど精巧な商品が増えている。第５章でも述べたように、図録や絵葉書の印刷技術は、オリジナル作品の絵の具の質感まで再現しているし、寸法を度外視すれば、レプリカも本物と見分けが付かないほどだ。文具やアクセサリーや装身具にも、愉快な遊び心とみごとなアレンジメントが施されている。
　第二に、ミュージアム・ショップの立地である。本物を保管・展示する美術館に併設されているという場所性が、ミュージアム・ショップの商品をアートたらしめている大きな要因である。喩えをもって示せば、ショップの商品は、神社の社務所で代価とともに授かるお札やお守りに近いのである。社務所の売店とミュージアム・ショップは、よく似た役割を果たしている。美術館も神社も、わざわざ足を運んで美しいものや神聖なものを拝ませていただくところである。また、基本的に、美術館も神社も、鑑賞や参拝をするだけで、（名画や御神体を仰ぎ見るだけで）芸術的な感動か、宗教的な法悦のほかに、なにかもらえるわけではない。しかし、美術館という美の殿堂や神社という神域にあることが、授与品には神意を、ショップの商品にはアート性を、賦与している。お札も複製も、参拝や鑑賞という行為を経て、そのお膝元で買うからこそ尊い。もし、ゴッホの複製がデパートに値札をつけて並んでいても、ミュージアム・ショップにあるほどの威光は放たないだろう。かえって、まがい物臭くて買い手が付きにくいのではなかろうか。
　第三に、ミュージアム・ショップの商品には、期間限定商品が多いことである。ショップの商品には、常時、品揃えがある商品（館収蔵作品の複製が多い）のほかに、企画展に合わせて、（存命中の作家の企画展なら、当然、その作家の監修を受けて、）製作された期間限定販売の商品が多い。そうした商品は、企画展の会期中にわざわざ美術館に足を運んだ"果報者"しか入手できない。その稀少性やプレミア性がただの商品にアートの相貌を与えているのである。

6-3-3 海洋堂の食玩

　数年前から、コンビニエンス・ストアの棚に「玩具菓子」と呼ばれる新商品が並ぶようになった。その「玩具菓子」の箱に同封されているのが「食品玩具」で、「食玩」と略称される。「玩具菓子」は、チョコレートや水あめといった「菓子」が商品であり、玩具はあくまで「おまけ」である。だから名目上、玩具の対価は0円である。しかし、実質は「フィギュア」と呼ばれるABS樹脂の「おまけ」がほとんど内容物のすべてで、逆に、「菓子」はほんの添え物に過ぎない。

　この玩具菓子をひっさげて食玩ブームを巻き起こしたのが、大阪の模型制作の草分け、海洋堂である。海洋堂は、「原型師」と呼ばれる、精巧なフィギュアの原型を作り出す職人を擁し、「TAKARA」や「北陸製菓」や「江崎グリコ」と協同で、緻密なミニチュアを大量に世に送り出してきた。ブームに追随するメーカーが林立する現在でも、表現力、技術力、企画力で他社を圧倒する業界のトップランナーである。たとえば、「チョコエッグ」と呼ばれる動物シリーズの食玩は、シリーズ累計で1億2千万個、「ワールド・タンク・ミュージアム」、いわゆる戦車シリーズは250万個も売り尽くした。日本ではフィギュアのマニアは限られているから、この数字はマニア以外の人々が、複数個買い求めたとしか考えられない。

　食玩が話題になる前から、海洋堂の原型師たちが作り出すフィギュアは、「ガレージキット」と呼ばれてよく売れていた。それらは、極めて精巧で個性的であったものの、制作される商品は少量かつ高価で、一部のマニアだけがいち早く情報を入手し、即刻売りきれる類のものだった。そんなガレージキットの素材に改良を加え、人件費の安い中国で量産体勢を整えることで、何千何万の需要に応える食玩という新商品が生まれた。。しかも、食玩のフィギュアは、一点一点の完成度がおまけの域をはるかに超えており、大人の鑑賞に十分堪えるものである。たとえば、原型師・松村しのぶの「動物食玩」は、博物学者・荒俣宏をして「博物学の夢を実現した」といわしめたほど真に迫っているし、原型師・谷明の「戦車食玩」などは、鋲の打ち込みまで再現した精密な重厚感で見るものを圧倒する。それは江戸時代の細工物だった根付や印籠の超絶技巧を彷彿とさせる。

また、大量のフィギュアの制作が、原型師と、熟練の中国人職工との分業からなる点も興味深い。それは、江戸時代の版画浮世絵の制作工程を思わせる。すなわち、一枚の錦絵が、絵師と、絵師が描いた線を忠実に木版に写す彫師と、絵師が指定した色目を正確に再現する摺師との、3者の分業で出来上がったように、海洋堂のフィギュアも息のあった連携のもとで製作されている。

しかし、たとえ精巧に出来上がっているにせよ、たかがフィギュアに大のおとなが群がり買い求めた理由が筆者には釈然としない。海洋堂常務の宮脇修一氏は、その理由を、

> （動物や戦車などの）マニアも納得させながら、一般の人を引っかけるためのフックをつけたことでしょう。（たとえば「戦車食玩」では）歴史的な背景が分かる解説書を入れたり、迷彩塗装別に商品構成をするなど。ほかに、メカニカルな精密感なんかも理解しやすかったと思います。」（宮脇修一, 2002, p.163）

と分析するが、筆者はそれだけでもないと思う。海洋堂の食玩フィギュアが爆発的に受けたのは、製品の完成度に加えて、食玩という新製品がアートの趣向をもっていたからではないだろうか。

つまり、理論的には0円の価値でしかないおまけに、恐ろしく精緻な造形の技(わざ)が込められている意外性が受けたのではないだろうか。この海洋堂の食玩に、アートのコンセプトを感じ取り、機敏に反応したのは現代アーティストの村上隆だった。村上は、2003年、海洋堂とのコラボレーションにより、天才原型師 BOME(ボーメ) とタイアップして、自らの立体作品を小さなフィギュアにしたてた。そして、一箱一箱にナンバーリングされた認定書を封入して"アート食玩"・『村上隆のSUPERFLAT MUSEUM〜コンビニエディション〜』を発売した。定価350円。村上はクリスティーのオークションで6,800万円で競り落とされた『Miss Ko^2』のミニチュアが、マルチプル作品として、対価0円で、しかも大量に複製されることの面白さがこの商品の意義であると述べている。

海洋堂の食玩は、その技術で「大量に複製されて消費されるおまけアート」というアートの新局面を開いた。そして村上隆は作品ナンバーの付され

た認定証まで付けて、版画と同様、アート性を際立たせた。

　しかし、食玩の存在が広く知れ渡り、「大量に複製されて消費されるおまけアート」というコンセプトが意外性を失い始めると、ブームは急速に下火になった。今ではコンビニの棚で海洋堂の食玩を見ることが少なくなった。

　現代アートは活きのよさが命なのだ。

6-3-4　明和電機のナンセンス・マシーンズ

　明和電機（土佐信道プロデュースによるアートユニット）については、第3章で日本の芸能とアートの関わりを論じた際に、少し触れた。そこでは、明和電機が、お笑い芸人のスタイルを装うことで、日本のアートにもともと備わった享楽性の系譜に連なろうとしていることを指摘した。

　明和電機のパフォーマンスは、日本の高度経済成長期に、各地に勃興しては消えていった中小製造企業（多くは大手メーカーの下請け工場）のシミュレーションであるといわれる。ネオ・ダダやネオ・ポップの現代アーティストが、過去のアートの潮流を真似たように、明和電機は一昔前の日本の製造業の業態をまとっている。彼らは、アーティストにおよそ似つかわしくない青い制服と大まじめな面持ちで、自作を「製品」と言い、自らを「社長・副社長」と呼び、展覧会を「新製品発表展示会」と称する。その流れで、明和電機は、1点物のアートを原型にして「プロダクト」を量産し、コンサート会場やメディアに登場して使い勝手を「プレゼン」し、社名や製品名を「商標化」しアイコン（ロゴ・マーク）に仕立てる。また、彼らは、明和電機創業者である父親を会長にして、冗談のような「会社沿革史」を編纂する。さらに、「会社案内」の体裁をとった図録を作成して、その中で次のように宣言する。

　明和電機の製品開発は、まず一枚のスケッチを描くことからはじまる。紙上で徹底的に形や機構を考え、整理し、図面を引く。そして様々な工作機械を使ってアルミニウムとプラスチックを削り、アクチュエータを取り付け、実体としてのマシンを組み上げる。完成したナンセンス・マシーンたちは、一見工業製品のようだが、この段階では世界に一つしかないプロトタイプ＝「アート」である。その「アート」を大量生産するため、さら

に形や機構、安全性などを吟味していく。パートナーとなる企業と提携し、量産のための図面をひき、日本のみならず中国などの大工場で「プロダクト」を生産する。時にはプロトタイプの演奏を記録し、CDやDVDなどのソフトウェアとしてのプロダクトも作る。アートからプロダクトへの徹底した生産の流れ。明和電機の"まったく役に立たない機械たち"はこうして日々誕生していく。(明和電機 2004「THE NONSENSE MACHINES」p18)

さらに、図に乗るように、消費者に向けて「明和電機のある暮らし」を提案する。

　明和電機の製品をお茶の間にポンと置いてみても、おそらくなじまない。しかしその違和感が問いかける。日常とは何か？常識とは何か？そして人生とは何か？こうした考えは日本人が「道具」という言葉に込めた思いに通じるものがある。「道具」という言葉は「道を知るための具（ツール）」を意味する。「書道」や「茶道」では、神聖な道具を使って、「字を書く」「お茶を飲む」といった日常の何気ない行為を「人生の道」を知るための芸術に高めている。日本人はそうした行為が得意な民族だ。「明和電機のある暮らし」。当社の製品も、みなさまの人生を豊かにする道具のひとつになることを願っている。(明和電機 2004「THE NONSENSE MACHINES」p23)

こうして明和電機は、アトリエを「ファクトリー」に置き換え、作品制作を「商品開発」に読み替え、自作のアート作品を「製品」に擬態化することで、流通に乗せることに成功した。「魚コード・シリーズ」、「Knock Man Family」、「ガチャコン」、「SAVA・Oシリーズ」といった「マス・プロダクツ」が、際物家電としてヨドバシカメラの店頭で売買され、面白雑貨として東急ハンズに陳列されている。最近は、量産が難しかった「魚器シリーズ」を小型化して、「GM-NAKI」（マルチプル）と名づけてネットで販売するようにもなった。吉本興業プロモートによる「製品デモンストレーション」ライブや、「明和電機協同組合」なるサイト上の会員登録制度もますます盛んで、海外における知名度もとみに上がってきている。

明和電機の試みは、「アート」のコードを「製造業」のアナロジーで換骨

奪胎することにより、実生活に役立たないアート＝"ナンセンス・マシーンズ"を売っていこうとする確信犯的戦略である。

6－3－5　異種取り合わせコラボレーション

　かつて、前衛芸術家のオノ・ヨーコは、「アーティストは世界がすでに物でいっぱいになっているとき、これ以上オブジェを作る必要はない。」という発言をしたことがある。創造行為とは、何も絵の具や石膏やキャンバスで"美術品"を形作ることばかりではない。物事の価値を変える"行為"なら、それはアートと呼びうる、と。

　たとえば、昭和41（1966）年、赤瀬川原平が偽札作りの疑いで警視庁に摘発され、起訴された事件があった。10カ月に及ぶ公判の末、東京地方裁判所は懲役3カ月、執行猶予1年の有罪判決を下したのだった。しかし、赤瀬川は偽札で金儲けを意図しなかった。紙幣の「経済的な交換価値」を転倒させて「これはアートだ」と嘯いた。彼の行為はきわめて挑発的なアートだったのである。

　こうした前衛芸術家のいう「物事の価値を変える"行為"」とは、敷衍すれば、どういう行為なのだろうか。筆者は、"選択"と"見なし"と"組み合わせ"という表現で集約できると考える。現代アート、とくにイベントとか、パフォーマンスとかを表現主体に据えるコンセプチュアルなアートでは、新しさというのは、それ以前に存在しなかったという意味ではなく、別のカテゴリーと結び付けられたり、複雑な事象がきわめてシンプルな形で表現されたりするということなのである。

　たとえば、たびたび話題になるマルセル・デュシャンのレディーメイドは、典型的な事例である。デュシャンはアートを"制作"したのではなかった。ただ便器という実用品を"選択"し、芸術作品と"見なし"、美術館という場所と"組み合わせ"たにすぎない。デュシャンにとって、男性用小便器を"選択"し、それをアートと"みなす"ことと、絵画を制作する過程で色や配置を"選択"することとの間に理論的な差異はなかった。レディーメイドの出現によって、近代以降の美術を成立させる条件には、作者の技量や天分だけではなく、"選択"と"みなし"と"組み合わせ"という行為も加

わるようになったわけである。

　また、ロバート・ラウシェンバーグは、自らの作品を「コンバイン・ペインティング」と称したが、このコンバイン（結合）とは、異質の物同士の"組み合わせ"であり、同時に、芸術と非芸術の世界、アートと実生活との結合をも意味していた。有名な「コカコーラ計画」に用いられた実物のコカコーラは、日常的な消費生活の明快な記号と"見なされ"、それにあえて絵の具が塗られているのである。

　物事の価値を変える"選択"と"見なし"と"組み合わせ"の行為は、ポップ・アートにも頻繁に用いられる。ポップ・アートの一つの戦略は、日常見慣れた事物を、まったく異なったスケールに拡大し、その存在の意味をずらし、問いかけることであった。オルデンバーグは日常生活の取るに足らない消費財を"選び"、小さなものを大きく、固いものを柔らかい素材で創るなどして、ソフト・スカルプチャアの創始者になった。オルデンバーグによって、日常見なれた消費財が"選択"され、ソフトな素材と"組み合わされて"アートになったわけである。

　また、クリストとジャンヌ・クロードの有名なランド・アート（アース・ワーク）は、自然の景物や建造物を"選択"し、布で包み込む（布と"組み合わせる"）行為をするだけで、色を塗りつけるわけでも鑿を振るうわけでもない。クリストとジャンヌ・クロードはこうした行為を通じて、見慣れた風景をオブジェと"見なし"、異化してみせる。シュールレアリストの常套手段だった、異質のイメージを組み合わせ（例：ロートレアモンの詩の一節「手術台の上のミシンと蝙蝠傘の出会い」）も物事の価値を変える行為だった。

　このように、現代アートのパワーは、社会がなにげなく見過ごしている物事をアートの素材として"選び取り"、異質なものと"組み合わせる"ことで発揮される。

　こうしたアーティストの"選択"と"見なし"と"組み合わせ"の行為は、祭礼の前触れに似ている。祭りが近づくと、人々は町の角々に注連縄を張り巡らし、お神楽を奏でて、神輿が練り歩く通りを清める。そうすることで、見慣れた町の景色は一変し、神の光臨を準備する。同様に、芸術家がす

でにあるものを選び、組み合わせることで、ものが新しい価値を帯び始める。アートになるのである。オノ・ヨーコは言う。

> 私は、芸術とはコンセプト、つまりアイディアだけでいいと思っています。アイディアは盗みのきくものです。だから私の作品というのはみんな、タダで盗みのきく性質のものなんです。それに値段をつけて、芸術作品として売るところがまたおもしろいんですね。（飯村隆彦, 1992, p.158）

このオノ・ヨーコの試みを、今、消費社会が盛んに真似ている。本節では、現代アートの"選択"と"見なし"と"組み合わせ"の行為が、マーケティングに応用された実例を2つ紹介する。

6-3-5-1　ユニクロのコラボTシャツ

まず、ファーストリテイリング、通称「ユニクロ」のプリント柄Tシャツを取り上げたい。ユニクロは周知のように、国内に600店舗以上の直営店をもち、最近はロンドンや韓国でも売り上げを伸ばしているカジュアル衣料ブランドである。

ユニクロでは、キース・ヘリング、アンディー・ウォーホル、ロイ・リキテンシュタインら、アメリカのポップ・アーティストの作品を大胆にあしらったプリント柄Tシャツを2004年夏から販売している。従来から、テレビや漫画のキャラクターを玩具や洋服にあしらって、販売促進につなげるアイデアは少しも珍しくない。しかし、れっきとした現代アートの図像を日常の生活用品にリンクさせる発想はきわめて斬新といわなければならない。

また、最近は国内の伝統企業（日新製糖、三ツ矢サイダー、浅田飴、ヘチマコロンなど）や、ビッグネームの世界企業（Kodak、Hyundai motor、Carl Zeiss、Mieleなど）や、航空会社（カレドニア航空、アメリカン航空、エジプト航空など）とのコラボレーションTシャツも手がけている。さらに、カネボウ、カバヤ、フルタ、森永といった製菓メーカーと組み、「お菓子企業コラボレーション」と題したTシャツも出している。こうした企業とのコラボTシャツは、企業のロゴタイプや登録商標、看板製品のパッケージをモチーフにして、クリエイターがデザインを担当している。つまり、それ

ぞれの企業がもつオリジナリティと、クリエイターのアイデアが出会ったところに生まれた商品である。

　本来、Ｔシャツとはまったく没交渉であった企業のロゴや製品のパッケージを、巷に満ち溢れている図像(イコン)の中からわざわざ"選び取り"、Ｔシャツと"組み合わせた"行為は、現代アートの手法の援用である。普段見慣れたロゴタイプや商標が、突然、Ｔシャツの柄になって、出現する。そのとき、ロゴタイプや商標はもともとの意味を失って、アートの記号になってしまっている。

　ところで、従来は企業のロゴや商標が製品にあしらわれる場合、それは多く特別誂(あつら)え品や、業務用であった。たとえば、個人商店が得意先に配った商標入りの粗品（手ぬぐい、醤油さし、カレンダーなど）、企業名が入ったノベルティー類（ビール会社のガラスコップ、製薬会社の瓶、式典の引き出物など）、ホテルの中だけで使用される物品（洗面用品、灰皿、洋食器など）、飛行機会社が乗客に配るいわゆるエアライン・グッズ（カラトリー、かばん、玩具）などである。これらの特別誂(あつら)え品は、それが使われる世界でしかわからない符牒(ふちょう)、いわゆる商標やロゴタイプをつけている場合が多い。そして、多くは商品として流通することはなかった。また、売れるはずもなかった。

　ユニクロは、その常識を逆手にとって、商標や企業のロゴタイプをＴシャツのデザインに積極的に取り込んでしまったのである。ユニクロは確かにＴシャツという衣料を売っている。しかし、実は企業とのコラボから醸されるアートのコンセプトを売っているのである。また買う側も、異種の組み合わせが漂わす名状しがたい不思議な違和感を買っているのである。もし日新製糖のカップ印が魅力的なら角砂糖を買えばよい。また、上半身を覆うためだけなら無地のＴシャツでかまわない。買い手は本来結びつくはずのない二つの要素の取り合わせの妙に面白さを感じて代価を払っているのである。

　ユニクロのコラボＴシャツに、もうひとつアートを感じるのは、そのメッセージ性である。現代アートは、必ず観る者の存在を前提とする。なぜなら、アーティストにとって、現代アートはコミュニケーションの手段その

ものだからだ。そして、故意か偶然か、Tシャツも、企業の商標やロゴも、観るものに訴えかける強いメッセージ性を持っている。背広が、着る者の個性を抹消する働きを持つのに対して、Tシャツは逆に個性を引き立てる。また、商標やロゴタイプは、溢れ返る商品やサービスの中で、顧客の注意をひきつけ、良質なブランド認知を達成しなければならない。ともに観る者に強力なメッセージを送り届けるための媒体なのである。

6-3-5-2　コムサ・ストアと菓子キャラクター

次に、株式会社ファイブフォックスが統括する「コムサ・ストア」と、製菓メーカー（不二家、東ハト、プロクター・アンド・ギャンブル社、ロッテ、明治製菓、森永製菓、チュッパチャプス）とのコラボレーションを挙げたい。コムサ・ストアは、2005年3月、ペコちゃんやキョロちゃんなど、誰もが知っている8種類の菓子キャラクターを、マグカップ、手鏡、アフターユース缶などにあしらった製品を発表した。

本来、企業キャラクターというものは、会社のブランド・パーソナリティ形成や、製品やサービスの販売促進のために、デザインされたものである。したがって、企業や製品と、キャラクターは、不可分の関係にある。たとえば、「カーネル・サンダース」といえばケンタッキー・フライド・チキン、「ハロー・キティー」といえばサンリオ、「ヤン坊・マー坊」といえばヤンマーディーゼルである。また、「出前坊や」といえば日清の出前一丁、「キョロちゃん」といえば森永チョコボールだ。このようにキャラクターは特定の企業や商品と切っても切り離せない。

これらのキャラクターは、いずれも強力なメッセージを運ぶアイコンとして、すっかり定着している。特に、日本社会は"かわいい"キャラクターが比較的容易に浸透しやすい土地柄である。近隣の国々では、あるキャラクターから、製品名や企業名が即座に思い出されることは少ない。せいぜい、ニッパーからVICTOR、ビバンダムからミシュラン、リトルナースからメンソレータムぐらいだろうか。お隣の中国にいたっては、企業キャラクターという概念すら、一般に認知されていないという。同質な国民性によるものか、はたまた歌枕の伝統によるものか、わからないが、日本ほどキャラク

ターピジネスが盛んな国も少ないのではないか。

　コムサ・ストアと製菓メーカーのコラボレーションは、こうしたキャラクターと企業・製品の強固な紐帯を逆手にとって、新規性を狙ったものである。本来、コムサの手鏡に不二家のペコちゃんがついているはずがない。また、コムサ・ストアに森永のキョロちゃんが居るはずがない。その組み合わせの意外性がアートなのである。前項のコラボTシャツ同様、製品や企業の位相をずらすことで、「ペコちゃん＝ミルキー＝ママの味」といった価値の連鎖をいったんご破算にする。そうすることで、まったく別の相貌で「ペコちゃん」が立ち上がってくるのである。

　なお、このコラボには、全国のセブン・イレブンが一枚噛んでいる。コンビニにペコちゃんのコムサ（それともコムサのペコちゃん？）の棚が用意され、モノ・コムサがデザインしたバックボードやPOPでレイアウトされている。つまり、コンビニの中にコムサ・ストアがあり、コムサ・ストアの商品の1つにペコちゃんがあるという入れ子構造になっているのだ。製品だけでなく、店舗もコラボしている、アートしているのである。

6-3-6　Post Pet

　ミュージアム・ショップのレプリカにしても、海洋堂のフィギュアにしても、明和電機にしても、またコラボTシャツにしても、いずれも"財"に仮託した現代アートのコンセプトだった。ここでは、メール配信という"サービス"に託した現代アートのコンセプトを紹介したい。

　ソニー・コミュニケーション・ネットワークの「ポストペット」というメールソフトは、別名「愛玩メールソフト」とも呼ばれる。ソフト上で"飼育"する熊などのペット・キャラクター（ポストペットと総称される）が、伝書鳩のように、メールの送受信を請け負う。もし受信側もポストペットのソフトを持っていれば、相手側にも自分のペットが現れる。

　ところが、ポストペットは、成長すると様々な予期せぬ厄介を惹き起こす。たとえば、ポストペットは、送信メールを受け取りにきても、瞬時にメールを送らないことがある。気分次第では、何日も自分の家に置きっぱなしにしたり、時には異なる相手に送ってしまったりということも発生する。

また、ポストペットは、飼い主やその友人に、自分で勝手にメールを書き送ることがある。しかも、ペットによって性格が異なり、メールの内容は主観的で予想ができない。さらに、本物のペット並みに飼い主に餌や愛撫をねだり、気に食わないと家出をして、旅の空から飼い主に手紙を書いてきたりする。

　メールという情報伝達のツールの長所は、世界中、web環境のあるところならどこへでも、情報が瞬時に、確実に配信されるということだ。メールの送受信には、切手を貼って投函する手間もなく、電話のような煩わしさもない。ところが、この愛玩メールソフトは、そうしたメール送受信の利便や常識を根本から覆している。とても実際のビジネスには使える代物ではない。メールサーバとwebサーバを連動して、わざわざハプニングが発生するように仕掛けられているのである。そうした予期せぬ騒動を"愛嬌に楽しむ"というのが、このメールソフトの趣向である。

　ポストペットは1996年に初めて発売されて話題をさらったが、後続のポストペットDXも13万枚を越すメガヒットを記録した。このメールソフトのコンセプトは、八谷和彦というメディア・アーティストが手がけている。八谷は理系の国立美術大学を卒業し、自己と他者の関係、コミュニケーションをテーマに制作を続けているアーティストだ。彼は「早く、確実に」情報を送受信できるメールというツールに、ハプニングの要素をプログラミングすることで、ウェブサイトを、ペットを通じてのふれあいの場に変えてみせた。犬の散歩を通じて飼い主同士が仲良くなるように、ポストペットを仲立ちにして、人間同士のコミュニケーションが深まるのである。

6-3-7　新感覚の骨董

　世の中には芸術的な天分には恵まれていなくても、鋭敏な審美眼によって、すでに存在するものの中から、美しい色や形を選び出してくることに長けた人がいる。画商や古美術商といわれる人たちがそうである。画商は、アーティストの天分や将来性を見抜いて、作品を世に送り出し、値段を吊り上げていこうとする。また、古美術商は古物の中から美術的価値や資料的価値のあるものを発見し、流通に乗せていこうとする。彼らは、0から物を作

り出すという意味での創造行為はしていないが、鑑識という"選択"を通して、価値を創造しているのである。レディーメイドの出現によって、近代以降のアートを成立させる条件とは、作者の手技(てわざ)よりも、"選択"と"見なし"と"組み合わせ"という行為になったが、この文脈から言えば、画商や古美術商もアーティストの天分を十分に備えているといえる。

　ところで、古美術の世界では、最近、新しいタイプの若い古美術商が方々に現れるようになった。彼らは古い物の時代や産地に頓着しない。誰からも見向きもされない"ガラクタ"を美しいといって、堂々と値札をつけて店に並べている。彼らが店舗に持ち込む古物群は、一般的な古美術品——鑑賞陶器や仏教美術や書画——とはかけ離れた、銘も箱書もない"ジャンク"ばかりである。

　彼らが扱う物は、第一に、来歴をたどれないほどに古びている。減価償却をはるかに超えて使い込まれ、辛うじて出自(しゅつじ)を忍ばせる程度の原形を留めているにすぎない。たとえば、踏み潰された空き缶、ベッドのスプリング、赤錆の出た農具といった類である。

　第二に、彼らが選んでくるものは、もともと美術品として作られていないものが多い。かつては日常の用を足すための道具だったものが、使い古され、用途を失い、"つくも神"のような存在感を漂わせている。

　第三に、一定の評価額というものが存在しない。もちろん市での仕入れ値はあるが、それさえ定まったものではない。値段は、売り手の判断に一任される。

　こうした物の"成れの果て"を、彼らは、商品として"選択"し、花器やオブジェに"見たて"、照明や配置の妙で美しく見せてしまう。経済的な交換価値が限りなく0に等しい物を、"見立て"によって古美術品に仕立て上げてしまう彼らの行為は、際物的なアート感覚に溢れている。

　たとえば、東京・目白に「古道具・坂田」という、知る人ぞ知る骨董店がある。店主の坂田和実氏は、時代の古今、洋の東西を問わず、世界中から美しい生活用具を集めてきて、仕舞屋(しもたや)のような店内に絶妙に配置してみせる、この道のカリスマである。1994年には、商売の傍ら集めてきた古道具を集めて、房総半島の山中に「as it is」という個人美術館を建てた。また、2004

年4月には、松本市美術館で、建築家・中村好文、グラフィックデザイナー・山口信博と組んで、道具のアーキタイプを追求する「素と形展」という展覧会を企画して注目された。さらに、「芸術新潮」誌上に「ひとりよがりのものさし」という美術エッセイを連載して、話題になった。

坂田氏の店で物を買った者は、坂田氏の選択眼が常人から遠く隔たっていることを実感するに違いない。かりにだれかが、坂田氏の店で、真っ二つに割れて金治しの施されたデルフトの皿を買ったとしよう。客は淡い白熱灯の店内で、デルフトの乳白色に心打たれて買い求めた。それなのに、自宅のマンションの蛍光灯の下で包みを開いたとたん、それはただの薄汚い"かわらけ"に変わっている。もちろん、皿そのものが変質したわけではない。坂田氏の店舗の照明やレイアウトの妙が、その皿を美しく見せていたのである。坂田氏の美意識が張り巡らされた店舗を一歩離れると、もの（＝商品）は場所的なコンテクストを失って、色褪せてしまうのである。

坂田氏は、見所のあるゴミや廃棄物を、店舗という空間に持ち来り、照明や配置の妙で美しさを引き出し、アートに仕立てる。今では、坂田氏に追随する若い業者が、西荻窪や麻布十番で次々に店舗を構えるようになり、とかく因循でマニアックな骨董の世界に新風を吹き込んでいる。たとえば、猿山修氏の「猿山」、吉田昌太郎氏の「tamiser（タミゼ）」などが、雑誌や書籍でよく紹介されるようになった。筆者は彼らを「新感覚の骨董商」と呼んでいる。

思えば、こうした古道具に対する愛好は、お茶の世界にも一脈通じる。茶道の大成者は漁師の苫屋をモデルに茶室を作り、山賤の鉈入れを花器に見立てた。三文の値打ちもない朝鮮の飯茶碗を大名物に出世させたこともある。坂田氏や初期の茶人は、時機と所を得た物の選択とレイアウトが、物の美しさを引き出し、商品としての価値を高めることを知悉しているのである。

◆参考文献

飯村隆彦『YOKO ONO　オノ・ヨーコ　人と作品』講談社, 1992年。
岡崎孝太郎「ブランド・広告とアートがわかる」『美術手帖　No.859』美術出版社, p.80, 2005年

木村一彦・葵航太郎『オールドノリタケ　コレクターズガイド』トンボ出版, 1999年。
キャラデパ mia 特別編『大ヒット！企業キャラコレクション』小学館, 2003年。
辻幸恵・梅村修『ブランドとリサイクル』リサイクル文化社大阪編集室, 2005年。
深澤直人「デザインの原形」『デザインの原形』六耀社, 2002年。
深澤直人「日常の感覚の中にデザインの必然がある」『広告批評293号』マドラ出版, 2005年。
ポッププロジェクト編『新版広告キャラクター大博物館』日本文芸社, 2004年。
宮脇修一『造形集団　海洋堂の発想』光文社, 2002年。
村上隆「芸術の検索機関としてのアートバトル」『たけしの誰でもピカソ　THE アートバトル』徳間書店, pp.152 – 154, 2001年。
明和電機『THE NONSENSE MACHINES』NTT 出版, 2004年。
森美術館『アート・デザイン・都市　六本木ヒルズパブリックアートの全貌』六耀社, 2004年。
森村泰昌『美術の解剖学講義』筑摩書房, 2001年。
横尾忠則『ART のパワースポット』筑摩書房, 2001年。
和多利恵津子監修『世界のミュージアムグッズ』平凡社, 1996年。
渡部千春『これ、誰がデザインしたの？』美術出版社, 2004年。
Moggridge, Bill「美を合理化する哲学的ビジョンがあった」『広告批評293号』マドラ出版, 2005年。
Simmel, Georg『貨幣の哲学』（居安正訳）白水社, 1999年。

第7章

村上隆のアート・マーケティング

　村上隆の多岐にわたる活動は、アート・マーケティングの台風の目のような存在であり、先駆的な範例でもある。

　村上隆の現代アーティストとしての新機軸は、大きく2つに分けることができる。

　一つは、現代アートを「ビジネス」として消費に乗せていこうとしていることである。従来、商業デザインの世界では、アート的な要素が商品を魅力的に彩ったことがあったが、明治以来、ハイ・アートそのものが日本社会で広く流通することはなかった。アートは一部の趣味人や富裕な人たちが楽しむものにすぎなかった。アーティストのマーケットへの接近は「商業主義への堕落」であり、「芸術に対する侮辱」であり、したがって、アーティストたるもの、金銭や売名行為には恬淡としていなければならない、という考え方が今でも根強い。しかし、村上隆は、そんなことはまったく意に介さず、アートを食玩やキャラクターに仕立てて、積極的に消費社会に売っていこうとしている。

　そして、もう一つの村上の新味は、海外のアートシーンと日本の現代をつなぐことを強く意識している点である。よく言われるように、日本の美術マーケットは画商間の密室的な合議で価値付けられるために、海外で評価が高い人は日本でそれほど人気がなく、日本で評価が高い人は海外ではまったく無名ということが常態化している。一方、欧米では、画廊経営者、学芸員、評論家たちが美術品の価値を決めている。彼らの価値付けは西洋美術史の流れの中で判断されるから、もし、日本の現代アーティストが世界のアートシーンで注目されたいなら、西洋美術史のコンテクストの中で自己表現しないかぎり、評価の俎上にすら載らない。そこで村上は、同時代の日本の代

表的文化として広く海外で認知され、なおかつ自分の血肉となっているアニメや漫画の表現を、思い切ってアートに取り込んだ。そして、「スーパーフラット」という概念を使って、欧米で認知されている「日本美術の平面的な装飾性」の現代におけるあらわれが、アニメや漫画といったグラフィックであると説いてみせた。こうして、村上は、西洋美術史の文脈に、自らの作品を位置づけることに成功した。

　本章では、一つ目の新機軸、すなわち、アートをマーケットにリンクさせて、積極的に消費社会に浸透させていく村上の活動を中心に見ていきたいと思う。

　村上隆は、「アートで売る」ことに長けている。しかし、「アートを売る」ことにかけても巧妙である。時にはその両者が密接に結びついて、峻別できないことも多い。たとえば、村上の工房が送り出すグッズひとつ取り上げても、「アートなマウスパッド」とみなすべきか、「マウスパッドに描かれたアート」と考えるべきかは、個人の受け取り方次第だ。一昔前ならグッズは商品であって、アートではなかっただろうが、今は複製技術が進歩して、オリジナルとコピーの違いが失せてしまっている。かつてウォーホルは「あなたが僕の作品をアートだと思って買ってくれるなら、おそらくそれはアートなのでしょうね」といったというが、村上のマルチプルにも同じことが言えるのである。だから、村上隆について、「アートで売る」のか、「アートを売る」のかという問題設定は不毛である。本章も前章に引き続き、アート・マーケティングの実際を見ていくが、村上隆の話題だけ章を改めて説くのは、こうした理由からである。

7-1　企業家としての村上隆

　村上隆（1962年生まれ）は、東京藝術大学大学院博士課程（日本画専攻）に進み、日本画家としての将来を約束されていました。しかし、在学中の1990年代初め頃より、伝統的な日本画の表現を離れ、コンテンポラリー・アートという新たな領域に手を染めます。当初から村上のアートは、さまざまな現代美術の手法を取り入れながら同時にその閉鎖

第 7 章　村上隆のアート・マーケティング　149

性や不毛性をも浮かび上がらせる、アイロニカルな性格を強く持っていました。その後 1993 年頃から、オリジナル・キャラクター「DOB くん」を中心に、アニメやマンガなどのサブカルチャーと、それを取り巻くオタク文化を大胆に取り入れた絵画や彫刻を次々と生み出し、日本文化の今日の姿を反映したポップ・アートとして、内外で次第に高い評価を得るようになりました。1990 年代後半からは海外での発表が相次ぎ、現代では、日本ばかりではなく世界的にみても、同世代を代表するアーティストの一人とみなされています。また、若手アーティスト集団「ヒロポンファクトリー」を主宰して新しい才能の発掘につとめ、斬新な日本美術・文化論「Superflat」を発表するなど、アートの未来を見据えた多彩な活動も、大きな注目を集めています。（村上隆 , 2001, p.1）

　村上隆という人を、一芸術家の側面から捉えたら、上のプロフィールは過不足のないものだろう。しかし、村上隆にはもう一つ、戦略的な企業家としての側面がある。彼はあるインタビューで次のように発言している。
　　……自分の絵が年間算出するのが 30 枚だとしますよね。30 枚分の収入しかないじゃないですか。それをどうやって増やせばいいかを考えたら、プロダクトを作ったりだとか、プロダクトを売れるようにするには、自分の作品のバリューを、ブランディングをしっかりして、ブランドバリューが下がらないように、オペレートするとか、それをフラッグシップにしてズリズリズリって上げていかないと儲からないでしょ。
　（VISION'S VOICE　ナガオカ・ケンメイとの対談）
　彼がアニメから学んだものは、「Superflat」な絵画だけではなかった。徹底的に管理された共同制作システムや、したたかなマーケティング戦略も同時に学んでいる。これは日本の現代美術にはなかった視点だった。というよりも、ビジネスの世界では当然やるべき常識的なことを日本の現代美術が長らく怠ってきた、だから国際的な競争力がない、ということを村上は指摘している。

7-1-1 パブリシティー戦略

　村上隆は、マスコミに話題を振りまき、アートに関心の薄い人々をも巻き込んで、一つのムーブメントを作り上げていくことに長けたアーティストである。今日、新聞や雑誌やインターネットで、村上のリプロダクション（印刷物）や警抜な発言に触れない日はない。その結果、傲岸で、どこか岡倉天心に似た面構えはすっかりお馴染みになった。

　たとえば、村上は、「ゆず」のCDジャケットを「お花」で飾り、六本木ヒルズのロクロク星人をデザインし、「けばけば」という絵本を書き、アートバトルの審査員になり、ビートたけしとの対談集を出し、新日曜美術館で土田麦僊を説き、ニューヨークのロックフェラーセンターで「二重螺旋逆転」という立体作品を手がけ、FM「芸術道場」でパーソナリティーを勤め、アートイベント「GEISAI」を主催し、日本のサブカルチャーを紹介する「リトルボーイ展」を成功させ……と精力的に活動し話題に事欠かない。

　村上は、作品がどこかに展示されたり賞を取ったりするより、表紙になっている自分の姿を見たほうが達成感があるという。芸能人のようにマス媒体に自分を晒し、パブリシティーで顔と名前を売っていく芸術家である。村上の手法は、岡本太郎がひところテレビで奇矯な振る舞いに出て、流行語まで生み出したことや、70年代、ウォーホルが盛んにテレビ出演した姿を彷彿とさせる。

7-1-2 コラボレーション

　村上隆は、2003年「ミーツ ネオ・ジャポニズム」と題し、ルイ・ヴィトンとのコラボレーションによるバッグなどを発表している。

　ルイ・ヴィトンが村上隆とコラボレーションを組んだ理由は、営利よりも"話題づくり"という目的があったに違いない。実際に「ルイ・ヴィトンが村上隆をデザイナーに採用した」ことは、たいへんなニュース性を持っていた。村上自身が、当時、日本の現代アートの旗手として、アメリカで「Superflat展」を成功させたり、オークションで彼の作品が高値で競り落とされ美術館に収蔵されたり[1]と、ニュース性に富んだ人物だった。マスコミは頼まれもしないのに、盛んにルイ・ヴィトンと村上隆のコラボレーションを

書き立てたのである。他のブランドも変革の姿勢を打ち出そうと躍起になったが、よそ目にはマイナーチェンジとしか映らなかった。それほど村上は華やかな話題につつまれた人物だったのである。ルイ・ヴィトンは村上隆をうまく使って、革新するブランドのイメージを日本人に印象付けた。

　また、前章でも述べたように、2003年12月、村上隆は、フィギュアメーカー・海洋堂とコラボレーションを組んで「村上隆のSUPERFLAT MUSEUM」を売り出した。彼は、海洋堂の原型師・BOME が精密に成形した作品のミニチュアを箱に詰めて、コンビニなどに並べた。いわゆる"アート食玩"と呼ばれるタイプの商品だが、村上隆のフィギュアには、他の食玩にはない特徴があった。彼は箱詰されたフィギュア一つひとつに、シリアルナンバー入りの認定書（制作証明書）を付けたのだ。そして売り切れを見越して限定販売の形をとった。この食玩を買った者にとっては、高々350円足らずの出費ではあっても、れっきとした村上隆お墨付きのフィギュアを手に入れたことになる。それはこの世に二つとないアートなのである。

　村上以前にも「マルチプル」という商品はあった。「マルチプル」とは、アーティストが限定数作り、仕上げの工程まで監修するもので、せいぜい500個くらいしか制作されないのが一般的だった。村上隆のアート食玩は「マルチプル」の概念まで変えてしまったのである。

7−1−3　キャラクター・ビジネス

　村上隆は、マーケティングにおける商品キャラクターの手法を、自らのアートに応用した。ミッキーマウスやハローキティーのような強力なアイコンを創出すれば、ディズニーやサンリオがビジネスの世界で生き延びているように、アートの世界で生き残れるのではないか、と村上は考えたのである。実際、美術史に名をとどめるアーティストは、図らずも強力なメッセージ性をもったアイコンを持っている。セザンヌのセント・ヴィクトワール山、ウォーホルのキャンベルスープ缶、岡本太郎の太陽の塔、ゴッホのひま

---

(1)　2002年5月のクリスティーズの「ポスト・ウオー＆コンテンポラリーアート」部門のオークションでHIROPON（ヒロポン）が、約4,860万円で落札、また翌年、『Miss Ko^2』が約6,800万円で落札された。

わり、モネの睡蓮など、画家の名前と同時に思い起こされるものばかりである。しかも、それらは様々なヴァリエーションをつけて何枚も何枚も描かれたり、複製されたりして、半ば物神化している。ドラえもんや不二屋のペコちゃんやミッフィーが世代や国境を越えて愛玩されているようにである。

さて、村上がマーケットにおける"生き残りの秘訣"(サバイブ)として生みだしたキャラクターが「DOB君」(ドップ)だった。彼の戦略は図に当たり、いまや「DOB君」は、バルーン、マウスパッド、キーホルダー、ぬいぐるみ、彫刻、腕時計、ライトボックス、バナー、その他、様々商品や作品に依りついている。村上は「キャラクターって、一回誕生して動き始めたら、その要求に意志に従うほうがいい。放っておくと、育つ子は勝手に育ってくれるものです。」（村上隆, 2001, p.133）といっている。

こうして、村上が案出した「DOB君」は、すっかり村上のキャラクターとして定着した。消費社会では、予測が不可能な様々な製品が次々に市場に送り込まれるが、その仕様やパッケージが変るたびに新たな意味が現れ、それに伴って、キャラクターも変容する。このことを最もよく表しているのが、「DOB君」の展開であろう。いまや、「DOB君」は村上の分身であり、あるときはサイケデリックに、あるときは桃山時代風に、変貌自在に色や形を変えている。

7-1-4 工房

すでに何度も述べたように、アートが生活の中で消費される娯楽や飾りであった日本では、アートは量産されて遍くマーケットに行き渡らなければならなかった。そのためには、アーティストは、工房を運営し、流通網を形作ることが必要だった。絵師、彫師、摺師の分業体制からなる版画浮世絵がまさにそうであった。

板谷波山に次ぐ二人目の文化勲章受章者で人間国宝の陶芸家・富本憲吉も工房を営んだ一人だった。富本憲吉は、民芸運動と袂を分かち、自らの美意識を作陶に込めることに専念した人であった。だから、彼の作品の多くは、世に言う鑑賞陶器である。しかし、意外なことに、富本は、若い頃から、普段使いの器を大量生産することに深い関心を寄せていた。富本は平安陶苑や

八坂工芸の陶器職人と契約を結び、自身の図案帖を示して、素地作り、絵付け、焼成まで一任した。

このように、自分のアートを消費社会に乗せていこうとすれば、必然的に量産のために共同制作のスタイルをとらざるをえない。そして、村上隆も創造活動をアーティストの個人的な営為とは考えないタイプの芸術家である。

村上は「カイカイキキ」という有限会社を主宰している「カイカイキキ」は、村上が作り上げた2体のキャラクターの名前であると同時に、村上隆が総括するアート制作集団の名前でもある。そもそも「カイカイキキ」とは、桃山時代の御用絵師・狩野永徳の画風を評した「恠恠奇奇」からきている。一方、妖怪が登場する雰囲気を表した「奇奇怪怪」という言葉もあり、この似て非なる二つの言葉に"可愛さ"を覚えたところから、命名したと村上は言う。

この工房は、村上をはじめ、青島千穂やタカノ綾といった若手アーティストの構想を、平面や立体の作品に仕上げていくために、アニメの制作現場さながらに、分業体制を敷いている。たとえば、絵画制作なら、「デジタルドローイングによる下図制作」「調色」「シルクスクリーン刷り」「ペインティング」「背景の銀吹き」「仕上げ」といった各々の制作工程にそれぞれ人員を配置して行われる。また、彫刻制作なら、「原形」「造形」「3Dペインティング」に分かれ、外部の専門家集団に制作を委託する場合も多い。いずれも、村上をはじめとした所属アーティストがイメージし、デザインしたものを、40人ほどのスタッフが一丸となって作品化していく。村上はこうした集団こそ自分の夢を実現していく理想の場だと述べている。

7-1-5 販売・流通

「カイカイキキ」はアート制作集団であると同時に、所属アーティストのマネジメントやアーティスト・グッズの制作・販売、公式ホームページの管理、展覧会やイベントの企画などを行うアート・コンテンツ制作集団でもある。

中でも、アーティスト・グッズの制作・販売は、「カイカイキキ」の営利業務の中で中心的なものである。「DOB君」や所属アーティスト作品のT

シャツやポストカード、手ぬぐい、ポスター、缶バッジ、ぬいぐるみ、マウスパッド、他社と提携して作った携帯ストラップやキーホルダー、時計、フィギュアなど、多種多様な商品が、Web上で、またアート・ショップやミュージアム・ショップで、売られている。

村上は、ディズニーや、ルーカスの「スターウォーズ」シリーズのように、商品で稼げるカンパニーを目指しているという。あるインタビューで「スターウォーズを17, 8歳くらいに見て、そのころからずっとルーカスみたいにおもちゃをいっぱい作って売りたいなと思ってた」(VISION'S VOICE、ナガオカ・ケンメイとの対談)と村上は述べている。それほどグッズ販売は村上にとって宿願であった。

「カイカイキキ」は、まだ低額予算の独立プロダクションに過ぎないが、グッズは決してチープではない。一見安っぽく見えても、チープ感そのものに意味があるのである。

7-1-6 興行

村上隆は、アートの展示会やイベントを"興行"と位置づけている。この発想を村上はプロレス興行から得たという。プロレスは、メディアを有効に利用して観客を動員し、視聴率を稼ごうとする。同様に、現代アートの展覧会で採算をとろうとするならば、マス媒体を有効に利用し、話題づくりに努め、人を集める工夫をしなければならない。

実際、2001年の夏に開催された村上の個展は、季節柄、祭か学園祭のような雰囲気の中で、アートにはあまり縁のなさそうな観客を大量に動員した。村上は、この個展を中心に据えて、「東京芸術夏祭り」と題したイベントを企画した。個展会場の東京都現代美術館では、ロックバンド「くるり」のライブが行われ、「ヒロポンショー」と呼ばれる若手アーティスト作品の展示会が催され、「芸術道場グランプリ」という新人アーティストの発掘、育成のためのコンテストが開かれた。また、展覧会に合わせて村上は、自分がデザインしたバスを、東京駅から錦糸町まで運行させて、来館者のための交通の便を図ると同時に、バスを走る広告塔に仕立てた。

村上は、日本の現代美術が一様に低調で、社会に向けた影響力が乏しい理

由を、アートの閉鎖的な特権性に見ている。第5章でも述べたように、現代アートは社会との関わりの中でしか存在価値がない。それなのに、日本の現代アートは、社会に向けて啓蒙的なプレゼンテーションを何一つしてこなかった。その結果、普通の日本人にとって、現代アートは難解で親しみにくいもののままだ。当然、寄付も助成も集まらない。わざわざ観に来る客もいない。このままではジリ貧は目に見えているのに、ハイ・アートの地位にすがりつくように誰も改革しようとしない。村上はこうした日本の現代アートの閉塞状況を打開するために、あえて興行という実も蓋もない表現を使っているのである。

7-1-7 人材育成

　村上隆は、自作に妥協を許さない。したがって、「カイカイキキ」で作品制作に当たるスタッフにも、強烈なプレッシャーがかかる。村上作品のぴりぴりするような緊張感は作品制作にあたった人間同士の緊張感からもたらされるものなのである。そうした環境下で、多彩な若手アーティストが育っている。Ｍｒ.、青島千穂、タカノ綾、藤本昌などといった人材である。村上隆は、若いアーティストたちを束ねる工房の主宰者であると同時に、若い才能を世に出すアート・プロデューサーの役どころも引き受けている。

　また、村上隆は年2回「GEISAI」というアートフェスティバル＆コンペを主催している。その基本コンセプトは「アートの純粋コンペ」「プロデビューのチャンス」「アートマーケット」の3つからなる。すなわち、プロのアーティストへの登竜門コンペであり、アートを売るための場としてマーケットであり、そして同時に芸術のお祭りでもある。

　「GEISAI」は、未だどの美術団体にも所属していない若手アーティストに出品の資格を限定する。名前の由来は東京藝術大学の学園祭の「藝祭」から名づけた。彼は「GEISAI」の目的を聞かれ、「非日常の祭りを提供してアート界を盛り上げたいということ、そして一生学園祭をやりたいという僕自身の人生のコンセプトを貫徹するため」と答えている。

　「GEISAI」では、ディーラーを介在させない新しい作品の売り場、そして新しい顧客の開拓を目指している。このイベントの雛形は、オタクの祝祭で

ある「コミック・マーケット（コミケ）」や「ワンダー・フェスティバル（ワンフェス）」である。アマチュアリズムが中心のコミケやワンフェスには独自のマーケットがあり，数十万，数百万というお客が育っている。これをアートに置き換えてみようというチャレンジが「GEISAI」である。

◆参考文献

川又啓子「アートとマーケティング—Marketing as Communication—」『慶應義塾大学アート・センター／ブックレット11　芸術のプロジェクト』慶應義塾大学アート・センター, pp.73–82, 2004年。

東京国立近代美術館編『人間国宝の日常のうつわ—もう一つの富本憲吉—』東京国立近代美術, 2004年。

村上隆『SUPERFLAT』マドラ出版, 2000年。

村上隆『村上隆作品集　召喚するかドアを開けるか回復するか全滅するか』カイカイキキ, 2001年。

村上隆・ビートたけし『ツーアート』ぴあ株式会社, 2003年。

第 II 部

アート商品に対する若者の感性

第**8**章

現代の若者が感じる
アートの状況

8 - 1 アートのイメージ

　「私たちの身の周りにはアートが溢れている」と本書の冒頭にあるように私たちの日常空間には、おしゃれなモノ、美しいモノは多く存在している。1970年頃は自転車をひいた紙芝居のおじさんが公園にきた。それも今思えば、町角でのパフォーマンスだったと言えるし、紙芝居そのものが「アート」だったと考えられる。それらのすべてを「アート」と位置づけた場合、「アート」は確かに身近に存在している。では実際に、現代日本の若年層は身の周りの「アート」をどのように感じているのであろうか。また、何を「アート」と見定めているのであろうか。「アート」という言葉をどのようにとらえているのであろうか。
　「アート」とひとことで言っても、それを受容する若年層の社会的条件に応じて、内容は異なる。その条件とは、「社会規範」「経済状態」「教育水準」「感性」の4つが考えられる。「社会規範」とは若者が身につけたモラルと言いかえてもよい。社会の中でしてもよいことと、してはいけないことの区別である。善悪のルールと解釈することもできる。「経済状態」は不況であったり、好景気であったりすることが、若者の購買心理に与える影響ということである。たとえば、不況時には無駄な買い物はひかえるであろう。消費は落ち込む。景気のよいときは、消費にも活気がでる。おのずと消費形態が異なってくる。「教育水準」とは文字どおり教育のクオリティレベルの意味である。美術や音楽の知識、いわゆるアート・リテラシーによって、アート的な要素に感応する度合いは異なるだろう。教育水準が高ければ、美的なものに対する理解も深いと推察できる。「感性」は「社会規範」「経済状態」

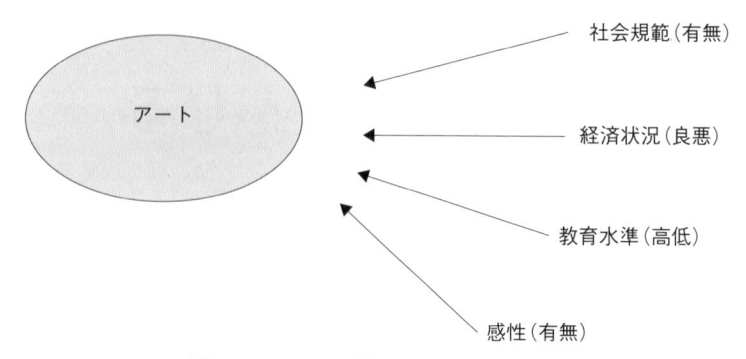

図8-1 アート受容に影響を与える背景

・社会規範（有無）
・経済状況（良悪）
・教育水準（高低）
・感性（有無）

「教育水準」とは異なり、自己の問題となる。先の3つは、いわば、世間という他者との関係、社会のシステムの問題であった。それに比べて「感性」が豊かであるか、あるいは感性が貧弱であるかというのは個人の問題である。しかし、世の中が窮屈であれば、おのずと感性も窮屈になるかもしれない。のびのびとした豊かな感性はそれをはぐくむ社会が必要である。また、個人の資質にもよるが、感性をみがくには、ある程度の訓練が必要である。以上をまとめて図8-1にアート受容に影響を与える背景を図示した。

本章では、大学生を対象に、彼らが感じているアートのイメージ調査の結果を報告する。調査期間は2005年の4月と5月の2回である。大阪府の文科系学部に通う大学生200人（男子、女子共に100人ずつ）を対象とした。

なお、この調査においては、同一人物に2回ずつ、異なる内容の調査を依頼した。第1回目の調査内容を以下に示す。

2005年4月20日から22日に調査を実施した。回収率は55％であった。すなわち、110人（男子68人、女子42人）から回答を得た。まずA4サイズの白紙の紙をひとり1枚ずつ配付した。そこに次の2つの質問に対する回答を自由記述方式で書いてもらった。

① アートと聞いて思いつく物（商品）あるいはアートという言葉から想像するモノをすべて書きなさい（モノには音楽、状況、人物、風景などもふくまれる）。

② あなたが思うアートのイメージを書きなさい。

記入時間は①、②共に合計で20分である。この2つの質問に対する回答を、以下の表8-1と表8-2に示した。表8-1、表8-2ともに、可能な限り回答として得たままの言葉を用いた。なお、誤解をさけるために（　）に注釈を付した。

　表8-1に示した回答からは、アートという言葉が喚起するイメージが、従来の「鑑賞」という枠にとじこめられていないことが理解できる。なお、110人に対して125の回答を得たのは、一人で2つ以上の回答をした者がいるからである。また、同じ回答が複数含まれたことがあったが、表8-1には1つしか記載していない。たとえば、もっとも多くの学生が回答した重複例の上位10をあげると、1位：現代アーティストのTシャツ（ロイ・リ

表8-1　アートと聞いて思いつく物（商品）、想像するモノ　　回答125

絵画、陶器、美術品、万博の博物館、茶碗、色紙、彫刻、帯、オブジェ、美術館、粉雪、プラスチック製の本立て、インテリア、家具、DCブランドの服、文具、鞄、ミュール（サンダル）、Tシャツ（ユニクロのコラボ）、電車内の広告、携帯電話（シール）、葉書、壁画、ローマの遺跡、神殿、建築物、日本画、古い時計類、カーテン、絵画風の本の表紙、陶器、岡本太郎、村上隆、ルイ・ヴィトンの店舗、五重塔、桜、きらびやかなビル、近代的な壁画、神社、恋人たち、夜の公園、六本木ヒルズ、コスモ（宇宙）、芸能人（歌手）、アーティスト、ビデオ・クリップ、まつけんサンバ、映画、アンティーク人形（ヨーロッパ風の）、骨董屋、京都の着物（ゆかた）、線香花火、うるし塗り、アートファイル、化粧品、コムサの看板、ニューヨーク（都市そのもの）、大阪芸術大学、ブランドの服や鞄についているロゴマーク、靴、指輪やネックレスなどのアクセサリー、新風館のテント（屋台）、昔のレコードのジャケット、パソコンのマウス、ネイルアート、刺青、フレグラスの瓶、理科の時間につかった器具（フラスコ、ビーカー、温度計など）、雨の音や風の音、海、山下公園（横浜）、神戸南京町、民族衣装、国旗、ちゃぶ台、朝顔、木製の古い椅子、京都の夜店、ライトアップされた金閣寺、能舞台、和紙でつくった作品、ボールペン（伝統的な英国の）、ジーパン（アーティストとか古着の）、新しいパソコン、Ipod、木製のお盆、寺の門、蚊帳、ふうりん、大阪万博の太陽の塔、屏風、盆栽、アパレルメーカーのテレビCM、映画のポスター、パルコの大スクリーン、寺の庭石、CDのジャケット、絵本、和ろうそく、ガラスの一輪挿し、和菓子、ピンバッチ、日本のアニメ、色鉛筆、楕円の皿、ライト骨董、街の看板、現代アーティストのTシャツ（ロイ・リキテンシュタインなど）、ギャラリーに飾られている絵画・作品、年代ものの古い楽器、携帯に張るシール、ジーパンの新柄、絵画ファイル、アクリルの玩具、セレクトショップ、絵葉書たて、ミスチルのEverything（it's you）[1]

(1)　ミスチルのEverything（it's you）：ミスターチルドレンという音楽バンドが1997年2月5日に発売した彼らの13枚目のシングル曲。

キテンシュタインなど)、2位：ギャラリーに飾られている絵画、3位：陶器、4位：美術品、5位：万博の博物館、6位：茶碗、7位：彫刻、8位：オブジェ、9位：美術館、10位：インテリア、10位：家具であった。アートという言葉から想像するモノの中には、Tシャツなどのように、学生にとっての普段着も取り入れられている。現代は生活空間のいたるところにアートが存在している。たとえば、駅のおしゃれな椅子もアートであるし、公園にはオブジェの形をした遊具もある。公園そのものをアートとしてとらえている回答もある（表8－1：山下公園）。アートが親しみやすい環境になっている。しかしアートときいて共通してはっきり思い浮かべられるモノ（商品）がないことも事実である。また、男女差も見られなかった。

次に表8－2は「大学生の抱くアートのイメージ」を表す語句を自由記述から抽出した。それによると、アートのイメージに対する回答は千差万別であった。たとえば、「自己満足」、「自己顕示」というような心理状態に密

表8－2　大学生の抱くアートのイメージ　　　回答133

非日常、現実からは乖離した世界、デザイン、美術館にある、おしゃれな感じ、文具、才能のある若い画家、妖怪変化、こぎれいなインテリア、古代彫刻、ブランド、上品、キャラクター、愛知万博のテーマパーク、高価、鑑賞、葉書、ミュージアムショップ、フィギュア、秋葉原駅前、パソコンでつくるマイキャラ、アニメキャラクター、食玩、キティランド、ギャラリーにある作品、高尚、年配者、書道、絵画、現代彫刻、作家、京都の町家、古い西欧の家具、手作り、時間がかかる、派手、パフォーマンス、カラフル、オリジナル、ここちよい、あたたかい、クールな、かわいい、近寄りがたい、派手な、魅力がある、華やいだ感じ、シンプル、綺麗な、個性的な、斬新な、なじみがない、粋、おどろおどろしい、醜い、若々しい、子供っぽい、一点しかない、複製不可能、絵の具、理解できない、わからない、継続性、自己表現、自己満足、自己顕示、非常識、先進的、技術的な最先端、アニメおたく、美、キャラクター商品、先鋭な商品パッケージ、神秘、女性、丸い形、プロ、カリスマアーティスト、シャッターにかいた絵、付加価値、鑑定人、特別な商品、きらびやかな、シックな、植物的な、昭和レトロ、モダンな、晴れた秋の空、竹下夢二の絵画、幾何学的な模様、現代アート、図工室の白い彫刻、難解、抽象的、日常、工業製品、若さ、骨董、パワフル、真っ赤なスポーツカー、四季おりおりの花、雨、桜、山、午後の紅茶のような世界、静か、無から有が生まれそう、華麗な、なつかしい感じ、凡庸ではなく奇抜な感じ、格好よい、鋭敏な感じ、前衛的な感じ、とんがった感じ、涼しい感じ、若者の最先端、抽象的、流行のデザイン、アジアっぽいもの、秋葉原にいるおたく、1960年代、夢がある、楽しい、贅沢な、男性的な、女性的な、軽やかな、積極的、明るい感じ、どこか気取った感じ、挑発的、とりつくろう感じ、やわらかな感じ

第 8 章　現代の若者が感じるアートの状況

着したようなイメージもあれば、葉書やフィギュアといった物品をイメージする回答もあった。「秋葉原にいるおたく」というような人物を想起した者もいた。「山」、「植物的な」、「雨」、「花」などという自然をイメージした者もいた。つまり、大学生の抱くアートのイメージは個人差があったことがわかる。中には竹下夢二の名前があがってもいるが、竹下夢二の世界がアートであると感じるのは個人的な感性である。表 8 - 1、表 8 - 2 からわかったことは、現代の若者が感じるアートは、多岐にわたっており統一されたものがないということである。

　次に第 2 回目の調査内容を以下に示す。2005 年 5 月 10 日から 17 日に調査を実施した。ここではアートとマーケティングとの関係を調査した。学生たちに A4 サイズの白紙の紙をひとり 1 枚ずつ配付した。そこに「アートという言葉から想像する商品企画をかきなさい。」という質問に対する回答を自由記述方式で書いてもらった。ただし、具体的な商品企画が思いつかなければ、何かとコラボした商品でもよいとヒントを与えた。記入時間は 20 分である。回収率は第 1 回目の調査とあまりかわらずに 56％（112 人）であった。内訳は男子 62 人、女子 50 人であった。無回答（白紙回答）が 9 人であった。上記の質問から得られた回答を、以下の表 8 - 3 に示した。これらは複数回答である。

　表 8 - 3 には、アンケート調査結果を 111 示した。回答は、同一表現ではないが、似たような意見を述べたものが複数あったので、典型的な意見を筆者が作り代表させている。（　）内は回答数である。たとえば、表中の下から 5 つ目の「商店街のアーケードは巨大な天井の絵画にして、教会の天井壁画みたいにする（3）」はアーケードのある商店街をみて、教会の天井壁画を連想し、アーケードに壁画をかいたらよいと企画をしたものが 3 人いたという意味である。もちろん自由記述であるので、まったく同じ表現ではないが、内容が同じであれば同じと考えた。

　なお、ここでは学生たちにあえてアートの定義を提示せず、漠然とアートをとらえさせている。筆者の狙いは、特定のアートのありかを大学生の中に探ることではなく、学生たちが何をもってアートと考えているのか、また、アートに彩られた商品をそのように生活に取り込んでいるのを知ることであ

表8-3 アートとマーケティングとの関係に対する回答例（111）

売れるためには、アート色をつける。つまり、おまけをつける（6）
アートだけではなく、プレミアや限定品をつくり、収集させる（3）
テレビ広告ではなく、町なかにアートと結びつけた形での広告を増やす（3）
町としての美観を考えなおし、邪魔なもの、醜いものを撤去する（2）
地域限定商品と同様に、作家ものにして、大量生産をしない（3）
文具とコラボして、おしゃれなシャーペン、ボールペン、消しゴムをつくる（5）
家具とコラボして、珍しい北欧風家具の現代版をつくる。日本風西洋家具（3）
住宅とコラボして、屋根や壁を現代風に、アートっぽく仕上げる（4）
衣類とコラボして、アーティストのTシャツやジーパンをつくる（9）
食品とコラボして、美的食材を売り出す（3）
パッケージを現代アート風にして中にキットカットのような定番の菓子を入れる（8）
自動車とコラボして、内装を好みのアートストの作品にして一点ものをつくる（3）
携帯電話とコラボして、きらきらシールをはったり、アートシールをはる（4）
食器とコラボして作家のオリジナル一点陶器としてコーヒーカップなどを提案する（3）
作家の作品としての植木ばちを作成し、こけ玉や観葉植物とコラボして癒し系で売る（2）
古い着物のきれを用いて、革製品とコラボして現代的なアクセサリーをつくる（3）
着物をリフォームして、ジーパンの飾りにし、新しい感触をつくる（4）
村上隆の作品のように作家の作品をフィギュアとしておまけにする（6）
北斗の拳のような有名なアニメを作家の手によって、作品として復活させて売る（2）
都市（京都）のイメージとして、現代作家が案内版を作成する（2）
街の区切りに東北のような人形ではなく、アートを置いて、町の特色をだす（2）
レストランとコラボをして、季節ごとに食材とアートを提供していく（2）
和紙などで明かりをつくり、へやの隅におき、癒し系の照明道具として活用する（3）
ペットボトルにも、しっかりコンセプトのある絵柄で勝負する（3）
ごみ袋に絵をかいて、ごみの山が汚らしく見えないようにする（2）
学校や役所のろうかの壁に現代アートを飾り、どこでもアートにふれる機会をつくる（4）
病院の待合いに大型スクリーンをおいて自然をうつし、癒し系アート空間をつくる（3）
タクシーの天井に小さい彫刻や作品を乗せて走る。街中の美術館にする（3）
商店街のアーケードは巨大な天井の絵画にして、教会の天井壁画みたいにする（3）
駅舎をおしゃれなレンガにして、多目的ホールとし駅コンサートをひらく（2）
神戸の名所をもっと現代アートっぽくして観光客を増やす（2）
市役所をはじめとする公共施設をアート化する（2）
街を彫刻の街化する（2）

る。なぜならば、そこに学生たちが身近に感じるアートへの共通要因があると考えたからである。さて、第2回目のアートとマーケティングとの関わりをきいた調査においても、大多数が想起するような商品名やサービス名、あるいは企画はあがらなかった。ここまでの2つのアンケートからわかっ

たことは、アートに対しては、統一的なイメージがまだないということ、しかしながら、それぞれ個人的には何かしら思うところがあるということである。具体的に、大学生の胸のうちにアートおよびアートに彩られた財（商品）やサービスは明確になくとも、ありきたりの商品とアートを感じる商品との峻別は容易にできる。よって、アート商品は若者たちに受け入れられる余地はある。その余地を探すためには、根底の共通要因を探すことが必要である。その根底の共通要因こそが、現代アート精髄とつながっているのである。

8－2　従来のアートのイメージ

ところで、若者層が抱く従来のアートのイメージはどのようなものだろうか。それを把握するために、学生たちを対象にして 2005 年 5 月 28 日に実験をした。彼らは関西の私学に通っている大阪府在住の学生であり、全員が 20〜21 歳であった。

実験人数は 3 回生の男子大学生 9 名、女子大学生 9 名の合計 18 名である。場所は筆者の研究室、時間は約 60 分間で「伝統的アート」について自由に話しあってもらった。今回は 3 つの組をつくった。1 つの組は男女 3 名ずつのペア計 6 名で構成した。1 組：10 時から 11 時、2 組：12 時から 13 時、3 組：15 時から 16 時の時間帯で実験をした。

具体的な質問内容を以下に示した。

最初に、「従来のアートが売買される場所はどこだと思うか」という質問をした。回答は 3 つの組とも同様で、骨董屋、質屋、オークション（ネットオークションを含む）などという回答であった。彼らの回答にある骨董屋とは、画廊や古美術店のことである。またネットオークションというが、実際はオークションや交換会もその範疇である。

次に、従来のアートのイメージについて話し合った。その結果、得られたキーワードは、「特殊なもの」、「特別なもの」、「高価なもの」、「伝統的なもの」であった。具体的には何を思い浮かべるかを問うと、「高級な壺」、「掛け軸」、「油絵」、「ブロンズ像」、「彫刻」、「水墨画」、「蒔絵」、「大皿」、「花

瓶」という回答を得た。屏風や墨絵という日本的なものに加えて、ピカソやモネという世界的に有名な画家の名前が挙げられた。このようなものを購入したことがあるか否かをたずねたが、誰も購入した者はいなかった。

さらに、これらの価値は何かと問うたところ、「まったくわからない」とする者が16人、「大きさ」かあるいは「古さ」であると回答したものが2人であった。つまり、従来のアートとは、専門性が高く、一般人にはわからないもので、大学生の日常生活からは遠い世界の高価なものというイメージがつよい。アートと名のつくものは特別であり、保管も困難で、プロでなければあつかえないと思っている。あるいはアートは美術館で「鑑賞」するものであると思っている。

最後に、従来のアートと現代アートの違いを問うたところ、従来のアートは美術とよばれる範疇に属し、高額で資産的価値を持っている。「先祖代々のお宝」というイメージである。一方、現代アートは、ギャラリーで気軽に買え、資産的な価値よりも、購入者の好き嫌いが反映されやすく、購入者が気に入ればそれでよいというものである。また、「先祖代々のお宝」ではなく、購入者にとってのみ貴重である可能性が高い。それであるがゆえに、消費される速度も速い。自分が楽しめれば、十分ということから、子々孫々への伝授される可能性も低い。消費社会に存在するアートは、消費財であるという意見もあった。つまり物財ではなく、イベントもアートであって、ある時期が過ぎたらなくなってしまうものもアートであるという。上記の実験結果を表8－4にまとめた（各回ともに男女3名ずつ計6名）。

表8－4で着目すべきは、従来の良さに対する回答である。どの組もハイレベル、代表作品、高価ということを従来の良さとして認めている。つまりひとことでいえば、従来のアートはどこか敷居が高い存在ではあるが、資産価値もあり、一般的な評価が高いということである。

表 8 - 4 「従来のアート」に関するディスカッション結果

質問項目	10 時から 11 時の組	12 時から 13 時の組	15 時から 16 時の組
販売場所	骨董屋、オークション	（ネットオークションを含む）	質屋
イメージ思うもの	高級、高額、特別、壺、掛け軸、油絵、屏風、茶碗、彫刻、掛け軸、絵画、銅像、杯	高額、金持ち、屏風、壺、ブロンズ像、彫刻	歴史、高級、特殊、水墨画、蒔絵、大皿、屏風、壺、壁画、絵画
従来の良さ	上品、ハイレベル、高級感、歴史がある	気品がある、代表作品、日本的である	高価、高額、高級、高付加価値、貴重品

8 - 3　生活空間とアートとの関係

8 - 3 - 1　具体的な事例

　表 8 - 1 のように、アートと聞いて思いつくモノの中には、インテリアや家具が含まれていた。これは住空間の中では日常的なモノである。また、表 8 - 1 には、夜の公園、山下公園、六本木ヒルズというような特定の場所を指す回答もあった。大学生がアートを感じるものは実に多岐にわたっている。学生にとっては、絵画や彫刻だけではなく、インテリアも家具も観光地も公園もアートの気配を感じるアイテムなのである。

　もちろん、具体的に生活空間にアート的な要素を取り入れている大学生もいれば、そうではない学生もいる。これは流行に関心がある学生とそうではない学生がいるのと同じである。流行に関心のある学生の特徴は、「新しいブランドに興味があり、自分の好みでブランドを選ぶ者である。また、不要不急のものを買うお金がある者、情報に関心の深い者」であった[1]。

---

(1)　辻幸恵・田中健一著『流行とブランド—男子大学生の流行分析とブランド視点—』白桃書房、2004 年、第 1 章 p.16 引用。これは流行に関心のある男子大学生の分析結果である。さらに付け加えると、「流行に積極的な者と全体の男子大学生とを比較すると、場面ごとの流行項目との関係から、それぞれ以下の 3 つの因子が得られた。全体では第 1 因子：TPO をふまえる因子、第 2 因子：センスの因子、第 3 因子：機能性の因子。積極的な者では第 1 因子：色の好悪の因子、第 2 因子：日常と非日常の因子、第 3 因子：機能性の因子」であった。

こうした若年層のアート志向に即応するように、企業も空間利用として、様々な工夫をしている。ここではその中のひとつとして、ロッテリアの「ロッテリアプラス」を紹介しておく。ロッテリアはファーストフード・レストランチェーン経営を事業内容とする株式会社である。ロッテリアは1972年設立以来、①速さ、②合理性を重視してきた。しかし、新しいロッテリアプラスでは、従来のロッテリアと異なって3つのポイントをあげている。それらは以下の3点である。

1. お客様に対する「おもてなしの心」
2. より居心地の良い空間の提供
3. 素材やバランスへのこだわり

特に「より居心地の良い空間」の提供として、少し広めの座席やゆったりした感じ、室内の照明や配色にも気配りがある。空間をアートっぽく彩る努力である。

他にも空間をアート化した例として、板宿商店街（兵庫県）がある。この商店街では入り口のシャッターに、地元の若いアーティストに頼んで絵をかいてもらった。従来から存在するものに、アートをのせた感覚ではあるが、今後はこのような試みは広がっていくであろう。

そこで「空間とアート」というテーマで簡単なアンケート調査を2005年6月中旬に実施した。被験者は大阪府茨木市にある追手門学院大学経営学部の2回生から4回生まで、調査人数は138名であった。その調査結果の単純集計を表8－5に示した。質問内容は、様々な空間を次々に設定して、そこにアートがほしいかどうかを問うものである。この調査でも「アート」の定義をあえて示していない。よって回答者個々のアートのイメージは異なっている。表8－5には、小数点第1位を四捨五入して示した。無回答の中には「どちらでもない」が含まれている。アートが、その空間に必要であると思うか不必要であると思うかという単純な選択から、より明確に空間とアートとの関係がわかると思ったからである。表8－5では、質問項目のうち、無回答が10％未満の項目のみをあげた。多くの者が回答をしないという項目は、その状況そのものが判断できにくいと考えたからである。

表8－5には、自宅、大学、駅というように、学生がなるべく自分の生

表8－5　空間とアートに対する質問の回答結果・単純集計

質問項目	回答結果		
自分のへやの中にはアートがほしい	はい 90%	いいえ 10%	無回答 0%
自宅の台所にはアートがほしい	はい 81%	いいえ 15%	無回答 4%
自宅の風呂場にはアートがほしい	はい 68%	いいえ 28%	無回答 4%
自宅の玄関にはアートがほしい	はい 62%	いいえ 35%	無回答 3%
大学の教室にはアートがほしい	はい 58%	いいえ 35%	無回答 7%
大学の図書館にはアートがほしい	はい 88%	いいえ 12%	無回答 0%
大学の食堂にはアートがほしい	はい 82%	いいえ 15%	無回答 3%
大学の廊下にはアートがほしい	はい 51%	いいえ 44%	無回答 5%
駅のホームにはアートがほしい	はい 40%	いいえ 58%	無回答 2%
駅の広場にはアートがほしい	はい 74%	いいえ 20%	無回答 6%
駅の売店にはアートがほしい	はい 29%	いいえ 65%	無回答 6%
駅のトイレにはアートがほしい	はい 66%	いいえ 28%	無回答 6%
地下鉄にはアートがほしい	はい 65%	いいえ 32%	無回答 3%
町のとおりにはアートがほしい	はい 68%	いいえ 29%	無回答 3%
地下駐車場にはアートがほしい	はい 64%	いいえ 30%	無回答 6%
地下街にはアートがほしい	はい 78%	いいえ 20%	無回答 2%
公園にはアートがほしい	はい 73%	いいえ 25%	無回答 2%
商店街にはアートがほしい	はい 58%	いいえ 34%	無回答 8%
公衆トイレにはアートがほしい	はい 58%	いいえ 33%	無回答 9%
交差点にはアートがほしい	はい 50%	いいえ 48%	無回答 2%
路地にはアートがほしい	はい 50%	いいえ 48%	無回答 2%
大通りにはアートがほしい	はい 49%	いいえ 49%	無回答 2%
踏み切りにはアートがほしい	はい 44%	いいえ 48%	無回答 8%
市役所にはアートがほしい	はい 74%	いいえ 25%	無回答 1%
県庁・府庁にアートがほしい	はい 72%	いいえ 20%	無回答 8%
公民館にはアートがほしい	はい 75%	いいえ 20%	無回答 5%
児童館にはアートがほしい	はい 79%	いいえ 20%	無回答 1%
病院にはアートがほしい	はい 65%	いいえ 32%	無回答 3%

活と関係する空間（場所）を筆者が選択をして、そこにアートがある方がよいのか、ない方がよいのかと質問をした。

　その結果、自宅のへやの中に、アートがほしいという回答が90%で、全ての質問項目の中で一番多い結果となった。大学においては、教室には必要

であるが58％、図書館には必要という回答が88％であった。また、食堂にも必要という回答が82％であった。上記の表8－5からわかることは、自宅や大学という学生にとっては日常的で身近な空間にアートを求めているということである。

8－3－2　複製に対する学生の感覚

「はじめに」では複製のテクノロジーの進展について述べた。複製（コピー商品）に対して大学生たちはどのような感覚をもっているのかを表8－6に示す。この表8－6の結果は、上記表8－4と同様に、グループディスカッション時に出てきた回答である（実験日：2005年5月28日）。

具体的な質問は以下の3つである。

① 複製（コピー商品）全般のイメージは何か
② 複製（コピー商品）として思い浮かべるものは何か
③ アートとしての複製（コピー商品）をどのように感じているか

表8－6にはそれぞれの質問に対するディスカッションから得た回答のキーワードを示した。

たとえば表8－6の1行目の「複製（コピー商品）に対する全般的なイメージ」に対する回答は、10時から11時の組では、圧倒的に「ずるい」「不正にもうけている」というイメージであった。つまり、ここでは複製（コピー商品）が悪いものという前提である。一般的に日本人は複製品にあまり厳しくない国民だと言われている。シャネル、エルメス、ルイ・ヴィトンなどのブランド製品のコピー商品も多く輸入され、販売されている。著作権の問題に関しても、ナーバスではないとも言われている。しかしながら、コピーすることが悪いことであるという意識は、かなり浸透してきたようである。よって、この組の学生も「ずるい」という言葉で、悪いことだということを表現している。

12時から13時の組では、複製（コピー商品）に対して「チープである」、「玩具っぽい」というイメージがつよい。玩具っぽいというのは、「おもちゃ」という意味だけではなく、「本物に似せたまがいもの」という意味が含まれていると考えられる。だから本物に比べて、価値が劣るということで

ある。この組も複製品に対しては良いイメージではなかった。

　15時から16時の組は複製（コピー商品）というだけで、すぐにブランドと結びつけて考えていた。これは10時から11時の組と同様である。または美術品に多い贋作ということもイメージしていた。ここでも基本的には複製には価値がないという考えである。あるいは複製は不正で悪いものであるという考え方であった。また、複製から思い浮かべる商品という質問の結果、表8－6の2行目に示したように、壺、掛け軸、絵画という美術品があがった。また、ブランドの鞄という回答も得た。ブランドの鞄のコピー商品は有名で、その数が多いことも事実である。

　最後にアートとしての複製については、様々な見解となった。10時から11時の組は、アートとしてならば、むしろ複製の方が身近で親しみがあるという、複製の存在価値を認める発言があった。あるいは、複製を生み出す技術のレベルの高さも評価している。12時から13時の組はアートであっても複製は一等価値の低いもの、版画、偽者、悪いというイメージがある。つまり本物をうつしたという意識である。版画はれっきとした作品ではあるが、有名な画家の版画でも価格的には安い。つまり世の中に同じものがあるということに抵抗があり、価値の低下を招くという考え方だ。大学生の中にも「アート」は一点ものであるという考え方が主流を占めていることがわかる。特筆すべきは、この組にはミュージアムショップという回答がでたことである。最近のミュージアムショップは品揃えも充実しており、以前のように葉書のみの販売ということはない。各々のミュージアムショップが、よく工夫をしているので、楽しい空間になっていることは確かである。ミュージアムショップには展示物のレプリカが販売されている。それは複製とは少し異なるかもしれないが、学生たちの意識に中では似通ったものとしてとらえられている。つまり、自分たちが展示物として見た実物に通じる品物が、手にとれて実感することが可能である。またレプリカとはいえ、その作品を購入することができるのである。

　15時から16時の組は、安価、現代美術、技術があげられている。このあたりは他のグループと基本的な考え方は似ている。しかし、新しい価値と情報があげられているところが特徴である。

表8-6 複製（コピー商品）に関するディスカッション結果

質問項目	10時から11時	12時から13時	15時から16時
イメージ	ずるい、もうけている	チープ、偽者、玩具	ブランド、贋作
思いうかべるもの	壺、掛け軸、油絵	ブランドの鞄、絵画	ブランドの鞄、壺
アートとしての評価	上品、ハイレベル、親しみやすい、身近	版画、偽者、悪い、ミュージアムショップ	安価、現代美術、技術、新しい価値、情報

　新しい価値というのは、たとえ大量に複製されたとしても、ひとつひとつに、異なった価値があって、それが従来の複製とは異なるという主張である。

　次に情報であるが、同じものがたくさんあるということは、それだけ人目にもつく。人目にふれる機会が多いほど、その作品に対する評価も様々な角度からなされる可能性がでてくる。つまり複製をつくるということは、それ自体が作品であり、情報であるという考え方である。

　従来のアートはアーティストの秀でた才能や技術からしか生まれなかったものだった。複製やコピーは、それらをいかに元の作品に近づけてうつしとるかという技術である。再生する技術さえあれば、それでよいのである。しかしこれからの複製はアートに対する価値観を変えることになるであろう。アーティストではない人々による複製が商品となり、マーケティングの対象となる可能性を含んでいるのである。複製されたアートは次代の商品へのキーワードになると考えられる。

◆参考文献

赤坂俊一・乳原孝・辻幸恵著『流行と社会―過去から未来へ―』白桃書房、2004年。

鍜島康子著『ファッション文化―既製服と現代消費社会を考える―』家政教育社、1996年。

辻幸恵・田中健一著『流行とブランド―男子大学生の流行分析とブランド視点―』白桃書房、2004年。

辻幸恵・風間健著「男子大学生の流行に対する知識、態度（第1報）流行を積極的に取り入れる男子大学生の特徴」『繊維製品消費科学』、Vol. 41, No. 11, pp. 895-902, 2000年。

辻幸恵・風間健著「男子大学生の流行に対する知識、態度（第2報）流行に関心がある男子大学生の流行に対する期待」『繊維製品消費科学』、Vol. 42, No. 11, pp. 775-783, 2001年。
辻幸恵・風間健著「男子大学生の流行に対する知識、態度（第3報）流行に関心がある男子大学生が流行を受け入れる条件」『繊維製品消費科学』、Vol. 43, No. 11, pp. 697-706, 2002年。
辻幸恵・風間健著「男子大学生の流行に対する知識、態度（第4報）流行への関心と購入理由、値ごろ感との関係」『繊維製品消費科学』、Vol. 45, No. 5, pp. 358-368, 2004年。
辻幸恵「男子大学生がテレビ広告を受け入れる条件とその具体例」日本繊維機械学会、『繊維機械学会誌』、Vol. 58, No. 12, pp. 35-40, 2005年。
辻幸恵「流行に敏感である女子大学生の特徴とそれに関する要因分析」『京都学園大学経営学部論集』、Vol. 9, No. 2, pp. 89-108, 1999年。
日本アートマネジメント学会編『アートマネジメント研究』、第1号、美術出版社、2002年。
日本アートマネジメント学会編『アートマネジメント研究』、第4号、美術出版社、2003年。
慶應義塾大学アート・センター編『芸術のロケーション』慶應義塾大学アート・センター、2004年。
吉本隆明著『マス・イメージ論』福武書店、1984年。

第**9**章

若者のソフト・パワーへの理解と実態

9-1 ソフト・パワーの市場について

　第Ⅰ部第1章では、ソフト・パワーを「国家や民族に影響力を与える"文化的勢力"の意味で、相手の意思そのものに働きかけ、自分の意思を受け入れさせる力」という田所昌幸氏の定義を引用している。日本が海外に向けて発信する文化的な表現の中で、学生たちがいちばん最初に思い浮かべるものはアニメである。筆者の勤める大学で実施した調査においても、ソフト・パワーといえばアニメという回答がもっとも多く、次にはコミック、キャラクター、CM映像と続いた。この調査結果の詳細は本章に記した。

　『萌え経済学』(森永卓郎、2005、p.31)には「国内主要5分野のマニア消費者層の規模推計」(出典「オタク層」の市場規模推計と実態に関する調査 2004.8.24、野村総合研究所)の表が掲載されているので引用する。

　この表からわかるように、推計とはいえ、日本のソフト・パワーの市場規模はかなり大きい。市場規模が大きいということは、相応のビジネスチャンスがあるということである。この市場をより有効に活用するためには、消費者である若者の心理と行動を知る必要がある。その糸口として、若者がソフト・パワーに対してどのような感情を抱いているのかを解明する必要がある。

9-2 ソフト・パワーの分析

　若者のソフト・パワーへの理解と、その実態を把握するために、大学生を対象に、アンケート調査を実施した。その結果、得られた回答をデータと

国内主要5分野のマニア消費者層の規模推計（各分野の人口は重複もあり）

分野		人口	推計市場規模	参考とした主な表
アニメ		20万人	200億円	タイトルあたりDVD売上枚数
アイドル		80万人	600億円	コンサート動員数、CD初出売上
コミック		100万人	1000億円	同人誌即売会参加者数、雑誌購読率
ゲーム	家庭用	57万人	450億円	ゲームプレイ時間、ネットワークゲーム参加率、特定雑誌出版部数
	PC	14万人	190億円	
	ネットワーク	3万人	10億円	
	アーケードなど	6万人	130億円	
4分野計			2580億円	
組み立てPC	リッチ	3万人	300億円	特定パーツの出荷数、特定雑誌出版部数、秋葉原のパーツショップの売上
	ジャンク	2万人	20億円	
合計		のべ285万人	2900億円	

「オタク層」の市場規模推計と実態に関する調査 2004.8.24　野村総合研究所
出典：森永卓郎著『萌え経済学』講談社、p.31、2005年

し、主因子法による因子分析を用いた。調査時期は2005年5月上旬で、調査対象は京都府と兵庫県に立地する私立大学の文科系学部の学生である。男女内訳は男子200人、女子200人で、回収率は男子67％（136人）、女子78.5％（157人）であった。学年ごとの内訳は2回生：男子75人、女子56人、3回生：男子44人、女子83人、4回生：男子17人、女子18人であった。

　質問紙の最初のページに、前節の田所氏のソフト・パワーの定義を掲載したうえで、口頭でソフト・パワーの概要説明をした。その後、学年、性別、居住地を記すためのフェイスシート（基本属性）を配付し、各質問項目に5段階評価（1から5）で回答をさせた。該当すると判断した箇所に○印をつけてもらったのである。5段階とは、1：まったくそうではない（まったくそうは思わない）、2：ややそうではない（ややそうとは思わない）、3：どちらでもない、4：ややそうである（ややそう思う）、5：まったくそのとお

りである。(まったくそう思う) である。1と2がネガティブな回答になり、4と5がポジティブな回答となる。要するに、質問は各質問項目のモノがソフト・パワーであると思うか否かの各自の判断をきくものである。

たとえば、表9-1の最初の質問項目であるアニメは、実際の質問としては「あなたは日本のアニメをソフト・パワーだと思いますか」である。2つめの漫画は「あなたは日本の漫画をソフト・パワーだと思いますか」となる。同様に「あなたはおたくをソフト・パワーだと思いますか」という具合に続いていくのである。

なお、ここにあげた質問項目は、大阪府に在住する私立大学の3回生40人(男子25人、女子15人)に対する予備調査の(日本のソフト・パワーと聞いて思い浮かぶものを列挙してもらった)結果から作成をした。本調査の結果から図9-1のイメージ図を作成した。この図9-1には、因子分析結果から得た7つの因子も示した。(因子分析については後述) 列挙数は合計75となり、個人の回答数の平均は約2.5となった。最高数は4回答であり、4回答者は1名であった。この4回答はアニメ、漫画、おたく、ゲームであった。これに対して最低数は0で、0の回答者が2名であった。表9-1には、少なくとも2以上の回答があったものを示した。ちなみにアニメは

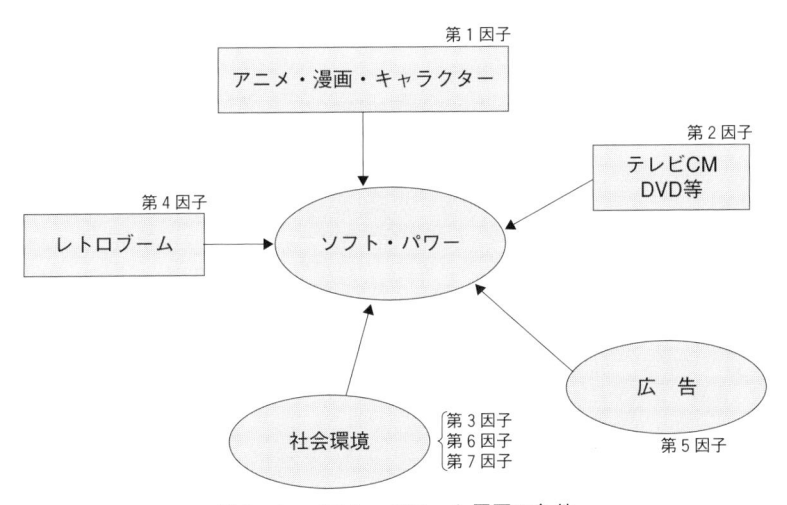

図9-1 ソフト・パワーと周囲の条件

6、漫画とゲームは4回答があった。

　これらの48の質問項目のうち、平均点が高かったのは、5段階評価でアニメが4.5、漫画が4.2となった。一方、平均点が低かったのは、スロット1.2、パソコン1.5であった。スロットやパソコンは、若者の感覚から言えば、ソフト・パワーではないのかもしれない。大学生293名から得た回答をデータとして因子分析した結果を表9-2に示した。第1因子から第7因子までがこの分析から得られた。第7因子までの寄与率は表9-2の最下段にそれぞれ示した。寄与率とはその因子が全体の中でどの程度の影響力があるのかをみる目安である。

　表9-2から、各因子について考えられることを以下に簡単に記す。

　第1因子として抽出された項目は、アニメ、漫画、おたく、携帯の待ちうけ画面である。これらは、どれも漫画やアニメに直結している。キティ、トトロ、ポケモン、ドラえもんはキャラクターそのものである。また、第1因子は非常に寄与率も高く25.2％であった。よって、ソフト・パワーのイメージは、第1因子で示されたようなアニメ・漫画・キャラクターに代表されるということがわかる。学生にとってはアニメや漫画がもっとも身近なソフト・パワーなのである。

　第2因子として抽出された項目は、音楽、ゲーム、携帯の着メロ、携帯シール、映画、DVD、TV広告である。これらは、音と映像という表現でまとめられる。

表9-1　48の質問項目

アニメ、漫画、おたく、音楽、ゲーム、携帯の待ちうけ画面、携帯の着メロ、キティ携帯のシール、アジアンテイストのTシャツ、古着、コラボTシャツ、ビーズTシャツ、フィギュア、食玩、町家、漢方薬、GAP、ユニクロ、レトロブーム、昭和の町、TV広告、六本木ヒルズ、電車内つり広告、週刊誌、町の看板、駅の案内版、映画、DVD、テレビ、トレンディドラマ、韓流、スロット、パソコン、和菓子、豆腐、日本酒リサイクルブランドの鞄・靴・アクセサリー、たこやき、通天閣、カラオケ、手ぬぐいヤノベケンジ、村上隆、ミュージアムショップ、トトロ、ポケモン、ドラえもん

　注）音楽は日本で流行している現代の音楽とする。手ぬぐいは日本手ぬぐいである。

注）ポケモンや宮崎アニメのトトロは、ディズニーのキャラクターと異なり、和製キャラクターである。プーさんやミッキーマウスが長い歴史を持つ中で、生まれてきたばかりのキャラクターである。また、たこやきは大阪らしい食べ物であるし、豆腐は男前豆腐というものが流行している影響が考えられる。

表 9 − 2 因子分析結果（バリマックス回転後）

質問項目	1因子	2因子	3因子	4因子	5因子	6因子	7因子
アニメ	0.90	−0.05	0.11	−0.01	0.19	0.07	0.14
漫画	0.88	−0.02	0.15	−0.07	0.10	0.02	0.20
おたく	0.86	−0.10	0.01	−0.02	−0.05	0.13	0.01
携帯の待ちうけ画面	0.80	0.15	0.13	−0.14	0.02	0.14	0.03
キティ	0.78	0.02	0.10	−0.02	0.18	−0.05	0.15
トトロ	0.75	−0.03	0.24	−0.08	0.01	−0.02	0.11
ポケモン	0.71	−0.01	0.05	0.04	0.13	−0.09	0.06
ドラえもん	0.68	−0.16	0.06	0.01	0.06	0.02	0.17
音楽	0.26	0.85	−0.18	0.04	0.09	0.24	0.03
ゲーム	0.12	0.78	−0.02	0.16	0.01	−0.18	0.16
携帯の着メロ	−0.06	0.75	0.01	0.20	0.08	0.01	−0.02
携帯のシール	−0.05	0.68	0.10	0.04	−0.19	0.08	−0.09
映画	0.13	0.66	0.07	0.20	−0.02	0.01	0.01
DVD	0.07	0.66	0.15	0.09	−0.08	0.12	0.05
TV広告	0.09	0.65	0.08	0.01	0.02	0.02	−0.16
アジアンTシャツ	0.03	−0.18	0.71	−0.01	0.02	−0.03	0.06
古着	0.07	−0.10	0.67	−0.06	0.17	0.01	0.07
コラボTシャツ	0.13	0.18	0.66	0.01	0.08	−0.05	0.10
町家	0.20	0.01	0.66	0.09	0.14	0.24	0.01
GAP	0.05	−0.08	0.66	−0.09	0.12	0.04	0.17
ユニクロ	0.08	−0.01	0.65	−0.14	0.08	−0.07	0.14
村上隆	0.18	−0.05	0.65	0.04	0.09	−0.01	0.10
フィギュア	−0.03	0.19	0.03	0.70	0.01	0.01	−0.19
食玩	−0.04	0.08	0.01	0.69	−0.03	0.04	−0.13
漢方薬	−0.18	0.20	0.12	0.68	−0.08	−0.03	0.10
レトロブーム	0.21	0.04	0.14	0.67	−0.16	−0.01	0.05
昭和の町	−0.07	−0.08	0.06	0.65	0.05	0.02	0.01
電車内つり広告	−0.22	0.03	0.14	0.02	0.69	0.16	0.11
週刊誌	−0.24	0.01	0.17	0.01	0.68	0.05	0.10
町の看板	−0.11	0.09	0.12	0.05	0.66	0.04	0.06
駅の案内版	0.02	0.18	0.05	0.01	0.66	0.13	−0.01
テレビ	0.14	0.01	0.08	−0.08	0.65	0.10	−0.14
トレンディドラマ	0.01	0.02	0.09	−0.05	0.65	0.19	−0.07

韓流	0.21	0.07	0.04	－0.01	0.65	0.11	－0.09
ヤノベケンジ	0.18	0.05	－0.01	0.07	0.01	0.68	－0.20
ミュージアムショップ	0.01	0.06	－0.02	－0.01	0.05	0.68	0.07
六本木ヒルズ	0.18	0.05	－0.21	0.09	0.11	0.65	－0.03
リサイクル	0.02	0.05	－0.21	0.09	0.11	0.15	0.66
たこやき	－0.01	0.19	0.02	0.04	0.06	0.24	0.66
通天閣	－0.09	0.02	0.01	0.03	0.09	0.18	0.65
カラオケ	0.13	0.29	0.02	0.04	0.15	0.10	0.65
寄与率	25.2	15.3	11.9	10.0	9.4	7.5	6.1
累積寄与率	－	40.5	52.4	62.4	71.8	79.3	85.4

注）リサイクルとはリサイクルブランドの鞄・靴・アクセサリーの略。
　　ビーズTシャツ、手ぬぐい、スロット、パソコン、和菓子、豆腐、日本酒は第7因子までに入らずそれぞれ独自の因子負荷量を示した。

　第3因子として抽出された項目は、アジアンTシャツ、古着、コラボTシャツ、町家、GAP、ユニクロ、村上隆である。これらはファッション系、あるいは芸術系とでも言うべきである。第1因子との大きな相違は、第1因子がアニメ・漫画・キャラクターという大きな括りでまとめられる概念であるのに対して、第3因子は、個別具体的であることだ。特にファッションに関する項目に偏りが見られるが、まさに学生たちにとって最もアピールする服飾にソフトパワーの表れを感じているわけである。

　第4因子として抽出された項目は、フィギュア、食玩、漢方薬、レトロブーム、昭和の町であった。これらは癒し系、なつかし系となっている。また「古着」や「町屋」という第2因子の項目とも通い合うものがある。しかしながら、ここでは特に"レトロ"の癒しの効能に着目した項目が並んでいると言える。代表的なものは、昭和レトロブームである。また食玩にも昭和の家電や街並のシリーズが存在する。

　第5因子として抽出された項目は、電車内つり広告、週刊誌、町の看板、駅の案内版、テレビ、トレンディドラマ、韓流であった。これらはメディアの流行等である。これらに共通しているのは大学生にとって身近な情報や流行の発信源であるということだ。いかに時流の風をつくるか、その戦略そのものにアート性がつかわれている例である。

第6因子として抽出された項目は、ヤノベケンジ、ミュージアムショップ、六本木ヒルズであった。これらはいかにも都会的な気分が感じられるものであり、"洗練""おしゃれ"にアート性を感じていることがわかる。固有名詞や特定の場所からあるイメージが形成されるということは、それらがかなり強い結びつきがあると推察できる。特に六本木ヒルズは、最近話題のベンチャー企業の本社もおかれており、学生たちの注目度も大きいといえよう。

　第7因子として抽出された項目は、リサイクルブランドの鞄・靴・アクセサリー、たこやき、通天閣、カラオケであった。これらは、すべてイメージ的に高級ではない。第6因子と比べても、B級で、チープな感じであり、下町的、地方的なイメージがつよい。庶民的といってもよい。しかし、この項目群には第6因子にはないバイタリティ、生活感を感じる。そして、雑然としたカオス的雰囲気がある。これらは都会的メインカルチャーの下層に伏在するサブカルチャーを生む土壌でもある。混沌とした賑わいをもイメージさせる要因である。

　さて、これらの7つの因子をそれぞれ特徴により以下のように名づけた。
　第1因子：アニメ・漫画・キャラクターの因子
　第2因子：音楽・ゲーム因子
　第3因子：ファッション因子
　第4因子：レトロ・癒し因子
　第5因子：広告戦略因子
　第6因子：都会的小粋な因子
　第7因子：下町的バイタリティ因子

　以上、因子分析から得られた7つの因子を先の図9-1に配分してみた。すると、アニメ・漫画・キャラクターに、第1因子であるアニメ・漫画・キャラクターの因子があてはまる。レトロブームには、第4因子であるレトロ・癒し因子があてはまる。テレビCM、DVD等には第2因子があてはまる。第5因子である広告戦略因子はまさに広告そのものである。そして社会環境には第3因子であるファッション因子、第6因子である都会的小粋な因子、第7因子である下町的バイタリティ因子が対応していると考えた。

9-3 ソフト・パワーを受け入れる条件

　ソフト・パワーを分析した結果、第1因子：アニメ・漫画・キャラクターの因子、第2因子：音楽・ゲーム因子、第3因子：ファッション因子、第4因子：レトロ・癒し因子、第5因子：広告戦略因子、第6因子：都会的小粋な因子、第7因子：下町的バイタリティ因子の7つの因子が得られた。この中では、特に第1因子が全体の25％以上の寄与率をしめていた。
　日本の漫画やアニメは、最近では、世界の大舞台でも脚光を集めるようになった。よって、多くの学生たちが、ソフト・パワーの重要な要因として、第1因子のアニメ・漫画・キャラクターの因子をあげるのは自然である。これらはわかりやすいので、多くの人々に支持される。ここには性差もなく、年齢差も少ない。
　またアニメや漫画には、ヴィジュアル媒体としても優れたものがある。また、ストーリー性豊かなものもある。すばらしい作品は続編や外伝が作成されることも多い。ガンダムなどはその例である。なお、ガンダムは、2005年の天保山サントリーミュージアムで企画展が催されていた。その前は手塚治虫のアトムを中心とした展示がサントリーミュージアムで開催された。このように日本のサブ・カルチャーにおいては、アニメは大きな存在である。最近の若者は、このサブ・カルチャーを身近なアートとして捉えている傾向がある。たとえば、第Ⅰ部にもあったように村上隆のHIROPONは、ニューヨークのクリスティーズのオークションで、非常に高値で落札されて話題になった。村上隆は新しい発想を作品にして世の中に提供している。彼に美術家として才能や修練があることは間違いがない。ただ、その技量の卓技さに若い世代がアートを感じているとはいえない。むしろ村上のかもしだす話題性に、若者の感性がシンクロしているといえよう。
　ここで簡単ではあるが、以下のような2つの実験をした。
　実験日は2005年6月2日、実験場所は大阪府茨木市の大学の研究室内である。被験者は経営学部4回生の男子10名で彼らの平均年齢は22.5歳であった。実験時間は60分であった。質問内容は以下の①、②の2つであ

表9－3　状況を設定した場合に、それらを受け入れられるか否かの段階を尋ねた結果

高校生ならば、自身がアニメ・漫画・キャラクターを身に着けてもよいか	はい6名
大学生の授業中に、自身がアニメ・漫画・キャラクターを身に着けてもよいか	はい6名
大学を卒業した後、自身がアニメ・漫画・キャラクターを身に着けてもよいか	はい3名
異性とデートの時、自身がアニメ・漫画・キャラクターを身に着けてもよいか	はい2名
同性と遊びに行く時自身がアニメ・漫画・キャラクターを身に着けてもよいか	はい5名
自分の携帯の待ちうけ画面にアニメ・漫画・キャラクターをつけてもよいか	はい9名
自分のパソコンの画面にアニメ・漫画・キャラクターをつけてもよいか	はい9名
自分のへやのインテリアにアニメ・漫画・キャラクターをつけてもよいか	はい7名
自室のカレンダーがアニメ・漫画・キャラクターものでもよいか	はい2名
自室の壁かけ時計がアニメ・漫画・キャラクターものでもよいか	はい1名
自分の車やバイクにアニメ・漫画・キャラクターのシールをはってもよいか	はい2名
自分の通学用の鞄にアニメ・漫画・キャラクターをつけてもよいか	はい1名
自分が身につけるアクセサリーがアニメ・漫画・キャラクターでもよいか	はい1名
自分が使用する文具がアニメ・漫画・キャラクターでもよいか	はい2名
自分が着るTシャツがアニメ・漫画・キャラクター模様でもよいか	はい3名
自分が使用する食器がアニメ・漫画・キャラクター入りでもよいか	はい0名
自分が使用する洗面具がアニメ・漫画・キャラクター入りでもよいか	はい0名
自分が着用するジーパンがアニメ・漫画・キャラクター入りでもよいか	はい0名

る。

実験①　状況を設定した場合に、第1因子のアニメ・漫画・キャラクターが受け入れられるか否かについて18の質問をした。状況設定は筆者が作成した。回答は「はい」と「いいえ」の2種類とした。

実験②　どういう状況になれば受け入れられるかを判断してもらった。状況は全部で30シーンとし、筆者が作成した。回答は「はい」、「いいえ」の2種類とした。

　実験①の結果は表9－3のとおりであった。ここでは「はい」と回答した人数も明記した。自分のパソコン画面にアニメをつけてよいという回答が10名中9名で1番多かった回答である。

　実験②の結果は表9－4のとおりであった。ここでは「はい」と回答した人数が何名なのかを明記した。表9－4では、質問に対して0名であるものはあげなかった。この表をみると、流行やこだわりによって受け入れられる

表9-4 受け入れられる状況

1位：世の中でそれらが流行していたならば受け入れられる	8名
1位：自分がそれらを気に入れば受け入れられる	8名
1位：街や大学でそれらをよく見るようになったら受け入れられる	8名
2位：親しい友人が持っていたり、使っていたならば受け入れられる	6名
2位：それらが世間的に広く認知されていたならば受け入れられる	6名
3位：親しい友人がすすめたら受け入れられる	4名
3位：自分の恋人（彼女）がすすめたら受け入れられる	4名
4位：何らかの形でギフトされたなどで手に入ったならば受け入れられる	3名
5位：店頭にそれらが並びだしたら受け入れられる	2名
5位：店員などにそれらをすすめられたら、受け入れられる	2名
6位：親が購入してきたらそれらを受け入れられる	1名
6位：少し今よりも冒険したい気持ちになったら受け入れられる	1名
6位：どうしてもそれらがほしくなったら受け入れられる	1名
6位：ぱっとみて衝動的に良いと判断したら受け入れられる	1名

か否かが分かれてくる。これはソフト・パワーのみならず、たとえばブランド商品の受け入れ条件についても、同様の結果である。彼らは、自分の判断以外には、"流行"という世間の流れ（1位）であったり、"親しい友人"という他者（2位）の評価を基準として受け入れを決める傾向がある。この傾向は「アイ・シャワー」と呼ばれ、他者を意識しているということである。受け入れ基準が他者にあるというところが実験②の発見である。

　1回生を対象に同様の実験をした。4回生と1回生とでは違いがあるか、ないかを調べるためである。ただし、ここでは傾向を見る程度にとどめる。なぜならば、被験者の数が少ないので、検定をしても汎用性に問題があると考えるからである。また、3歳くらいの歳の差では、世代比較ということにもならないからである。傾向を見る意味は、20歳を超えた男性と20歳未満とでは、アニメやキャラクターを受け入れることに対して考え方が異なるのではないかと筆者が感じたからである。

　実験日は2005年6月7日、実験場所は大阪府茨木市の大学の研究室内である。被験者は経営学部1回生の男子10名である。彼らの平均年齢は18.5歳であった。実験時間は60分であった。質問内容は4回生と同様に次の2

第9章　若者のソフト・パワーへの理解と実態　185

表 9 - 5　状況を設定した場合に、受け入れられるか否かの段階を尋ねた結果

高校生ならば、自身がアニメ・漫画・キャラクターを身に着けてもよいか	はい 9 名
大学生の授業中に、自身がアニメ・漫画・キャラクターを身に着けてもよいか	はい 8 名
大学を卒業した後、自身がアニメ・漫画・キャラクターを身に着けてもよいか	はい 5 名
異性とデートの時、自身がアニメ・漫画・キャラクターを身に着けてもよいか	はい 6 名
同性と遊びに行く時自身がアニメ・漫画・キャラクターを身に着けてもよいか	はい 7 名
自分の携帯の待ちうけ画面にアニメ・漫画・キャラクターをつけてもよいか	はい 10 名
自分のパソコンの画面にアニメ・漫画・キャラクターをつけてもよいか	はい 10 名
自分のへやのインテリアにアニメ・漫画・キャラクターをつけてもよいか	はい 9 名
自室のカレンダーがアニメ・漫画・キャラクターものでもよいか	はい 8 名
自室の壁かけ時計がアニメ・漫画・キャラクターものでもよいか	はい 8 名
自分の車やバイクにアニメ・漫画・キャラクターのシールをはってもよいか	はい 5 名
自分の通学用の鞄にアニメ・漫画・キャラクターをつけてもよいか	はい 3 名
自分が身につけるアクセサリーがアニメ・漫画・キャラクターでもよいか	はい 4 名
自分が使用する文具がアニメ・漫画・キャラクターでもよいか	はい 8 名
自分が着るＴシャツがアニメ・漫画・キャラクター模様でもよいか	はい 7 名
自分が使用する食器がアニメ・漫画・キャラクター入りでもよいか	はい 2 名
自分が使用する洗面具がアニメ・漫画・キャラクター入りでもよいか	はい 4 名
自分が着用するジーパンがアニメ・漫画・キャラクター入りでもよいか	はい 4 名

つである。実験①状況を設定した場合に、第1因子のアニメ・漫画・キャラクターが受け入れられるか否か。実験②どういう状況になれば受け入れられるか。

実験①の結果は表9-5のとおりであった。実験②の結果は表9-6のとおりであった。なお、表9-6でも表9-4と同様に、0名の質問事項はあげていない。

1回生の実験結果である表9-5と表9-6をみると、4回生の実験結果である表9-3と表9-4よりも明らかに受け入れられる条件が多い。すなわち、1回生の方が、受け入れてもよい状況がととのっていると考えられる。

表9-6　受け入れられる状況

1位：自分がそれらを気に入れば受け入れられる	10名
1位：自分がそれらの価値がわかれば受け入れられる	10名
1位：そこに新しさがあれば受け入れられる	10名
2位：世の中でそれらが流行していたならば受け入れられる	8名
2位：それをもっていれば楽しくなるならば受け入れられる	8名
2位：街や大学でそれらをよく見るようになったら受け入れられる	8名
3位：なじんだアニメやキャラクターなら受け入れられる	7名
3位：おもしろいと自分が感じたならば受け入れられる	7名
4位：プレミアみたいに珍しさがあれば受け入れられる	6名
4位：親しい友人が持っていたり、使っていたならば受け入れられる	6名
4位：それらが世間的に広く認知されていたならば受け入れられる	6名
5位：親しい友人がすすめたら受け入れられる	4名
5位：自分の恋人（彼女）がすすめたら受け入れられる	4名
5位：デザインがすごかったら受け入れられる	4名
5位：何らかの形でギフトされたなどで手に入ったならば受け入れられる	3名
6位：店頭にそれらが並びだしたら受け入れられる	2名
6位：店員などにそれらをすすめられたら受け入れられる	2名
7位：親が購入してきたらそれらを受け入れられる	1名
7位：少し今よりも冒険したい気持ちになったら受け入れられる	1名
7位：どうしてもそれらがほしくなったら受け入れられる	1名
7位：ぱっとみて衝動的に良いと判断したら受け入れられる	1名
7位：家族が認めたら受け入れられる	1名
7位：コンパのときのように若くみせたいときは受け入れられる	1名
7位：文化祭のようなイベントのときは受け入れられる	1名
7位：ペットボトルについていたら受け入れられる	1名

　通常、大学の4回生の6月といえば、就職活動の時期である。もちろん、すでに内定の出ている学生も多い時期ではあるが、少なくとも就職活動中に会社訪問をしたり、面接をしたりという、以前にはない経験をしている者が多い。これに対して、1回生は、まだ6月時点では高校生の延長という意識の者も多い。平均3歳の年齢差ではあるが、就職活動の経験の有無は、アニメ、漫画、キャラクターを身近なアートとして受け入れる範囲に大きな影響を及ぼすと考えられる。ただし、被験者の人数が少ないこと、リアルタイ

ムで知っている流行現象の差異、あるいは生活環境の違いもあるので、本章ではこれ以上は深よみはせず差がありそうだという程度でとどめておく。

しかし、アートのような新奇性を身上とする分野では若い1回生の方が「ゆびとま[1]」感覚にすぐれており、先入観なく既存のサブ・カルチャー（アニメ・漫画・キャラクター）を自身の生活の中にとりこむことができる状態であるとも考えられる。物事を受け入れられるか否かは感性の問題で個人差もあるが、その社会の状況にもよる。道徳や宗教など社会規範のしばりが厳しい時代や場所では、新しい概念や価値の広がりを受け入れられにくい[2]。

9-4 アニメ・漫画・キャラクターについての好感度と視聴度

先のソフト・パワーの因子分析結果から、第1因子として得られたアニメ・漫画・キャラクターの因子についてここでは考察する。

2005年11月上旬に、アニメ・漫画・キャラクターについて以下のような調査をした。対象は茨木市と大阪市にある2つの私立大学の学生である。男女75名ずつの150名を対象としたが、回収率は54％で人数は合計で81名となった。内訳は男子49名、女子32名であった。第1アンケート用紙にはアニメ・漫画・キャラクターの中で「自分の知っているもの」で「好き

---

[1] 石井淳蔵・厚美尚武編『インターネット社会のマーケティング』有斐閣（2002年）第2章「インターネットが可能にした「再会」と「出会い」」（pp.47-74）参照。「ゆびとま」とはこの指とまれの略語。この表現は広く若者にも使用されており、「仲間になりませんか」という意味である。

[2] たとえば、社会規範が服装に与える影響を様々な視点（世代、親子関係、着装状況など）から研究している文献に以下のものがあげられる。これは関西大学高木修主催で開催されるSPC研究会の研究成果の一部である。
「着装規範に関する研究（第3報）生活場面と着装基準評定に基づく着装規範意識の構造化」日本繊維製品消費科学会、『繊維製品消費科学』、Vol.41, No.11, pp.861-867, 2000年。
「着装規範に関する研究（第4報）着装規範意識を想定する個人差要因（自意識・形式主義・社会的スキル」日本繊維製品消費科学会、『繊維製品消費科学』、Vol.41, No.11, pp.868-875, 2000年。
「着装規範に関する研究（第9報）基本的着装行動に対する他者反応と着装感情の関係」日本繊維製品消費科学会、『繊維製品消費科学』、Vol.43, No.11, pp.731-738, 2002年。

表9-7 「自分の知っているもの」アニメ・漫画・キャラクター（女子）

1位	ワンピース	11位	ポケモン	21位	ドラえもん
2位	機動戦士ガンダム	12位	千と千尋の神隠し	22位	サザエさん
3位	ハム太郎	13位	となりのトトロ	23位	未来少年コナン
3位	ドラゴンボール	14位	猫の恩返し	24位	ロードス島戦記
5位	NANA	14位	ベルサイユのバラ	25位	ゴットマーズ
6位	北斗の拳	16位	三丁目の夕日	26位	フランダースの犬
7位	宇宙戦艦ヤマト	17位	サイボーグ009	27位	犬夜叉
7位	バットマン	18位	ブラックジャック	28位	らんま1/2
9位	スーパーマン	18位	アキラ	29位	ムーミン
9位	花より男子	19位	デビルマン	30位	あらいぐまラスカル

表9-8 「自分の知っているもの」アニメ・漫画・キャラクター（男子）

1位	ワンピース	11位	ポケモン	21位	ドラえもん
2位	機動戦士ガンダム	12位	デビルマン	22位	ルパン三世
3位	ドラゴンボール	13位	らんま1／2	23位	未来少年コナン
4位	ハム太郎	14位	猫の恩返し	24位	ロードス島戦記
5位	スーパーマン	15位	ベルサイユのバラ	25位	ゴットマーズ
6位	北斗の拳	16位	三丁目の夕日	26位	中華一番
7位	NANA	17位	サイボーグ009	27位	犬夜叉
8位	バットマン	18位	ブラックジャック	28位	ひかるの碁
9位	宇宙戦艦ヤマト	19位	アキラ	29位	るろうに剣心
9位	花より男子	19位	千と千尋の神隠し	30位	タッチ

なもの」をあげてもらった。その結果、「自分の知っているもの」で「好きなもの」としては1人の平均回答数が12.5であった（男子平均11.0、女子平均13.5）。表9-7には、女子のあげたベスト30位までを、表9-8には、男子のあげたベスト30位までを示した。なお、表9-7と表9-8には、正式な名称ではないものが含まれている。たとえば「ハム太郎」は番組名は「とっとこハム太郎」である。また、「機動戦士ガンダム」などはシリーズ化されており、どれをさしているのかは不明である。しかしながらここでは、アニメ・漫画・キャラクターという広い範疇でのとらえ方であるので、学生が回答したとおりのものを表内に掲載した。ここでわかったことは、アニメなどのタイトルをあまり正確に覚えていないということと、ベスト10くら

いまでは、男女ともに同じようなアニメ・漫画・キャラクターを知っているということである。ちなみに女子の31位以下は、「おじゃる丸」、「きんぎょ注意報」、「めぞん一刻」、「母をたずねて三千里」と続いていた。男子の31位以下は、「釣りキチ三平」、「天才柳沢教授」、「銀河英雄伝説」、「パタリロ」、「シティハンター」と続いていた。

表9-7と表9-8に示された結果から、男女差が少ないと考えられる上位10項目のアニメ・漫画・キャラクターについて好感度と視聴度を比較する。調査対象は上記と同じ大学の学生200人を対象とした。回収率は53.0％で人数は合計で106名となった。内訳は男子69名、女子37名であった。

好感度とは、それが好きか嫌いかである。視聴度とは見たことがあるという"経験"と見たいと思う"気持ち"の両者とした。それぞれを0点から100点までで評価をすることとした。ただし、注意事項としては、あまり細かい数字でつけないこととした。たとえば「ワンピース」30点、「機動戦士ガンダム」は31点というような僅差での評価ではなく、5点くらいの間隔での評価を希望した。その結果、図9-2のように位置づけができた。

図9-2によると、好感度（縦軸）のもっとも高かったものは「NANA」（93）であった。続いて「ワンピース」（90）、「機動戦士ガンダム」（82）、

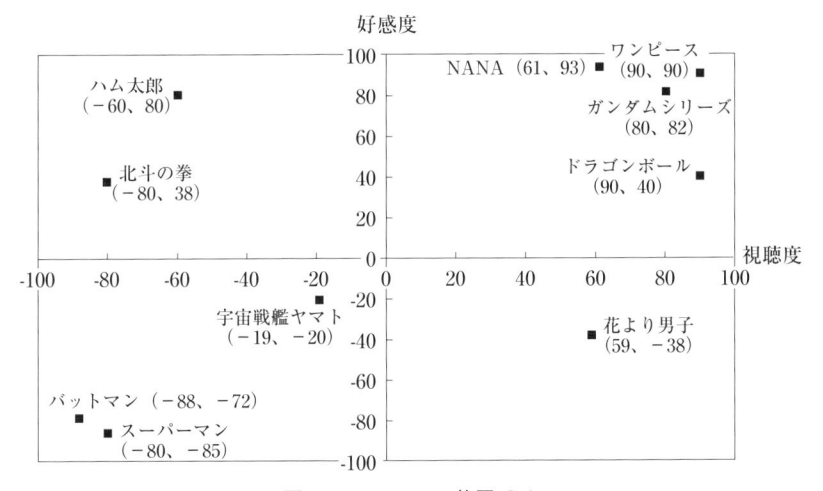

図9-2 アニメの位置づけ

「ハム太郎」(80) となった。視聴度（横軸）のもっとも高い数値であったものは「ワンピース」(90)、「ドラゴンボール」(90) であった。続いて「機動戦士ガンダム」(80)、「NANA」(61)、「花より男子」(59) となった。

9-5 アニメ・漫画・キャラクターについての好感度と視聴度からの考察

　上記の結果をまとめると以下のようになった。
第1象限：好感度も視聴度も高いグループ
　　　　NANA, ワンピース、機動戦士ガンダム、ドラゴンボール
第2象限：好感度が低く、視聴度が高いグループ
　　　　花より男子
第3象限：好感度も視聴度も低いグループ
　　　　宇宙戦艦ヤマト、バットマン、スパイダーマン
第4象限：好感度が高く、視聴度が低いグループ
　　　　ハム太郎、北斗の拳
　第1象限の好感度も視聴度も高いグループに属する「ワンピース」、「機動戦士ガンダム」、「ドラゴンボール」の3つは、すでに現在までにTV放映が終了した作品である。また、これらの3つの作品はすべて劇場用の映画も製作された。現在の大学生が小学生あるいは中学生の頃である。彼らにとってはなじみのある作品である。よって、好感度も視聴度も高いと考えられる。NANAは実写版の映画も制作されている。もともとNANAは女子向けのコミックであった。しかし、ここ数年女子向けのコミックに関心を持つ男子が増えてきている。NANAは単なる恋愛ものではなく、生き様や夢を描いているところが若者が男女を問わず好感を持たれていると言われている。NANAには、自分の意志を貫く格好良さや、同世代の若者の悩みが描かれている。この内容が女子のみならず男子にも共感されるのであろう。よってNANAは、他とは異なるが、流行もありこの第1象限に入ったと考えられる。
　これに対して、第2象限は、好感度が低く、視聴度が高いグループで、「花より男子」のみが位置づけられた。これは現在TV放映中である。TV放

映はトレンド俳優たちを起用しての実写版である。この作品も、もともとは女子向けのコミックである。話題性もあることから一度は見てみたいと思う者が多いのであろう。しかしながら、好感度が低いのは、学園生活を中心としているとはいえ、夢や生き様というよりも、貧富の差から生じる不合理さを中心に据えているからだろう。主人公にいかに共感するのか、自分を投影できるのかによって、好感度の高低がきまってくるのである。「花より男子」はその意味で若者が自分の実生活を主人公に重ねあわせることが難しかったのであろう。

　第3象限は、好感度も視聴度も低いグループである。ここに属するのは、「宇宙戦艦ヤマト」、「バットマン」、「スパイダーマン」である。これらの共通点は、放映された年代が古いということである。宇宙戦艦ヤマトは昭和50年代に、「バットマン」にいたっては昭和40年代のTV放送である。おそらくこれらに好感度や視聴度を高くもつのは、40代以上の世代であろう。今の大学生にとっては、さほど魅力は感じられないが、有名であるので名前はよく知っているという作品であると考えられる。

　第4象限は、好感度が高く、視聴度が低いグループである。ここには「ハム太郎」、「北斗の拳」が入っている。「ハム太郎」は女子が「かわいい」と思うキャラクターである。おそらくは、これはTV番組そのものよりも、キャラクターグッズの効果が大きいと考えられる。なぜならば、TV放送される「とっとこハム太郎」は幼児向けの内容であり、大学生のレベルで楽しむというストーリーではないからである。「北斗の拳」もかつてTV放送されていた。最近はスロットの機械にも盛り込まれている。「北斗の拳」は、男子向けのコミックである。これもよく知っているので好感度も高いのではあるが、ストーリーの最後も周知のごとくであるがゆえに視聴度が低くなっていると考えられる。つまり内容が見たいのではなく、北斗の拳に登場するキャラクターに好感をもっていると考えられる。

　アニメ・漫画・キャラクターについての好感度と視聴度からみると、それぞれの特徴が明確になった。おそらくは、11位から30位までを分類しても、同じような理由で分類されると考えられる。このようにある軸をもとに分類すると、仲間わけが明確になる。そしてその象限に含まれた物事の特徴

が把握でき、それらを誰にどのようなかたちでアピールすればよいかの糸口にもなる。今後は現在アート全体を何らかの分類が可能な軸を捜すことが課題になるであろう。そのことによって、若者が何を求めて、何に価値を見出しているのかも明確になるからである。

◆参考文献

赤池弘次監修　駒沢勉・橋口捷久著『パソコン数量化分析』朝倉書店、1988年。
石井淳蔵・厚美尚武編『インターネット社会のマーケティング』有斐閣、2002年。
石村貞夫著『SPSSによる統計処理の手順』東京図書、1995年。
伊藤正伸・岡部あゆみ・加藤義夫・新見隆著『アートマネジメント』武蔵野美術大学出版局、2003年。
大越愛子・志水紀代子編『ジェンダー化する哲学』昭和堂、1999年。
香山リカ著『若者の法則』岩波新書781、2002年。
酒井麻衣子著『SPSS完全活用法——データの入力と加工——』東京図書、2001年。
坂下清・鶴田剛司・竹末俊昭・佐藤典司著『デザインマネジメント』武蔵野美術大学出版局、2002年。
芝祐順著『因子分析法　第2版』東京大学出版会、1979年。
嶋口充輝・竹内弘高・片平秀貴・石井淳蔵編『顧客創造』有斐閣、2001年（4刷）。白井利明編『よくわかる青年心理学』ミネルヴァ書房、2006年。
鈴木武・山田作太郎著『数理統計学——基礎から学ぶデータ解析——』内田老鶴圃、1996年。
竹内淑恵「広告認知と店頭配荷による販売への影響」日本消費者行動研究学会、『消費者行動研究』、Vol.11、No.1・2、pp.19-33、2005年。
田中豊・脇本和昌著『多変量統計解析法』現代数学社、1983年。
森永卓郎著『萌え経済学』講談社、2005年。
安本美典・本多正久著『因子分析法』培風館、1981年。
山田徹著『キャラクタービジネス』PHP研究所、2000年。

Yukie Tsuji, "Commodity Characteristics Preferred by Young People in Japan", *Clothing Research Journal*, Vol.1, No.1, pp.29-35（2003）

Yukie Tsuji, "Brand Selection Criteria and its Switch Among Japanese Female Students-Acase Study of Brand Bags-", *Clothing Research Journal*, Vol.2, No.1, pp.31-36（2004）

Yukie Tsuji, "Why Do Japanese Women Buy Used Brand Name Products?", *Clothing Research Journal*, Vol.3, No.2, pp.107-113（2005）

第10章

現代アートに対する若者の売買と使用状況

10-1 本章の目的

　本章では、現代アートを大学生がどのように理解しているのか、どのようにとらえて生活に取り入れているのかを明確にすることを目的とする。そのためにアートの「売り買い」に着目する。「売り買い」は、まさにマーケティングの研究分野である。マーケティングとは「売る」ことなのである。お客である消費者（最近は生活者という）は自分のほしいと思ったものを「買う」のである。そのきわめて明快な行動の中に、顧客ニーズ、ブランド志向、ロイヤリティ、カスタマー・バリュー[(1)]などに影響を与える要因が生じてくる。つまり価値ある製品をつくろうとするメーカー（企業）と、自己満足が得られる良い商品を選択しようとする消費者間で、様々なニーズが生まれてくるのである。マーケティングの基本は4Pとよばれ、製品、プロモーション、流通、価格である[(2)]。これらの4Pをふまえたうえで現在においては、特に顧客との関係を重視した研究がなされている[(3)]。それは消費者の価値が多様化したためであるとも言われているが、モノが容易には売れないという現実があるからである。その背景には長びく不況の影響も考え

---

(1) カスタマー・バリューとは、「企業から提供された商品に対し、顧客が感じる価値を指す」。マイケルD．ジョンソン（Michael D．Johnson）・アンダース　グスタフソン（Anders Gustafsson）著、西村行功訳『カスタマー・バリュー──クオリティと顧客満足を高め収益につなげる──』ダイヤモンド社、2001年、表紙の裏の言葉を引用。『カスタマー・バリュー』は『Improving Customer Satisfaction，Loyalty，and Profit』の翻訳書である。この本のメインテーマは「顧客満足やロイヤルティ（忠誠心）の指標を定量的に構築し、それを品質の改善や収益につなげていくための顧客調査・分析システムの確立方法」であると記されている。システムについては多くの場合、情報システムを想起するが、この本では情報システムには限定していない。

られるし、製品自体の魅力の鈍化も考えられる。いずれにしてもモノやサービスに対しての消費者の選択眼は厳しいものがある。そのような時代に、アート色の強い商品は、購買行動を促進する有効な仕掛けである。なぜ企業がアートに注目し始めたのかという素朴な疑問からこの研究は出発している。

　第8章で述べたように従来のアートというと、絵画、彫刻など美術品をイメージする大学生が多い。これに対して、現代アートといえば、たいへん幅広い多様なイメージが指摘できる。現代アートには視覚のみならず聴覚をはじめ五官に訴えてくるものも含まれる。長時間そこに存在している従来のアートとちがって、パフォーマンスかイベントのように瞬時に消えてしまうものも現代アートには含まれている。

10-2　アートに対する学問的取り組み

　アートは大学生にどのように理解されているだろうか。筆者はアートという言葉から「アート・ディレクター」と「アート・マネジメント」という言葉がすぐに思い浮かんだ。マーケティング用語辞典[4]には「アート・ディ

---

(2)　廣田章光・石井淳蔵編『1からのマーケティング　第2版』中央経済社、pp. 34-37, 2004年、第2章参考。マーケティングの4つの基本は以下のとおり。
　①製品（product）政策：「自社がどのような製品やサービスを消費者に提供していくのかということに関する意思決定である。」(p. 34引用)
　②プロモーション（promotion）政策：「自社の製品に関する情報を消費者との間でいかにコミュニケーションしていくかということに関する意思決定である。」(p. 35引用)
　③流通（place）政策：「どのような道のりを経て製品を消費者に届けるのかということに関する意思決定である。」(p. 36引用)
　④価格（price）政策：「製品をどのような価格にして展開していくかということに関する意思決定である。」(p. 37引用)
(3)　嶋口充輝著『顧客満足型マーケティングの構図―新しい企業成長の論理を求めて―』有斐閣、1994年。本書のまえがきには「古くて新しいこの顧客満足というキーワードが経営全体の中で再び大きくクローズアップされたのは1990年代になってからである」と記されている。その前の1980年代は競争の時代と呼ばれていた。この頃には単純な競争ではなく、製品にいかなる価値をつけるか、どのように満足をしてもらえるのかが、テーマになってきたと言えよう。
(4)　出牛正芳編著『基本マーケティング用語辞典』白桃書房, p. 4, 2004年, 新版第1刷。

第 10 章　現代アートに対する若者の売買と使用状況　195

レクター」は次のように説明されている。「広告代理店や製作会社の中で広告表現のビジュアル面に関して、プラン、実行、および管理の責任を持つ役職。日本では新聞や雑誌などのプリント広告での役割が中心であるが、アメリカなどでは TV 広告のストーリーボードの開発なども担当することがある。組織上は、デザイナーとクリエイティブ・ディレクターの間にあたる。通常美術学校などを卒業しており、デザイン面の知識はもとより、印刷・製作所、イラストレーター、写真家、スタイリストなど多くのスタッフに指示をだすための知識が求められる。」

　また、「アート・マネジメント」の方は、たとえば伊東らが『アートマネージメント』というタイトルで武蔵野美術大学出版局から出版している[5]。本書で新見がアートマネージメントを次のように説明している。「アートマネージメントとは、アートとは何か、文化とは何かを、社会に問いかけ広めていく、不屈の実践的学問である。」さらに新見はアートマネージメントに求められているものについて、「おそらく、現代人が文化に求めているものは、新しいかたちの、お祭りのようなものかもしれない。それを模索することが、アートマネージメントに求められていると思われる[6]」と書いている。新見いわく、「ある時期まで、人びとは、アートを、日常生活とは切り離された、ある主の神々しい輝きとみていた。それは、今でも変わらない[7]。」これが従来のアートを説明していると考える。おそらく大学生の多くは、このような考えに対して理解を示すであろう。これに対して現代アートはもっと身近なところにある。

　そこで、現代アートの商品価値の内容を分析して、図 10−1 に示した。現代アートそのものを中心として考えた場合、製品のパフォーマンスとしては品質がある。品質が優れていないものは現代では通じない。それが製品の基本である。次に現代アートの特徴である革新性とこだわりがある。そして、価格の問題であるが、消費者（顧客）にとってはミュージアムショップ

─────────
(5)　伊東正伸・岡部あおみ・加藤義夫・新見隆著『アートマネージメント』武蔵野美術大学出版局、p.6、2003 年。
(6)　上掲書、p.10。
(7)　上掲書、p.11。

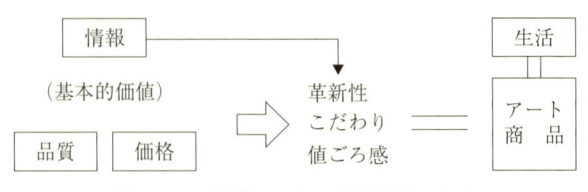

図 10-1　現代アートの商品価値の内容

においても値ごろ感のある商品を求める。値ごろ感とはいわば納得できる価格のことである。消費者にとっての適正価格とも考えられる。また、従来のアートと比較すると安価である。情報媒体としては、インターネット、雑誌・TVの話題性、そして萌えブームがある。萌えという言葉はおたく系の人がこだわるとき、気に入ったものに夢中の状態の時などに使用していた。これらが総合的な力を発揮して商品価値が生まれてくるのである。

　学生たちのアートに対するイメージの中でもあったように日常の中のアートこそが、現代人が身近に感じるアートなのであろう。そして日常の中のアートは必ず何かに使用されているはずである。身近な生活の中で直接的にふれられているはずである。

　従来のアートは美術品という形でマネジメントされ、画商の手によって売買がなされてきたのである。しかし、身近な日常の中に息づくアートの普及によって、新しい販売方法が見出されてきたのである。それはネット販売であったり、フリーマーケットでもあったりする。いわゆるプロではない人々が販売する側にたったのである。次の節ではこれらの販売についての実態を紹介する。

10-3　アートを売るという行為

　絵や彫刻は、美術館に納められ、それらの売買はプロ同士がすべてをとりしきっている。そこには玄人や目ききといわれる人々の間の独特な世界が存在する。素人が入る余地は少ない。これに対して現代アートは、最近のネット販売では素人のお手軽な売買が通例化している。

　ネット販売の例として「GALLERY TAGBOAT」をあげる。これは2005

年10月2日現在の資料である。「GALLERY TAGBOAT」では「現代アートを知って、探して、買うならばタグボート」というキャッチコピーをつくっている。GALLERY TAGBOATのサービスコンセプトは「絵画販売の世界に、新しいスタンダードを。アート市場、オープン＆フェア宣言」である。たとえばオープン＆フェアとしては、「誰もが安心、納得できる」価格で商品を出している。この「GALLERY TAGBOAT」は（株）エムアウトという会社の絵画事業である。（株）エムアウトは2002年に設立、本社は東京都港区南青山、資本金5000万円であった。インターネットでは、価格別、サイズ別、作家別というカテゴリーがあって、それぞれをクリックすると、希望する価格やサイズ、あるいは作家別に作品が紹介されている。また、おすすめの作品コーナーや展示会の案内もある。2005年11月4日のホームページには、おすすめの作品としてドイツのゲルハルト・リヒターが紹介されていた。

　これ以外には、最近よく見られるフリーマーケットでも、現代アートがリサイクル品の1つとして売られている。

　これらのように、アートを売るという行為が日常的になり、素人が参入する環境が身近にできてきたのである。ここでアート商品を売ったことがある大学生がどのくらいいるのかを調査してみた。調査は2005年10月上旬である。手法としては集団面接法を用いた。その結果、157人中、アート商品を何らかの形で販売したことがあると回答した者は、約11.5%で18人であった。18人（約11.5%）を多いと感じるか、少ないと感じるかは、人それぞれの受け止め方であろう。アート商品を売ったことがあると回答した18人が実際に売った商品を表10-1にまとめた（複数回答あり）。表10-1には、アート商品ではなく、単なる中古品もある。たとえば、表10-1に上から4行目、「リサイクルショップに売ったルイ・ヴィトンの中古鞄」は、アートではなくリサイクルブランドの鞄である。もちろんプレミアのついた珍しいルイ・ヴィトンの鞄であったかもしれない。しかしそうだったとしても、本書で扱っている現代アートではない。また、最後の「なべ」は、現代アートというよりデッドストックに近い。学生自身もデッドストックなのか、アート商品の仲間にはいるのかがわかっていないところがある。この

表 10-1　大学生が売ったことがあると回答した商品

商品名	売った場所・あるいは売り方
灰皿	昔の灰皿が自宅の押入れに残っていたのでネットに出してみた
靴べら	短いプラスチック製のものを友人を介して、骨董屋に売った
レコード	レコードが納屋に 100 枚くらいあったのでリサイクル屋に売った
中古鞄	ルイ・ヴィトンを 80 万円で買った。あきたからショップに 19 万円で売った
ポスター	美空ひばりのポスターが 5 枚あったので、マニアにネットで売った
版画	誰かわからないが、サインはあった。リサイクルセールで売ってもらった
ペンダント	大正時代のものだったが、不要なのでのみの市に委託販売した
ネクタイ	古いネクタイがたんすに 70 本もあったので、売りにだした
タイピン	同様にタイピンも 60 個以上あったので、売りにだした
湯のみ	昭和レトロの湯のみをリサイクルセールに出す友人にあずけて売った
掛け軸	昭和期の掛け軸。鳥の絵が気に入らないから友人に 1000 円で売った
色紙	武者小路実篤をはじめ作家の色紙を 24 枚、不用品買い付け業者に売った
絵画	油絵を地元の日曜骨董市場に持参して自分で売った
火鉢	火鉢を廃品回収業者に売った
京人形	古い京人形を 3 体、友人をかいして売った。たぶん業者だと思う
墨絵の軸	押入れにねむっていた墨絵の掛け軸 30 本を不用品買い入れ業者に売った
時計	1m する置き時計（昭和初期のもの）を骨董屋さんに売った
切手	古い切手を質屋に売った。500 枚くらいはあった
茶道具	祖母の茶道具を古道具屋に売った。茶碗、茶せん、棗、水入れなど
ラジオ	アメリカ製ラジオ 1950 年代をのみの市に出して売った。
着物	家にあった着物を 30 枚ほどリセール市に友人と一緒に店を出して売った
はぎれ	家にあった布の中で綺麗なものをリセール市に母親と売りにいった
なべ	昔もらった高級そうな銅製のなべ 6 点セットを使用しないので売った

　表 10-1 でわかるように、「不用であるから売った」という理由が大半を占めている。
　現在においては全国各地においても「中古ブランドリセール市」などが開催され、買うための場所、あるいは売るための場所は身近な存在になってき

ている。

　しかしながら、このアート商品を売るという行為はまだ、マイナーな行為におわっている。大きな市場になるには、時間がかかりそうである。売買取引の変容は、いつの時代にでもおこりうることである。従来の売買取引は卸と製造者、製造者と小売り、小売りと消費者であった。ここでの売り買いは消費者と消費者との関係になる。自分がストックしていたものを売るという行為である。これは売った時点で完結する。いわば一度きりの売買取引である。ここからいかにシステムを構築するのか、あるいは相互にコミュニケーションをとるのかということが市場をつくるための今後の課題になってくると考えられる。

10-4　アートを買うという行為

　では、大学生はどこでアート商品を買うのであろうか。ここでアート商品を買ったことがある大学生がどのくらいいるのかをきいてみた。対象者は上記の売ったことがあるという者と同様である。その結果、157人中、アート商品を何らかの形で購入したことがあると回答した者は約91％で、143人であった。多くの大学生がアート商品を買ったことがあるという回答であった。実際に買った商品を図10-2にまとめた。ここでは複数回答を含めたために、個々の品目が多い。そこで、表10-1のように具体的な回答をまとめるのではなく、図10-2にはカテゴリー別に示した。

　たとえば文具系の中にはレトロ昭和グッズが含まれていた。あるいは、「古切手」もある。菓子系では「食玩」が一番多く購入されていた。「食玩」には海洋堂の動物シリーズや村上隆のフィギュアなどがある。そのほかには魚シリーズ、昆虫シリーズといったシリーズものがあり、これらはコレクションの対象にもなっている。菓子系の他には「復活バージョングリコ」「不二家なつかし飴」があった。

　さて、「買った」ということに対して、一番多くの回答を得たのは、ファッション系であった。ここには流行の古着が位置しているが、多くの大学生はこの古着を購入することに心理的な抵抗はない。ドイツの社会学者で

文具系	菓子系	ファッション系
レトロ昭和グッズ 鉛筆、鉛筆けずり 缶のふでばこ 古切手	食玩 復活バージョングリコ 不二家なつかし飴	古着、古布、着物 中古ブランド品、Tシャツ アンティーク・アクセサリー

インテリア系	家電系	美術系	レア系	キャラクター系
寝具 小物 電気器具	湯沸かしポット ミニ扇風機 電気ストーブ	版画 ポスター 置物(レプリカ)	玩具 ゲーム 古本、レコード	キティやプーサンの時計、財布

図10-2　買ったことがあるアート商品のカテゴリー

あるジンメルがトリクルダウンセオリーを発表した19世紀末には、社会階層の上から下へ流行の服飾が移動した。当然のことながらそのころのパリには、まだ洗濯するという習慣が乏しかったので、衣服が古着となり、下層階級にいけばいくほど、不潔なものになっていた。現在でも、古着は不潔というイメージをもつ人もいる。それらの人々のイメージの根底には、このような歴史的な背景があるのかもしれない。インテリア系には家具も含まれている。置物に近い形のものもあれば、実用的なものもあり、回答は種類が多かった。小物は雑貨に近いインテリア商品という意味である。具体的には小さなガラス細工の動物や、ビー玉などもここに入る。また、蚊取り線香の置物の豚、布製の人形や竹細工も含まれていた。

　家電系では、今でも使用可能なレトロっぽい家電が購入されている。たとえば電熱器、湯沸しポット、ミニ扇風機、旧型ラジオも回答としてあげられた。

　美術系は文字どおり美術に関する作品ではあるが、現代アートの分野である。また、レプリカやマルチプルといったアートに類する購入可能な作品も含まれている。具体的にはミュージアムショップで購入したものが多かった。

　レア系にはプレミアがつくようなレトロな玩具、初代のゲーム、古本やレコードが含まれた。特にレコードの購入者が12人もいた。彼らは全員、男子大学生であったが、レコードを聞くためのプレーヤーも所持していた。

　キャラクター系にはキティちゃんやプーさんの財布、ディズニーキャラク

ターの時計などがあげられた。あんぱんまんのついたボールペンやマグカップも回答されていた。これはファッションについで回答の多いカテゴリーであった。

　このように売る機会よりも買う機会の方が多いのは、売っている場所が多いことと、古いものやアンティークはアート商品であるイメージがつよいことが原因と考えられる。

10 – 5　リサイクル商品とアート商品との相違

　アート商品の売り買いに関する調査の結果からわかったことは、学生たちがアートだと回答した中には、多くのリサイクル商品が混在していたことである。これらは厳密にはリユース商品というべきである。

　リユース商品で有名なものには、ブランドの中古バッグがあげられる。この商品に対する人気は高く、各地で有名ブランド品の中古セールが開催されている。たとえば、2004年1月中旬に大阪で開催された「第5回めちゃ得！ブランドリセール市IN心斎橋OPA」（主催リサイクル文化社大阪本社）では、3日間の売り上げが147,475,558円となった。部門別の売り上げの上位3位はルイ・ヴィトンが38,625,231円、エルメスが38,149,640円、シャネルが17,090,680円となった[8]。

　以下にリサイクル商品とアート商品との違いをまとめてみた。
① 　リサイクル商品、あるいはリユース商品は、どちらかといえば中古品というイメージが強い。これに対してアート商品は中古というイメージが少ない。
② 　アート商品の主な販売先はミュージアムショップである。リサイクル品やリユース品は市場や専門店での販売が多い。

---

[8] 　辻幸恵・梅村修著『ブランドとリサイクル』リサイクル文化社、2005年、pp.32－33引用。このように部門別の1位から3位までは人気のブランドの鞄が並んだが、4位は時計の売り上げが13,623,426となった。イベント参加会社は全部で23社あり、ブランドの鞄の店の出店が多かった。やはり有名ブランド鞄に対する消費者の購入意欲は大きいと考えられる。

③　アート商品は、どこかにアートらしさがある。これは"見立て"でもかまわない。だからこそ使用する場合には工夫がある。これに対して、リサイクル品やリユース品は歴然と使用目的や使用方法が存在している。ブランドの鞄であれば、その使用方法はやはり鞄である。ブランドという付加価値があるにしても鞄は鞄として使用されるのである。
④　アート商品はマイブームがあったとしても、広く流行することがむずかしい。食玩等のコレクション性があるものは特別である。一般的なアート商品は個人差が大きく流行の波をつくることは困難である。
⑤　アート商品は実用性に専門性が加わるときがある。

　以上からアート商品とリサイクル商品は、その意味が異なっている。古いモノがすべてリサイクル商品やリユース商品ではない。アート商品もすべてがミュージアムショップで売られているわけではない。今後はリユース商品と区別されたアート商品の販路が拡大されるであろう。

10-6　アート商品の使い道

　若者は具体的にどのようなアート商品を使用しているのかをまとめてみた。それが表10-2である。表10-2は、アンケートで得られた言葉のとおりを記載した。
　ところで、商品を購入しても鑑賞用だけでは、従来の美術と同じである。現代アートの商品の特徴は実用性、情報性、収集性である。実用性とは日常生活の中で使用できるものである。たとえば表10-2の項目1の「植木鉢」でも日常生活に潤いを与えてくれるという意味では日常生活の中で使用できるものの範疇である。情報性とは価値や流行という情報を知ることである。収集性とはコレクションが出来るということである。古切手の収集などがコレクション性の例である。また、表10-2の項目6の食器は、実用性と収集性をかねていると言える。「気に入っている理由」には「ばらばらな種類だが、土の風合いがよい」とある。これはコレクションをする本人の価値基準によって収集されており、生産地やブランドで統一はされていないが、それぞれの食器の風合いを楽しんでいることになる。アート商品の良さは、自

表 10-2 アート商品の使用状況とその理由

項目	アート商品	使用方法、状況	気にいっている理由
1	植木鉢	部屋の隅に	緑の葉と植木鉢の四角い赤がマッチしている
2	文具	机の上、引き出し中	プーさんシリーズで、楽しい気持ちになる
3	電球	机の前、補助電球	動かせるし、柔らかい橙色が心静める
4	ギター	部屋の隅に	えんじ色がインテリアっぽくおしゃれだから
5	窓枠の飾り	窓枠に	レトロっぽいので、つけてみたらはまった
6	食器	台所で、食事の時	ばらばらな種類だが、土の風合いがよい
7	下駄	近所に行ときに	赤い鼻緒が粋に見えるし、夏は爽快
8	コップ	台所で、食事の時	大きめのカップで、絵柄が西欧風だから
9	皿	台所で、食事の時	京都で1枚だけ購入したが、味があるから
10	便箋	友人にだす	旅行先で必ず購入して、たよりをする趣味
11	携帯電話	シールをはった	ぴかぴかと光ってマイ携帯になった
12	切手	切手を収集している	小さいけれど1つずつがアートしている
13	Tシャツ	コラボTを購入	アーチストコラボなのでアートそのもの
14	一輪挿し	窓辺に飾る	金沢で購入した輪島塗の一輪挿しだから
15	ガラス細工	専用ボックスに飾る	ガラス細工の繊細さがよい、趣味で収集
16	古いきれ	専用ボックスに保存	古いはきれで小物を作成する趣味
17	絵本	本棚	美しい西欧の挿絵がよい
18	カラーファイル	書棚	様々な色に気持ちがなごむ
19	アクセサリー	外出時につける	トルコ石のように石がはいったものがよい
20	花瓶	玄関先	大理石のような白さが気に入った
21	茶碗	台所、食事の時	うるしっぽい色で逆山の形がレトロっぽい
22	湯のみ	台所、食事の時	土っぽい感触と重厚な感触がよい
23	指輪	プラスチック	チープな感じだが、透明感がある
24	かんざし	外出時につける	京都の土産、長い髪をまとめる時に使う
25	下着	外出時につける	アメリカっぽくてジョーク満載だから
26	布きれ	収集中	人形、パッチワークに使用（趣味）
27	ボールペン	大学で	カラフルで目立ってかわいい
28	ポーチ	大学で	ブランドで気に入っている
29	ベルト	大学で	古着やで購入した、一点もの
30	ぼうし	大学で	おしゃれで、色が目立つ

分の価値基準での選択が楽しいことである。

　「気に入っている理由」としては、多くはその商品の特性を示している。たとえば、茶碗ならば「うるしっぽい色で逆山の形がレトロっぽい」、湯のみは「土っぽいという感触と重厚な感触がよい」という具合である。また、ギターなどは単なる楽器ではなく「おしゃれ」という理由である。「かわいい」、「おしゃれ」、「ブランドだから」という理由は、女性が衣服や小物を購入するときの理由には必ずあがってくる。使用状況をみると、日常的に使用していることがわかる。飾る場合も、特別な場所ではなく、自室の窓や台所という日常空間である。このことから、アート商品の実用性が証明されている。

10-7　レトロブームの分析から得る現代アート要因

　ここでは現代アートに関する具体的事象をあげる。アートは美術の教科書に掲載されているものが代表的で、美術館や博物館で鑑賞するものと思っている学生が大半である。2005年12月上旬に関西在住の大学生142人（男女合計）に調査をした結果、80％がそのように思っていた。従来のアートの分類は2つあるという。「ひとつは絵画や彫刻や建築などのいわゆる美術であって、このアートは創作者の技術的活動が終わった結果としての作品が観衆に提示される。もうひとつは音楽や演劇や舞踏などのいわゆる上演芸術であり、この種のアートでは作品創造の技術的活動ないしプロセスそのものが観衆に提示される[9]。」これに対して、現代アートは、提示方法は同様であっても、情報の発信の仕方が異なる。たとえば美術館での展示とは異なる発信の仕方として、ネットを活用する方法がある。現代アートは販路を開発し、マーケティングシステムを活用している。不特定多数の人々に大量かつ同時にアピールできるのである（表10-3）。

　さて、現代アートに対する感想の中でもっとも多い意見は「わからない」

---

[9]　『アートマネジメント研究』第1号, p.6, 引用、美術出版社、2000年。ここでは「アートメンジメントの概念」利光功稿, pp.4-9の中の1. アートの意味から引用をした。「アートマネジメントの概念」はこの巻の巻頭論説である。

表10-3　ネットオークションでの月間ワードランキング（2003年）

9月

1	即決
2	WCCF
3	阪神
4	ガンダム
5	財布
6	パタゴニア
7	加藤あい
8	自転車
9	生茶パンダ
10	ドラゴンボール
11	CB-1
12	携帯電話
13	TMT
14	JZX100
15	ブライス
16	氣志團
17	DVD
18	ゼロハリ
19	B'z
20	アヴァロンの鍵

8月

1	生茶パンダ
2	ドラゴンボール
3	踊る大捜査線
4	リブレット
5	阪神
6	TMT
7	自転車
8	WCCF
9	SMAP
10	財布
11	リカヴィネ
12	LOOK
13	水着
14	携帯電話
15	ガンダム
16	ヌーブラ
17	KAT-TUN
18	コスプレ衣裳
19	ブライス
20	加藤あい

7月

1	WCCF
2	TMT
3	生茶パンダ
4	水着
5	SMAP
6	ヌーブラ
7	ドラゴンボール
8	携帯電話
9	財布
10	ナンバーナイン
11	自転車
12	踊る大捜査線
13	モトローラ
14	ブライス
15	ガンダム
16	コスプレ衣裳
17	KAT-TUN
18	浴衣
19	阪神
20	ロードスター

出典：森永卓郎著『萌え経済学』講談社、p.166、2005年

というものであった。この「わからない」の中身は、その作品の良さがわからないというものもあれば、どこからの時代を「現代」とするのかという時代区分がわからないという者、あるいは現代アートの定義がはっきりしないという者まで様々であった。

　では、いちばん多くの学生が共通してわかりやすいという現代アートはと言えば、アンケート調査からは1位「昭和レトロブーム」(113)、2位「食玩ブーム」(104)、3位「アニメ・キャラクターのリバイバル」(101) の3つであった。（　）内は複数回答者数である。4位には「萌えブーム」(74)があるが。これは3位のアニメ・キャラクターとも深いかかわりがある。また、5位の「アーチストのコラボTシャツ」(52)、「コムサ・デ・モード

とのコラボ」(52)も学生たちにとっては身近な現代アートをイメージさせたものであった。

3位のアニメ・キャラクターのリバイバルには、パチスロなどに応用された「北斗の拳」、「サイボーグ009」「ウルトラセブン」なども挙げられる。これらのアニメや特撮ものが流行した頃は、昭和30年代〜40年代で、レトロブームとも通底していると考えられる。

それに対して4位の「萌えブーム」は異なっている。アニメという共通点はあるものの、リバイバルとは異なる新しい世界であると判断して、別のカテゴリーにわけて集計をした。この"萌え"という言葉は、もともとは「萌え出ずというように芽ざす、あるいは芽ぐむという」ことを萌えと称している。これは、レトロに対する愛好とは似て非なるものだ。

10-8　昭和レトロブームに対する分析

さて、昭和レトロブームの中心は、昭和30年代である。各地に昭和に関するテーマパークや催しが開催されている。大学生たちの昭和に関する、明確なイメージを抱いておらず、莫然とした時代の空気のようなものを抱いているにすぎないと思われる。そこで昭和レトロを例にして、イメージ項目を8つ選定した。それらは、「ユニークな作品がある」、「熱心なファンがいる」、「広告の方法が上手」、「作品自体が良質」、「作品にまつわる情報が豊富」、「近代的である」、「安定感がある」、「伝統がある」とした。

8つのイメージ項目に25の具体的な昭和レトロ商品を配し、被験者の大学生に評価点をつけてもらった。調査方法は集合調査法、調査期間は2005年11月上旬である。対象は兵庫県の女子大学に在籍する2回生300人である。回収率は56.3％で169人であった。記述ミスを2名削除したので、有意数は167である。この最高評価点は100点で、最低点は0点である。まず調査者が調査の意図と方法を口頭で説明をした。167名から得た回答の平均を表10-4に示した。小数点第1位は四捨五入とした。たとえば、表10-4の品目1のちゃぶ台は、女子大学生たちからみて「ユニーク」は15点と低い。「近代的」も5点である。製品そのものは「良質」である（60点）

表 10-4 昭和レトロ商品の評価点（平均点）

品目	項目	ユニーク	熱心さ	広告	良質	情報	近代的	安定感	伝統
1	ちゃぶ台	15	30	32	60	41	5	45	55
2	めんこ	10	35	38	52	28	4	48	44
3	ベーコマ	20	35	30	40	32	15	34	47
4	竹馬	18	44	12	62	20	18	35	28
5	白黒TV	8	11	10	8	10	5	20	18
6	扇風機	15	42	47	52	55	48	24	18
7	ポット	58	28	20	58	60	67	78	54
8	靴べら	75	80	52	80	40	25	25	85
9	灰皿	5	20	62	82	71	65	88	16
10	電球傘	10	22	18	70	63	58	39	72
11	栓抜き	87	70	12	81	13	18	22	65
12	手ぬぐい	82	80	84	75	78	36	69	85
13	写真館	14	10	32	61	51	8	17	34
14	マネキン	36	39	32	60	41	5	45	55
15	ちょうちん	85	70	62	70	81	8	12	90
16	ガス灯	45	10	13	10	21	11	17	35
17	蚊取り線香	85	20	82	20	55	20	38	85
18	石鹸	12	10	32	53	46	33	50	58
19	半てん	85	40	45	58	23	25	37	40
20	下駄	74	38	72	68	18	8	49	53
21	レコード	5	31	56	20	78	8	65	45
22	針ばこ	10	10	15	30	31	10	15	35
23	ストーブ	8	10	33	10	24	28	48	85
24	ミシン	45	58	42	67	47	36	48	85
25	赤電話	35	70	62	68	72	42	25	40

と受け止められているが、そこには「伝統」55点や「安定感」45点というように、賛否両論の点数となった。女子大学生に質問をしたので、品目2の「めんこ」は、ユニークではないという評価となった（10点）。調査対象である女子大学生は「めんこ」の存在すら知らなかった。

「赤電話」にいたっては、その現物の思い出は、調査対象者の中には少なかった。しかしながら、品物自体はドラマや地方の公衆電話などで理解していた。「針ばこ」は、小学校の家庭科の時間に配布されたプラスチック製の小さな箱を思い出すものが多かった。しかしながら、中には木製の古式な針ばこを想起するものもいた。なお、この調査は各自のイメージを先行させたので、1つ1つの品物を限定することはしなかった。各自のイメージの中の商品・製品であることをここに付しておく。

これらの昭和レトロ商品の評価点から理解できたことは、次のようなことであった。

① 全体的に項目に高得点がついたのは手ぬぐいであった。京都や奈良の観光地で手ぬぐいの販売がなされているが、これは若者の感性にうったえる商品である。

② ユニークという項目の高得点は栓抜き、ちょうちん、蚊取り線香、半てんであった。まさに現代では非日常の存在物ばかりである。若者にとって、これは身近ではない事物であり、だからこそユニークと感じるのである。

③ 8つの項目のうち、比較的に得点が低かったのは、「近代的」であった。やはり「レトロ」は前近代的で古いというイメージであった。表10-4の中で評価が高いものはリメイクをして現代でも充分に販売可能であると考える。そこにアート商品としてのヒントがあるといえる。

◆参考文献

青木幸弘・陶山計介・中田善啓編『戦略的ブランド管理の展開』中央経済社、1996年。
内田東著『ブランド広告』光文社新書、2002年。
京都大学マーケティング研究会編『マス・マーケティングの発展・革新』同文舘、2001年。

慶應義塾大学アート・センター編『芸術のプロジェクト』慶應義塾大学アート・センター、2004年。
嶋口充輝著『顧客満足型マーケティングの構図―新しい企業成長の論理を求めて―』有斐閣、1994年。
清水功次著『マーケティングのための多変量解析』産能大学出版部、1998年。
鈴木豊著『顧客満足の基本がわかる本』PHP文庫、2001年。
陶山計介・宮崎昭・藤本寿良編『マーケティング・ネットワーク論』有斐閣、2002年。
竹中一平「対人コミュニケーションの観点から見たうわさの伝達」日本社会心理学会、『社会心理学研究』、第21巻第2号、pp.102-115、2005年。
辻幸恵・梅村修著『ブランドとリサイクル』リサイクル文化社、2005年。
辻幸恵「流行と価格―女子大学生における化粧品の購入要因―」京都学園大学経営学部学会、『京都学園大学経営学部論集』、Vol.12, No.1, pp.25-50、2002年。
辻幸恵「キャラクター商品に対する購入基準とその魅力の要因分析―女子中学生とその母親の場合」京都学園大学経営学部学会、『京都学園大学経営学部論集』、Vol.11, No.3, pp.37-64、2002年。
辻幸恵「浜崎あゆみを科学する―ブランド・マネジメントに何ができるか―」日本繊維製品消費科学会、『繊維製品消費科学』、Vol.43, No.1, pp.40-44、2002年。
豊田秀樹著『共分散構造分析（事例編）―構造方程式モデリング―』北大路書房、1998年。
廣田章光・石井淳蔵編『1からのマーケティング　第2版』中央経済社、2004年。
深川英雄著『キャッチフレーズの戦後史』岩波新書195、1991年。
マイケル D. ジョンソン（Michael D. Johnson）・アンダース グスタフソン（Anders Gustafsson）著、西村行功訳『カスタマー・バリュー―クオリティと顧客満足を高め収益につなげる―』ダイヤモンド社、2001年。
南知恵子著『リレーションシップ・マーケティング―企業間における関係管理と資源移転―』千倉書房、2005年。
森川嘉一郎著『趣都の誕生―萌える都市アキハバラ―』幻冬舎、2003年。

第11章

消費者のニーズとアート

11 - 1　ニーズをみつける必要性と調査対象について

　本章では、消費者が求めているアートについて検討をする。消費者にはニーズとウォンツが存在する。

　マーケティング論では、消費者のニーズ、つまり消費者が必要だと思うモノやコトを知ることが企業にとっては重要だとされている。新製品開発においても、顧客ターゲットの絞りこみにおいても、企業は何をさておき消費者のニーズを知ろうとする。ニーズがないところに、製品は生まれてこない。そこには市場がないからである。

　しかし、従来のアートは、ニーズがあって生産されたものとはかぎらない。むしろアーティストが消費者のニーズなど眼中にないことが多い。世間のニーズに応えて、売り絵ばかり描いている画家は、決して尊敬を集めないのである。たとえ権力者に召しかかえられた宮廷画家でも時代を越えて評価される表現は消費者（王皇や貴族）におもねってはいない。ここがアートとプロダクツの違いである。

　では、現代アートはどうであろうか。現代アートといえども、アーティストの生きる糧という面は否めない。だから顧客に自分の作品を売るための市場も存在する。実用性のあるおしゃれなもの、あるいは個人がこだわっているものもアート商品のひとつとみなして、それらに対する消費者ニーズを考える。実用性、情報性、収集性の現代アートの3つの特徴であることは前章で述べたとおりである。

　アート商品は、そこにアート性を感じとるかどうかは個人差があることが予測される。だから市場といっても、ニッチな市場になる可能性もある[1]。

しかし、個人差が大きくても、ニーズの有無を調べることは、無駄なことではない。誰がどのようなこだわりをもっているのか、あるいは何をもって人々は身近な商品をアートだと思っているのかを明確にすれば、次なるアート市場への提案も可能である。

ここでは、消費者の代表として、女子大学生、女子大学生の母親、女子大学生の祖母という3つの世代を調査対象とした。よって、本章での結果は、女性が求めているアート商品ということになる。男子大学生をあえてはずした理由は、「おたく」的な感覚をここでは排除したかったからである。現在においては、「おたく」と呼ばれる人々は男性の方が女性よりも多いと言われている。

アート商品は、サイズも色も個人の好みがまちまちである。使用方法も多様で、自分流にアレンジすることができる商品である。たとえば、コップとして製造されたものは一輪挿しとして使用することもある。アート商品という商品を通じて、女子大学生、その母親、その祖母の感性を解明することの意義は、現在のみならず、将来において、彼女たちがどのような商品を望むようになるのかを知る端著となることである。

アート商品は、流行の要因も強く持っている。また、日常的な面も持っている。つまり流行と定番という二面性を持っている。また価格の幅も大きい。ひとりが使用する種類も個数も様々である。このように多様な面を持ち合わせるアート商品を研究することは、現在の消費者の多様なニーズとシーズを考えるうえでは意味のあることであると考える。

11-2　日常生活の中でのアート商品の選択

11-2-1　予備調査の概要（女子大学生）

神戸市に在住する女子大学生40人に「日常生活の中でのアートに関する

---

(1) 出牛正芳編『マーケティング用語辞典』白桃書房、p.155引用、1995年。
　「ニッチ・マーケティング：マーケティングは市場への対応をその旨とするが、必ずしもすべての市場がマーケティングによって満たされるわけではなく、多くの場合、そこにいまだ満たされぬ隙間市場が存在する。」とある。アートの市場は隙間市場に近いところからスタートすると考えられる。

調査」を実施した。これは日常生活の中でのアート商品の選択基準を明確にするための予備調査である。予備調査の段階では調査対象を女子大学生のみとした。実施期間は 2005 年 6 月下旬から 7 月上旬である。方法はすべて FAX を使用した質問紙のやりとりである。フェイスシート部分では、年齢と回生、大学区分を 2 つ（私学か国公立か、および共学か女子大か）、家族構成、アルバイト状況をたずねた。この予備調査おいては、下宿生はおらず、すべて家族と同居する者ばかりである。質問紙は A4 サイズ 2 枚で、1 枚目には調査の主旨、調査者の連絡先を明記し、フェイスシート部分の項目がある。2 枚目がすべて調査項目と回答になる。なお、調査対象の 40 名は、筆者が以前、大学生の流行に関する調査を依頼した際に、「次回も調査に協力してもよい」という回答を得た学生である。よって、ランダムに抽出された学生ではなく、すでに、筆者らが 2004 年の 9 月から 2005 年にかけて流行、リサイクル、キャラクター、ブランドをキーワードに調査を依頼した折にも協力してくれた女子大学生である。よって、このように FAX を利用する方法もはじめてではなく、各自が一度以上は経験をしている。

　本調査の目的は、女子大学生がどのようなものを日常的に使用しており、そこに「アートっぽいもの」を見出しているのかを知ることである。そこであえて、ここでの予備調査の段階においては、アート商品の定義はしていない。「こういうものもアートだと感じているのか」という発見を筆者らは期待したからである。「アートっぽいもの」という言い方は、本当はアートとはよべないものも含む余地を残している。各自の感性によって「これはアートだ」と感じているのであれば、今回はそれもアートに含める。

　この予備調査における質問項目は以下のとおりである。

---

　①あなたの身近にあるアート商品は何か、いくつでも結構ですから記載して下さい。②それをどのように、どこで使用しているか、③その商品の何が気にいっているのか。なお、アート商品とは、アートっぽい商品で、デザインや色にこだわったり、本来の機能以外に特徴があればけっこうです。ご自身がアートっぽいと思うもので結構です。特に定義や指定はありません。

　例：①鉛筆けずり……②今どき手で回す鉛筆けずりが机の上にあります。

面倒ですが、デザインとレトロっぽいので購入して使っています。③ごりごりという鉛筆をけずる音が気に入っています。

　例：①ちゃぶ台……②ひとり用で小さいサイズですが、机の代わりになるし、気軽に使えます。③座って作業できるので、気に入っています。

11-2-2　予備調査の結果（フェイスシート）

調査対象者である女子大学生40人のフェイスシート部分での回答を単純集計した結果は以下のとおりである。

平均年齢は20.5歳、3回生が一番多く20人だった。2回生は10名、1回生は8名、4回生は2名であった。大学区分は、私学が24名、国公立が16名、共学が28名、女子大学が12名となった。家族構成は、平均3.5人で、父母との同居が90%で、祖父母も含めての同居は10%であった。アルバイト状況は、80%の者が短期を含めてアルバイトをしていると回答した。アルバイトについては、長期の者よりも、休暇中を利用した短期アルバイトの方が多かった。

11-2-3　予備調査の結果（質問項目）

調査結果をまとめたものを表11-1に示した。

40人からは47の回答を得た。「③気にいっている理由」を書く回答欄には、詳しく理由が書かれていたが、見易さを重視して、表11-1のようにまとめた。この表11-1からわかることは、身近なアート商品をきいた場合、大きくは4つに区分されるということである。1つ目は、置物やポスターの類で、これは従来のアートに近いものである。2つ目はやかん、コップ、皿というように、主に台所で使用するものである。3つ目は、指輪、ブレスレット、ブローチというようなアクセサリーである。4つ目はジーパンやTシャツ、あるいは靴下という着るもの、はくものであるということである。この結果を元に、次に本調査を実施した。

表 11-1 身近にあるアート商品の予備調査結果

項目	①アート商品	②使用方法、状況	③気にいっている理由
01	ポスター	窓の隅に	緑の景色と絵がマッチしている
02	文具	机の上、引き出し中	キティちゃん色で、楽しい気持ちになる
03	馬の彫刻	仏壇の隣	柔らかい茶色が心静める
04	傘たて	玄関の隅に	黒色がインテリアっぽくおしゃれだから
05	玄関の飾り	玄関枠に	緑のとってがレトロっぽくてよい
06	お椀	台所で、食事の時	京都の風合いがよい
07	湯のみ	台所で、食事の時	赤い柄が粋で、大きさがよい
08	コップ	台所で、食事の時	ガラス細工で、絵柄が和風だから
09	皿	台所で、食事の時	古伊万里の偽物だが、風合いがあるから
10	絵葉書	たよりにする	気に入ったものはすぐに購入する、楽しい
11	文ばこ	収納する箱	茶色の木製、落ち着いた色がよい
12	古切手	収集している	1つずつがアートだ
13	暦	花特集を購入	花は自然のアートそのもの
14	色紙	机に飾る	セピア色の作家ものだから
15	孫の手	棚におく	竹の暖かさがよい
16	古やかん	押入れに保存	古いが鈍い金色がすてがたい
17	絵本原版	本棚	日本の風景画がよい
18	ビーズ	箱の中	様々な色と小作品がすばらしい
19	ブレスレット	外出時につける	銀製だが、おおぶりで目立つ
20	ネックレス	外出時につける	北海道の土産、木製だが暖かさがよい
21	ネックレス	外出時につける	様々な石がはめこんでいる
22	ブローチ	外出時につける	土っぽい感触と重厚な感触がよい
23	指輪	外出時につける	クリスタルガラスで透明感がある
24	ブローチ	外出時につける	知り合いの作家さんの一点もの
25	ブローチ	外出時につける	アメリカっぽくてあかるい感じ
26	ブローチ	外出時につける	京都で購入、布製がアートっぽい
27	ブローチ	外出時につける	神戸で購入、中華っぽい色彩がよい
28	指輪	外出時につける	銀製でごつい感じだが、アートっぽい

29	ジーパン	外出時にはく	百貨店で作家ものを購入
30	Tシャツ	外出時に着る	ユニクロでアーティストとコラボのもの
31	ジーパン	外出時にはく	京都で作家ものを購入
32	Tシャツ	外出時に着る	アメリカ村でアーティストとコラボのもの
33	Tシャツ	外出時に着る	京都で染色家がつくった一点もの
34	Tシャツ	外出時に着る	神戸高架下でイタリアからの輸入品
35	サングラス	外出時につける	なんばの街角でやたら派手だがアートぽい
36	ゆかた	外出時に着る	百貨店でアーティストとコラボのもの
37	くつした	外出時に着る	京都でアーティストとコラボのもの
38	タオル	自宅で使う	京都四条河原町で和風タオルを購入
39	風鈴	自宅で使う	商店街でガラス製のものを購入、昔柄がよい
40	蚊取り線香	自宅で使う	東急ハンズで豚のものを購入、かわいい
41	お香たて	自宅で使う	東急ハンズでお香とセットで購入
42	バスオイル	自宅で使う	バラの花びらが浮かぶ幻想的
43	マドラー	自宅で使う	リッツカールトンホテルで購入、おしゃれ
44	花瓶	自宅で使う	アールデコのこれぞアートっていう品物
45	ブラウス	外出時に着る	ゴスロリ風でフリルがたくさんついている
46	ベスト	外出時に着る	冷房がきつい時にさっときれるレースがよい
47	靴下	外出時に着る	冷房がきつい時にさっとはける。色がよい

11-3 本調査の概要と意義（4つのカテゴリーについて）

11-3-1 本調査の目的と意義

　女子大学生、その母親、その祖母を調査対象とした理由は、アート商品に対するオピニオン性は男性よりも女性の方にあるのではないかと考えたからである。本調査の目的は3世代の女性を比較することにもある。予備調査では、女子大学生40名からの回答であったが、調査からはカテゴリーで分類できる4つのグループが見出せた。それらをネーミングすると以下のようになる。

第1グループ：従来アート商品（絵画、彫刻、ポスター、色紙等）
　　第2グループ：台所アート用品（やかん、花瓶、皿、コップ、タオル、マドラー等）
　　第3グループ：アクセサリー品（指輪、ブレスレット、ブローチ等）
　　第4グループ：衣服類（古着、Tシャツ、ジーパン等）

11−3−2　本調査の方法

　本調査の期間は、2005年7月の下旬である。調査対象は前述に在住し、関西圏（大阪府、京都府、奈良県、兵庫県）の大学に通学している女子大学生（1回生から4回生）とした。内訳は1回生48人、2回生64人、3回生71人、4回生37人の合計220人である。調査方法は集合調査法を用いた。また、これらの女子大学生に質問用紙を持ち帰らせ、母親と祖母への協力を依頼したところ以下のようになった。

　母親については207名から回答を得た。うちわけは1回生の母親46人、2回生の母親60人、3回生の母親65人、4回生の母親36人である。祖母については1回生の祖母22人、2回生の祖母31人、3回生の祖母44人、4回生の祖母29人の合計126人となった。先の女子大生と合わせて全体で553人である。

　具体的質問は以下の2つである。

---

1) アート商品に対する意識：アート商品はあなたにとって必要なものですか。以下の4グループ別に回答をして下さい。
　　第1グループ：従来アート商品（絵画、彫刻、ポスター、色紙等）
　　第2グループ：台所アート用品（やかん、花瓶、皿、コップ、タオル、マドラー等）
　　第3グループ：アクセサリー品（指輪、ブレスレット、ブローチ等）
　　第4グループ：衣服類（古着、Tシャツ、ジーパン等）
2) アート商品に対するロイヤリティ：あなたには、特に4つのグループか、あるいはその他に、何かこだわり（ロイヤリティ）のあるアート商品がありますか。もしもあるとしたら、その品目を回答し、それにこだわる

理由を具体的に記述して下さい。

11-3-3 本調査のフェイスシート単純集計結果

単純集計の結果、フェイスシートの部分に関しては次のようになった。

① 女子大学生の場合は、以下のとおりである。

平均年齢は 20.6 歳、居住地の多い地域の順位は大阪府、京都府、兵庫県、滋賀県となった。

1カ月に自由に使えるお金（こづかい）の平均は、約 25,000 円であった。兄弟姉妹は妹が1番多く、次に姉、弟、兄と続いた。1日の TV 視聴時間の平均時間は1時間 10 分であった。雑誌は平均 2.5 冊の購入で、ノンノが1番多い購入雑誌であった。ここでは購入したかどうかを尋ねたが、コンビニなどでさっと見るだけを含めれば、もっと多くの者が雑誌を見ていると推察できる。好きなキャラクターの1位は「プーさん」で、圧倒的にディズニーのキャラクターの人気が高かった。また、「キティ」、「ドラえもん」などの定番の人気も高かった。多くの女子大学生は、お気に入りのキャラクターを数種類もっていた。アルバイトをしている者は全体の約 43.6％であった。世帯年収の平均は 1,050 万円となった。通学時間の平均は1時間5分であった。恋人の存在は約 38％がいると回答をした。

② 女子大学生の母親の場合は、以下のとおりである。

平均年齢は 43.6 歳、居住地の多い地域の順位は女子大学生と同様の大阪府、京都府、兵庫県、滋賀県となった。

1カ月に自由に使えるお金（こづかい）の平均は約 34,000 円であった。1日の TV 視聴時間の平均時間は2時間 20 分であった。雑誌は平均 0.5 冊の購入で、婦人画報、家庭の医療、ソトコト、女性自身、LEE などが比較的に多い購入雑誌であった。ここではばらばらな雑誌があげられ、女子大学生のような傾向を示すことはなかった。多くは趣味に通じるような雑誌をあげていた。好きなキャラクターの1位は「スヌーピー」であったが、「キティ」、「キキララ」、「ミッキーマウス」、「ミニーマウス」、「ドラえもん」など定番も人気が高かった。多くの女子大学生の母親は、キャラクターにはあまり関心がなく、どちらかと言えばブランドに関心が高かった。この世代は

特にブランド志向がつよい世代とも言われている[2]。パートをしている者は全体の約23.4%であった。

③　女子大学生の祖母の場合は、以下のとおりである。

　平均年齢は68.1歳、居住地は前2者と同じである。1カ月に自由に使えるお金（こづかい）の平均は約18,000円であった。1日のTV視聴時間の平均時間は3時間00分であった。雑誌はあまり購入していなかった。好きなキャラクターの1位は「ドラえもん」と「サザエさん」であったが、全体的にキャラクターに対する回答は少なかった。

11-3-4　本調査の結果・考察

　アート商品に対する4つのグループ別の意識調査の結果を表11-2～表11-5に記す。なお、無回答があるので、必ずしも表中の合計は一致しない。以下4つのグループごとに説明を加えていく。

1)　第1グループ：従来アート商品（絵画、彫刻、ポスター、色紙等）

　従来アート商品に対する意識は二極化した。全体553人のうち、従来アート商品が「必要である」と判断する者は、全体の43.5%であった。どちらでもないと回答したものが18.1%、あまり必要を感じないとしたものが約37.3%であった。無回答は6であった。

　表11-2の回答から理解できるように、「必要がある」が43.5%であり、「必要がない」37.3%というようにはっきりとYES、NOが分かれた結果となった。必要・不必要が明確になったことから、アート商品に対する意識の差が大きいことが理解できた。これは化粧品のように、女性であれば誰もが持っている商品と異なる点である。つまり、従来のアートほどではないが、現代アートも必要であると感じる者と、不必要と感じる者がいて、どちらでもないという者が比較的少ない結果となった。この結果から、世代に関係なく、女性の半数の販売を期待できる市場であるということは、現代アートはニッチではなく、マス・マーケットになる可能性もある。

---

[2]　久世敏雄・斎藤耕二監修『青年心理学事典』福村出版、p.312, 2000年参照。そこにはブランド志向については「ブランド志向とは、自己の感性に合致したブランドを好むこと、またはそのようなブランドを求める気持ちがあることをいう。」とある。

表 11-2　第 1 グループ：従来アート商品に対するカテゴリー別単純集計

カテゴリー／回生人数		必要である	どちらでもない	必要ではない
女子大学生	1 回生 48 人：	21 人	9 人	16 人
(220 人)	2 回生 64 人：	28 人	8 人	24 人
	3 回生 71 人：	29 人	18 人	24 人
	4 回生 37 人：	15 人	8 人	14 人
母親	1 回生 46 人：	19 人	9 人	18 人
(207 人)	2 回生 60 人：	28 人	9 人	23 人
	3 回生 65 人：	30 人	8 人	27 人
	4 回生 36 人：	11 人	9 人	16 人
祖母	1 回生 22 人：	10 人	5 人	7 人
(126 人)	2 回生 31 人：	13 人	8 人	10 人
	3 回生 44 人：	20 人	4 人	20 人
	4 回生 29 人：	17 人	5 人	7 人
	合計人数：	241 人	100 人	206 人

(無回答 6)

2) 第 2 グループ：台所アート用品（やかん、花瓶、皿、コップ、タオル、マドラー等）

　台所アート商品が「必要である」と判断する者は全体の 56.8％であった。「どちらでもない」と回答したものが 13.2％、「必要ではない」としたものが約 29.7％であった。無回答は 2 であった。単純集計を表 11-3 に示した。

　表 11-3 に示したように、台所アート商品に対する意識は半数以上の女性が「必要である」と判断した。4 つのグループの中では一番多い割合で、必要性を認めた。特に年齢があがるにつれて必要と感じる者は増加の傾向を示した。「必要ではない」としたものが 29.7％で、1) の従来アート商品を不必要であるという回答が 37.3％であったことを考えると、かなり少なくなった。これは台所という女性に関わりのある場所が身近であるからと、年代があがっても台所は生活の関わりの深い場所であり、こだわりが生じるからと推察できる。台所にいる時間がおそらくは男性よりも長いと考えられる女性にとって、その空間がアートで楽しく演出されることは彼女たちのニーズを形成する要因の 1 つである。

表 11-3　第 2 グループ：台所アート用品に対するカテゴリー別単純集計

カテゴリー／回生人数		必要である	どちらでもない	必要ではない
女子大学生	1 回生 48 人：	30 人	2 人	16 人
（220 人）	2 回生 64 人：	28 人	11 人	23 人
	3 回生 71 人：	40 人	11 人	20 人
	4 回生 37 人：	22 人	8 人	7 人
母親	1 回生 46 人：	29 人	10 人	7 人
（207 人）	2 回生 60 人：	39 人	9 人	12 人
	3 回生 65 人：	35 人	3 人	27 人
	4 回生 36 人：	19 人	1 人	16 人
祖母	1 回生 22 人：	12 人	5 人	5 人
（126 人）	2 回生 31 人：	17 人	4 人	10 人
	3 回生 44 人：	24 人	4 人	16 人
	4 回生 29 人：	19 人	5 人	5 人
	合計人数：	314 人	73 人	164 人

（無回答 2）

3)　第 3 グループ：アクセサリー品（指輪、ブレスレット、ブローチ等）

　アクセサリー商品に対する意識は次のようになった。アクセサリー品が「必要である」と判断する者は全体（553 人）の 53.0％であった。「どちらでもない」と回答したものが 13.6％、「必要ではない」としたものが約 32.0％であった。無回答は 8 であった。単純集計を表 11-4 に示した。

　アクセサリー品に対する思いは、女性では個人差が大きいと言われている。もちろん、アクセサリーが嫌いであるという女性は少ないかもしれないが、ここでの質問は「好きか嫌いか」ではなく、「必要であるかどうか」ということなので、このような結果になった可能性もある。ここでの問題は、好きではあるが、「必要」がどうかと質問された場合、「必要」とはどの程度の「必要」なのかを考えてしまった結果が含まれていると推察できる。すなわち、アクセサリーは必要ではあるが、どの程度の必要性があるのかという問題には、個人差が大きいように思える。指輪 1 つくらいは必要であるが、3 つは必要か、あるいは 5 つは必要かという話になると、基準がない問題だけに、各自の主観にたよるしかない。

表 11-4　第 3 グループ：アクセサリー品に対するカテゴリー別単純集計

カテゴリー／回生人数		必要である	どちらでもない	必要ではない
女子大学生	1 回生 48 人：	33 人	2 人	13 人
(220 人)	2 回生 64 人：	31 人	5 人	22 人
	3 回生 71 人：	41 人	10 人	20 人
	4 回生 37 人：	29 人	3 人	5 人
母親	1 回生 46 人：	21 人	7 人	18 人
(207 人)	2 回生 60 人：	30 人	9 人	21 人
	3 回生 65 人：	32 人	8 人	25 人
	4 回生 36 人：	15 人	9 人	12 人
祖母	1 回生 22 人：	11 人	4 人	7 人
(126 人)	2 回生 31 人：	14 人	9 人	8 人
	3 回生 44 人：	21 人	4 人	19 人
	4 回生 29 人：	15 人	5 人	7 人
	合計人数：	293 人	75 人	177 人

(無回答 8)

4)　第 4 グループ：衣服類（古着、T シャツ、ジーパン等）

衣服類に対する意識は全体 553 人のうち以下のようになった。「必要である」と判断する者は全体の 41.8％であった。「どちらでもない」と回答したものが 36.7％、「必要ではない」としたものが約 20.0％であった。無回答は 8 であった。単純集計を表 11-5 に示した。

衣服類に対する意識の特徴は、他のグループと比較すると、「どちらでもない」が多いということであった。つまり衣服は衣服であって、ここにアート性を見出すことがあるのかないのかが、よくわからなかったのかもしれない。

表11−5　第4グループ：衣服類に対するカテゴリー別単純集計

カテゴリー／回生人数		必要である	どちらでもない	必要ではない
女子大学生 （220人）	1回生48人：	10人	20人	11人
	2回生64人：	24人	25人	15人
	3回生71人：	29人	22人	20人
	4回生37人：	19人	17人	1人
母親 （207人）	1回生46人：	11人	21人	14人
	2回生60人：	32人	18人	10人
	3回生65人：	30人	18人	17人
	4回生36人：	15人	17人	4人
祖母 （126人）	1回生22人：	11人	8人	3人
	2回生31人：	12人	10人	9人
	3回生44人：	21人	18人	4人
	4回生29人：	17人	9人	3人
	合計人数：	231人	203人	111人

（無回答8）

11−3−5　単純集計結果のまとめ

アート商品に対する意識について553人を対象とした4グループの結果をまとめると以下のようになった。

> 第1グループ：従来アート商品（絵画、彫刻、ポスター、色紙等）
> 　必要であると判断する者は全体の43.5％であった。どちらでもないと回答したものが18.1％、あまり必要を感じないとしたものが約37.3％であった。無回答は6であった。
> 　第2グループ：台所アート用品（やかん、花瓶、皿、コップ、タオル、マドラー等）
> 　必要であると判断する者は全体の56.8％であった。どちらでもないと回答したものが13.2％、あまり必要を感じないとしたものが約29.7％であった。無回答は2であった。
> 　第3グループ：アクセサリー品（指輪、ブレスレット、ブローチ等）
> 　必要であると判断する者は全体の53.0％であった。どちらでもないと回答したものが13.6％、あまり必要を感じないとしたものが約32.0％であった。無回答は8であった。
> 　第4グループ：衣服類（古着、Tシャツ、ジーパン等）
> 　必要であると判断する者は全体の41.8％であった。どちらでもないと回答したものが36.7％、あまり必要を感じないとしたものが約20.0％であった。無回答は8であった。

ここからわかることは、何らかの形でアート商品を必要であると判断する者は、全体553人のうち、40％を超えるということである。4つのグループの中で特に必要と感じられたものは、第2グループの台所アート用品であった。ここでは56.8％が「必要」と回答をした。一番少なかったグループは、第4グループの衣服類であった。ここでは41.8％が必要であると回答をした。先にも述べたが、この第4グループの特徴は「どちらでもない」という回答が多かったことである。「どちらでもない」と回答した者は他の3つのグループと比べると、倍ほど多くなっている。

11-4　本調査の結果（ロイヤリティについて）

　本調査では、2つ目の質問として、「アート商品に対するロイヤリティ：あなたは特に4つのグループ別かあるいはその他に何かこだわり（ロイヤリティ）のあるアート商品がありますか。もしもあるとしたらその品目を回答し、その理由を具体的に記述して下さい。」とした。これに対する回答の割合は以下のとおりである。
　女子大学生：220人中、回答ありは23人
　女子大学生の母親：207人中、回答ありは12人
　女子大学生の祖母：126人中、回答ありは8人
3つの世代の回答から代表的なものを5つずつえらんで表11-6にあげた。
　表11-6に示したように、女子大学生は個人のこだわりが前面にでているが、母親世代や祖母世代になると、何年もそうしているからという習慣的な理由もみられる。
　特に祖母の世代になると、長年親しんだ物財でないと「落ち着かない」とか「いやだ」とか「持たない」というかなり明確な態度がみられる。ロイヤリティの問題はブランド戦略を考える上でも、また、顧客満足を考える上でも重要な問題である。ロイヤリティは日本語でいうと忠誠心である。何に対する忠誠心なのかという本質を見抜くことが必要になる。習慣になっている部分は新しい価値が生まれない限り、そのまま今後も永続する可能性がある。

表11-6　ロイヤリティに対する意見の要約

女子大学生
アート商品の中では海のポスターにはかなりこだわりがあって、収集している。
台所商品のマグカップは棚に飾るくらい多くて、海外のものでこだわっている。
衣服は必ず古着にして、京都まで買いに行く。ロイヤリティは古着である。
どうしても皿にはスヌーピーがついていないと気がすまない。
花瓶はボヘミアガラスで統一している。それ以外のガラスはいらない。

女子大学生の母親
若い頃シャネラーであったが、今でもスーツはシャネルである。
自宅のインテリアは全部「和」製を強調している。障子、ふすまにブラインドから変更した。
一輪挿しを集めているが、どうしても産地にこだわってしまう。
九谷焼が大好きで室内のいたるところ、額とか花瓶とかおちょこまでもそれである。
台所商品は全部、ブルーで統一しており、炊飯器もポットも全部ブルーである。

女子大学生の祖母
アクセサリーはガラス製しかつけない。30年間これでとおしている。
自宅のランプは全部、白の和紙で自作した。これでないと落ち着かない。
ルイ・ヴィトンのバッグ以外は持たない。
どうしても紅茶を飲むときは、気に入ったブランドのカップでないといやだ。
もう20年以上、タイトスカートにおいて黒色以外のものは、はかないことにしている。

11-5　今後の課題

　本章の調査から次のようなことがうかがえる。女性らしく、アート商品といえども、第2グループの台所商品や第3グループのアクセサリー品に必要性を感じることが多い。つまり、女性の視点からみれば、身近な場所である台所という空間にアートがほしいし、また、身につけるアクセサリーにアートを求めていると考えられる。このことは、今後のアート商品を考案するときに、台所という空間やそこにある食器をはじめとするアイテムに、アートの色彩を加えることが効果的であるという結論を導く。また、アクセサリーはひとりの女性でも多く買うことが可能な商品である。そこにアートを持ち込むということは、客単価をあげる機会にもなる。もともとがアートに通じる商品であるから、無理なくアート提案ができる商品でもある。

　今後の課題として考えられることは、いかに女性にとっての身近な分野

で、アート的な付加価値を商品につけていくかということである。アニメやフィギュアという男性的なおたくの世界ではなく、自然な形での購買意欲をそそるような商品展開が、女性をターゲットにできるはずである。また、年齢をかさねることによって、習慣化してしまった購買行動の中で、どのように価値転換をおこなうのかということも今後の課題であろう。

◆参考文献

近藤文男・陶山計介・青木俊昭編『21世紀のマーケティング戦略』叢書現代経営学-14, ミネルヴァ書房、2001年。
斎藤美奈子著『文学的商品学』紀伊國屋書店、2004年。
久世敏雄・斎藤耕二監修『青年心理学事典』福村出版、2000年。
J.M.アッターバック著、大津正和・小川進監訳『イノベーション・ダイナミクス』有斐閣、1998年。
田中豊・脇本和昌著『多変量統計解析法』現代数学社、1990年(7刷)。
辻幸恵著『流行と日本人―若者の購買行動とファッション・マーケティング―』白桃書房、2001年。
辻幸恵「ブランド選択の基準とブランド戦略―女子大学生とその母親たちの調査より―」TRI-VIEW, 東急総合研究所, Vol.14, No.10, pp.32-38, 2000年。
辻幸恵「流行と定番の間でゆれる購入心理」『日本繊維機械学会誌』、Vol.56, No.12, pp.2-9、2003年。
日本繊維製品消費科学会編『わたしにもできる消費者の情報調査』弘学出版、2000年。
堀洋道・山本真理子・松井豊編『人間と社会を測る心理尺度ファイル』垣内出版、1994年。
松井豊編『対人心理学の視点』ブレーン出版、2002年。
村上幸史「占いの予言が「的中」するとき」日本社会心理学会、『社会心理学研究』、第21巻第2号、pp.133-146、2005年。
和田実編『男と女の対人心理学』北大路書房、2005年。

おわりに

　美術とか音楽とかにはまったく縁のない人間が、まさかアートがらみのマーケティングについて論じるとは思ってもみなかった。
　「アート商品」といっても、一体何をさすのかということから考えはじめたので、今回の論考はたいへん難航した。第Ⅰ部を執筆した梅村助教授には、私のアートに対する基本的な知識の欠如のため、ずいぶん迷惑をおかけした。
　とにかく、アート性を帯びた新しい商品が目の前にある事実と、それに心を動かす若者がいるということに本書を通じてすこしでも興味をもっていただければと思う。したがって、本書では、なるべく統計処理をせずに、生データや単純集計の結果を多く掲載した。できるだけ調査対象の学生たちの肉声でどのように表現されているのかを伝える方が、糸口の研究段階としては良いと判断したからだ。
　さて、今回は追手門学院大学経営学部基礎演習の2回生のゼミ学生たちにお世話になった。彼らにはインタビューのテープおこし、注釈、数字の見直しなど多方面にわたって協力をしてもらった。特に、ゼミのある日などは、長時間、私の質問に答えたり、図書館で調べたりと、忙しい中を根気よくつきあってくれた。紙面をかりてお礼を言いたい。

浅井宏樹　石橋香織　安達敏秀　足立理恵　荒木佑太　岩永幸　温都蘇　上野詳平　大賀雅司　北村拓之　海部祐美子　島本徳敏　喜名亮　佐々木暢次郎　竹安俊介　中島翔　仲宗根直哉　仁木栄司　広川瑛則　李良　松本裕也

最後になったが、いつも無理をきいて下さる白桃書房の照井規夫さんにも心から感謝申し上げます。

2006年3月

辻　幸恵

5 刷発行によせて

　本書は 2006 年に発行されました。それから今回で 5 刷になります。追手門学院大学、神戸国際大学、そして 2015 年 4 月からは現在の神戸学院大学経営学部でこの本を使用して授業をしています。本書のおもしろいところは、学生たちの興味の深まりがわかるところです。

　アートという切り口は、現実に売れているものと直結する要素ですから、マーケティングの手法の一つとして説明しているのですが、学生たちの多くは、最初はアートを芸術と直訳して授業にのぞむようです。が、これはアートを売るための本ではなく、アート的要素を考えて、マーケティングを学ぶことだとすぐに気がつくようです。本書の第 3 章では竹久夢二を例にあげていますが、そのあたりは学生たちが好きな題材らしく、授業が楽しくなります。

　最後に、いつもお世話になっている平千枝子さんにこの場をお借りして心からお礼申し上げます。

2017 年 9 月

辻　幸恵

海が見えるポートアイランドキャンパスにて

■著者紹介

辻　幸恵（つじ　ゆきえ）

神戸学院大学経営学部教授
1962年　兵庫県神戸市生まれ
1992年　神戸大学大学院経営学研究科商学専攻 博士前期課程修了（修士　商学）
1996年　武庫川女子大学大学院家政学研究科被服学専攻 博士後期課程修了（博士　家政学）
1998年　京都学園大学経営学部専任講師にて着任（2001年助教授）
2003年　追手門学院大学経営学部助教授にて着任（2006年教授）
2011年　神戸国際大学経済学部教授にて着任
2015年　神戸学院大学経営学部教授にて着任，現在に至る

著書
『ブランドと日本人─被服におけるマーケティングと消費者行動─』白桃書房，1998年
『流行と日本人─若者の購買行動とファッション・マーケティング─』白桃書房，2001年
『京都とブランド─京ブランド解明・学生の視点─』白桃書房，2008年
『京都こだわり商空間─大学生が感じた京ブランド─』嵯峨野書院，2009年
『こだわりと日本人─若者の新生活感：選択基準と購買行動─』白桃書房，2013年
『リサーチ・ビジョン─マーケティング・リサーチの実際─』白桃書房，2016年
『流行とブランド─男子大学生の流行分析とブランド視点─』白桃書房，2004年（共著：辻幸恵，田中健一）
『ブランドとリサイクル』アスカ・リサイクル文化社，2005年（共著：辻幸恵，梅村修）
『消費社会とマーケティング─ブランド・広告・ファッション・産業クラスター─』嵯峨野書院，2007年（共著：東伸一・梅村修・玄野博行・辻幸恵）
『地域ブランドと広告─伝える流儀を学ぶ─』嵯峨野書院，2010年（共著：辻幸恵・栃尾安伸・梅村修）　　他

梅村　修（うめむら　おさむ）

追手門学院大学基盤教育機構教授
1963年　愛知県名古屋市生まれ
慶應義塾大学大学院文学研究科修士課程修了。帝京大学専任講師，美術館学芸員等を経て，2003年4月から現職。専門は留学生教育，談話研究，コミュニケーション論

著書
『ブランドとリサイクル』アスカ・リサイクル文化社，2005年（共著）
『大人数授業をどう改革するか』アスカ文化出版，2006年（共著）
『消費社会とマーケティング─ブランド・広告・ファッション・産業クラスター─』嵯峨野書院，2007年（共著）
『キャラクター総論─文化・商業・知財─』白桃書房，2009年（共著）
『地域ブランドと広告─伝える流儀を学ぶ─』嵯峨野書院，2010年（共著）　　他

▰アート・マーケティング

〈検印省略〉

▰ 発行日──2006 年 5 月 26 日　初版第 1 刷発行
　　　　　 2017 年 10 月 6 日　　　　第 5 刷発行

▰ 著　者──辻　幸恵・梅村　修
　　　　　　　つじ ゆきえ　うめむら おさむ

▰ 発行者──大矢栄一郎

▰ 発行所──株式会社 白桃書房
　　　　　　　　　　　　はくとうしょぼう
　　〒101-0021　東京都千代田区外神田 5-1-15
　　☎ 03-3836-4781　📠 03-3836-9370　振替 00100-4-20192
　　　　　　　　http://www.hakutou.co.jp/

▰ 印刷・製本──藤原印刷

Ⓒ Y. Tsuji & O. Umemura 2006　Printed in Japan
ISBN978-4-561-65157-4 C3063

本書のコピー，スキャン，デジタル化等の無断複製は著作権法上での例外を除き禁じられています。本書を代行業者等の第三者に依頼してスキャンやデジタル化することは，たとえ個人や家庭内の利用であっても著作権法上認められておりません。

JCOPY 〈(社)出版者著作権管理機構　委託出版物〉
本書の無断複写は著作権法上での例外を除き禁じられています。複写される場合は，そのつど事前に，(社)出版者著作権管理機構(電話 03-3513-6969, FAX 03-3513-6979, e-mail：info@jcopy.or.jp)の許諾を得てください。

落丁本・乱丁本はおとりかえいたします。

好評書

辻　幸恵著
流行と日本人
―若者の購買行動とファッション・マーケティング―
本体2200円

辻　幸恵・田中健一著
流行とブランド
―男子大学生の流行分析とブランド視点―
本体2200円

赤阪俊一・乳原　孝・辻　幸恵著
流行と社会
―過去から未来へ―
本体2500円

辻　幸恵著
京都とブランド
―京ブランド解明・学生の視点―
本体2800円

辻　幸恵著
こだわりと日本人
―若者の新生活感：選択基準と購買行動―
本体2800円

辻　幸恵著
リサーチ・ビジョン
―マーケティング・リサーチの実際―
本体2500円

石井淳蔵・石原武政編著
マーケティング・ダイアログ
―意味の場としての市場―
本体3300円

D.A.アーカー・G.S.デイ共著　石井　淳蔵・野中郁次郎訳
マーケティング・リサーチ
―企業と公組織の意思決定―
本体4960円

栗木　契著
リフレクティブ・フロー
―マーケティング・コミュニケーション理論の新しい可能性―
本体3300円

―白桃書房―

本広告の価格は消費税抜きです。別途消費税が加算されます。